간추린 사서四書

초판 1쇄 발행 2018년 11월 1일

지 은 이 이영수
발 행 인 권선복
편　　집 전재진
디 자 인 박하예린
전 자 책 서보미
발 행 처 도서출판 행복에너지
출판등록 제315-2011-000035호
주　　소 (07679) 서울특별시 강서구 화곡로 232
전　　화 0505-613-6133
팩　　스 0303-0799-1560
홈페이지 www.happybook.or.kr
이 메 일 ksbdata@daum.net

값 28,000원
ISBN 979-11-5602-655-6 (03100)

간추린 사서四書

저자 이영수

머리말

『四書사서』는 유교를 대표하는 경전으로 『논어論語』·『맹자孟子』·『대학大學』·『중용中庸』을 말하는데, 『논어』는 20편 498장, 『맹자』는 14편본래 7편인 것을 상, 하로 나눔 260장, 『대학』 11장경 1장, 전 10장을 편의상 장으로 표기하였다, 『중용』 33장 등 총 802장의 방대한 양으로 구성되어 있다.

—

『논어』는 지금으로부터 약 2,500여 년 전에 살았던 공자의 말과 정신, 행동을 그의 제자들이 기술한 것이고, 『맹자』는 공자가 죽고 나서 100년 뒤에 태어나서 살았던 맹자의 말들을 그의 제자들이 기록한 글이다. 『대학』은 공자가 옛 사람들이 대학에서 학문하던 큰 방법을 말한 것을 증자가 기술하고, 문인들이 전술하여 그 뜻을 밝힌 것이며, 『중용』은 공자의 손자인 자사가 공자의 말을 참고로 하여 지은 것이다.

—

이처럼 사서가 비록 남의 나라 중국에서, 그것도 2~3천 년 전이라는 아주 오래전에 지어진 책이기는 하지만, 여기에는 그 당시 성인과 현인들이 했던 훌륭한 말과 행동, 정신세계와 지혜가 담겨 있고, 오늘날까지도 인의예지 사상을 바탕으로 우리의 일상생활을 상당 부분 지배하고 있다. 또한, 사서는 우리가 살아가는 세상에서 정신적 윤활유 역할을 하며 질서를 잡아주고 있다.

그런데, '한문', '사서' 하면 얼핏 연상되는 말들은, "어렵다", "고리타분하다"는 것이다. 그 이유는, 아마도 영어 위주의 입시정책과 한글 전용정책으로 어려서부터 한문을 접해볼 기회가 없었기 때문일 것이다.

그러나 매우 안타깝게도 우리 사회에서 오랫동안 한문을 멀리하다가 그만 사서의 존재마저 잊혀가고, 여기에 담겨 있는 효도, 예절, 공경, 겸손 등과 같은 깊은 뜻, 마음과 정신마저 송두리째 사라져 가고 있다. 세종대왕이 처음 한글을 창제하면서 한문은 버려두고 한글만 사용하여 그 마음과 정신마저 버리라고 한 것은 결코 아닐 것이다.

그로 인한 폐단은 남을 공경하지 않아 말을 거칠게, 사납게, 함부로 하는 태도와 오직 물질만이 모든 것을 지배할 수 있다는 사고로 나타났다. 품위있는 행동은 고상한 척하는 것으로, 예절과 예의는 고리타분하게만 생각하는 풍토가 지배적인 시대가 되어가고 있다.

저자는 이러한 사회적인 현상을 몹시 안타까워했다. 그리하여 어렵게만 느껴지는 사서를 보다 친근감 있고 편하게 볼 수 있도록 함은 물론 바쁜 현대인들이 조금이나마 음미해 볼 수 있도록 전체 802장 중 406장을 엄선하여 한 권의 책으로 만들게 되었다.

사서에는 우리가 이 세상을 살아가는 데 있어 많은 교훈과 지혜를 주는 다양한 주제가 등장한다. 이 책을 처음 접하면 우선 가볍게 한번 훑어보고 그다음 읽을 때는 그 상황에 나를 대입해서 보면 한층 이해도 쉽고 재미있게 볼 수 있을 것이다.

나의 눈과 귀와 입 등 육체를 즐겁게 해주고 물질적인 풍요로움을 즐기는 것도 좋지만, 마음과 정신도 풍족하고 즐겁고 윤택하게 해주어 서로의 균형을 이루어야 한다. 그것이 몸의 주인인 내가 해야 할 역할이요 내 몸에 대한 예의라 생각한다.

사서에는 자기 수양과 인성에 관련된 내용이 풍부하게 담겨 있어 따로 인성교육을 받지 않아도 될 만큼 그 자체로 훌륭한 교재이다.

아무쪼록 저자의 짧은 지식으로 심혈을 기울여 책을 만들기는 하였으나, 이 책이 사서를 이해하고 사랑하는 데 조금이라도 도움이 되었으면 하는 바람이다.

2018년 가을

용산 寓居우거에서 저자 씀

일러두기

○ 본서의 본문 내용과 해석은 학민문화사 발행『사서』에 근거했다.

○ 본문 내용과 본문이 나오게 된 배경에 대한 이해를 돕고, 내용을 좀 더 풍성하게 해주기 위해 주자주희의 주보충설명를 곁들였다.

○ 수록 순서는『논어』,『맹자』,『대학』,『중용』순으로 하였다.

○ 사서의 각 첫머리에 각 장의 구성과 주요 키워드를 넣어 해당 편에 대한 내용을 대략 파악할 수 있게 하였다.

○ 한자를 모르더라도 본문을 읽을 수 있게 본문에 한글 독음을 병기하였으며, 어려운 주요한자는 그 문장과 어울리는 음과 뜻을 달아 놓았다.

○『논어』·『맹자』에서 각 편의 제목은 그 편의 내용과는 무관하며 단지 첫머리에 나오는 단어로 삼은 것이다. '자왈'로 시작하는 것은 제외

○ 본문 앞의 '자왈'로 시작되는 말은 해석을 생략하되, 공자, 맹자가 아닌 경우에는 이름을 표기하였다.

○ 내용전개와 이해를 돕기 위해 본문 내용 중 일부를 발췌하거나 한글로만 한 부분도 있다. 특히,『맹자』편

○ 일부 내용에 따라 저자의 멘트를 추가하여 내용을 쉽게 이해할 수 있도록 하였다.

인물

공자 I 『논어』

맹자 I 『맹자』

증자 I 『대학』

자사 I 『중용』

주자·주희 I 주석

차례

1. 논어

2. 맹자

3. 대학

4. 중용

부록

1. 논어

論語

君子는 修己以敬하고 修己以安人하고
修己以安百姓이니라

군자는 공경으로써 자기를 수양하고,
자기를 수양하여 남을 편안히 하고,
자기를 수양하여 백성을 편안히 한다.

孔子 공자

공자는 중국 춘추전국시대 노나라의 대유학자로 성은 孔공이고 이름은 丘구, 字자는 중니仲尼이다.

생몰연도 : BC551.9.28~BC479년 4월 기축(73세)
출 신 지 : 노나라 창평향 추읍
가족 관계 : 아버지는 숙량흘, 어머니는 안징재
아들은 공리백어, 손자는 공급자사
학 력 : 독학

1. 특징

○ 박학하고 다재다능하였다.
○ 성인으로 추앙 받으며, 집대성이라 부른다.

2. 주요공적

○ 인의예지를 주창
○ 서경과 예기의 차례를 정하고, 춘추를 썼으며, 주역의 일부5편를 지음
○ 제자 양성에 주력하여 제자가 무릇 3천 명

3. 기타

○ 학통은 요→순→우→탕→문왕 · 무왕→주공→공자→증자→자사→맹자로 이어짐
※『논어』는 주로 유자와 증자의 문인에게서 이루어졌다. 그래서 논어에서는 두 분만을 子자라고 칭하였다.

논어 각 편의 주요 키워드

순서	편명		장수	발췌	주요 키워드
1	學而	학 이	16	14	학습, 본립도생, 교언영색, 효, 공경, 예
2	爲政	위 정	24	20	효, 이립·불혹·지천명·이순, 온고지신, 군자
3	八佾	팔 일	26	8	예의근본, 제사에 임하는 자세, 사군이충
4	里仁	이 인	26	23	인, 군자, 일이관지충·서, 효, 말조심
5	公冶長	공야장	27	9	말재주, 불치하문, 군자의 도, 정직함
6	雍也	옹 야	28	11	아는 자·좋아하는 자·즐기는 자, 요산요수
7	述而	술 이	37	15	배움, 삼인행필유아사
8	泰伯	태 백	21	10	전전긍긍, 도, 선비
9	子罕	자 한	30	9	자강불식, 지·인·용
10	鄕黨	향 당	17	8	鞠躬국궁, 일상생활모습
11	先進	선 진	25	5	10제자, 과유불급
12	顔淵	안 연	24	11	극기복례, 민무신불립, 정치, 仁인
13	子路	자 로	30	17	정치, 화이부동, 인
14	憲問	헌 문	47	20	군자, 옷고름을 오른쪽으로, 하학이상달
15	衛靈公	위영공	41	24	군자, 겸손
16	季氏	계 씨	14	10	유익한 벗·해로운 벗, 군자의 경계함과 두려워함
17	陽貨	양 화	26	12	性성, 향원, 3년상, 군자가 미워하는 것
18	微子	미 자	11	2	오륜
19	子張	자 장	25	11	견득사의, 박학독지, 군자의 허물일식·월식
20	堯曰	요 왈	3	3	5미 4악
계			498	242	

學而(학이) 배우고...

자 왈 학 이 시 습 지 불 역 열 호
1. 子曰, 學而時習之면 不亦悅乎아!
배우고 제때에 익히니 또한 기쁘지 아니한가.

【 字解 】

① 學: 배울 학본받는다는 뜻이다

② 而: 말 이을 이그리고(and), ~하면서

③ 習: 익힐, 습관 습새가 자주 나는 것, 새 새끼가 두 날개(羽, 우)를 푸드덕거려 스스로(自≒白) 나는 것, 습관이 되도록 익숙히 하는 것

④ 悅: 기쁠 열

【 문장의 의의 】

▶ 사람의 본성은 모두 선하지만, 이것을 알기까지에 선후가 있으니, 뒤에 배우는 자는 반드시 먼저 배워서 깨달은 자가 하는 것을 본받아야 선을 밝게 알 수 있다.

▶ 이것을 비유하자면, 마치 새 새끼가 어미에게서 날개짓을 배우고 또 배워 습관처럼 만들어 마침내 잘 날듯이 하는 것이다.

【 저자의 멘트 】

• 자기 자신을 위한 평생학습의 기쁨! '학습'이란 말은 결국 배움이 습관이 되도록 한다는 의미로서, 오른손, 오른발잡이가 왼손, 왼발을 자유자재로 쓸 수 있도록 부단히 노력하는 것이다.

1.1. 有朋(유붕)이 自遠方來(자원방래)면 不亦樂乎(불역락호)아!

벗이 먼 곳에서도 찾아오면 즐겁지 아니한가.

【 字解 】

① 有유: 조음소로 朋붕이 한 글자이기 때문에 음률을 부드럽게 해주기 위한 역할을 한다. 영어에서의 묵음과 같은 것으로, 해석은 안 한다.

② 自자: ~에서부터

③ 至지: ~까지

④ 遠: 멀 원

⑤ 方: 곳, 장소, 방향 방

⑥ 樂: 즐거울, 즐길 락음악 악, 좋아할 요

【 문장의 의의 】

▶ 이는, 남과 善선을 함께하여 먼 곳에 있거나 가까운 곳에 있거나 믿고 따르는 자가 많으므로 즐거울 수 있는 것이다.

1.2. 人不知而不慍(인부지이불온)이면 不亦君子乎(불역군자호)아!

남이 나를 알아주지 않아도 화내지 않으면 군자답지 아니한가.

【 字解 】

① 논어에서 人인은 사람, '나'라는 의미보다 '남'이라는 상대적인 개념으로 많이 쓰인다.

② 慍: 성낼, 원망할, 화낼 온

③ 君子군자: 덕을 완성한 사람, 순수한 사람, 학문하는 사람을 지칭

【 문장의 의의 】

▶ 배우는 것은 자기에게 달려있고, 알아주고 몰라주는 것은 남에게 있는데, 어찌 화를 낼 수 있겠는가.

2. 有子曰(유자왈), 其爲人也孝弟(기위인야효제)요 而好犯上者(이호범상자) 鮮矣(선의)니 不好犯上(불호범상)이요 而好作亂者未之有也(이호작란자미지유야)니라

유자가 말하기를, 그 사람됨이 부모님께 효도하고 형과 아우를 공경하면서 윗사람에게 함부로 하는 자는 드무니, 윗사람에게 함부로 하지 않으면서 난을 일으키기를 좋아하는 사람은 없다.

【 字解 】

① 孝효: 부모를 잘 모시는 것.

② 弟제: 형과 어른을 잘 모시는 것≒悌,공경 할 제

③ 犯: 범할, 어길, 공격할, 거스를 범

④ 鮮: 적을, 드물 선

⑤ 作亂작란: 난을 일으키고 거스르고, 거역하고 다투고 싸우는 일

【 문장의 의의 】

▶ 부모에게 효도하고 어른을 공경하면 마음이 온화하고 순하기 때문이다.

2.1. 君子군자는 務本무본이니 本立而道生본립이도생하나니 孝弟也者효제야자는 其爲仁之本與기위인지본여인저

군자는 근본에 힘쓰니, 근본이 서면 도는 저절로 생긴다. 효와 제는 인을 실천하는 근본이다.

【 字解 】

① 務: 힘쓸 무 마음과 힘을 오직 한 곳에만 쓰는 것

② 本본=根뿌리 근: 근본, 본성

③ 道도: 방법, 도리, 이치

④ 仁인: 사랑하는 이치요 마음의 덕이다.

⑤ 爲仁위인: 인을 행하는 것, 남을 어질게 대하는 것

【 문장의 의의 】

▶ 孝弟효제를 집에서 실천하면 이것이 남에게까지 영향을 미치게 되므로 인을 행하는 것은 효제로부터 시작된다.

▶ 인은 사랑에 의지함을 위주로 하는데 사랑은 어버이를 사랑하는 것보다 큰 것이 없다. 그래서 효제를 仁인을 실천하는 근본이라 한 것이다.

3. 子曰자왈, 巧言令色교언영색이 鮮矣仁선의인이니라

교묘한 말과 아첨하는 얼굴빛에는 仁인이 드물다.

【 字解 】

① 巧言교언: 교묘한 말, 좋게 하는 말, 아첨하는 말

② 令色영색: 얼굴빛을 좋게 함, 곱게 함

③ 令: 아름다울, 착할 영

④ 鮮: 적을, 드물 선

⑤ 矣: 어조사 의

【 문장의 의의 】

▶ 그러므로 배우는 자들은 마땅히 깊이 경계하여야 하며, 교언영색이 仁인이 아니라는 것을 아는 것은 진정으로 仁인을 아는 것이다.

증 자 왈 오 일 삼 성 오 신 위 인 모 이 불 충 호

4. 曾子曰, 吾日三省吾身하노니 ①爲人謀而不忠乎아

여 붕 우 교 이 불 신 호 전 불 습 호

②與朋友交而不信乎아 ③傳不習乎아니라

증자가 말하기를, 나는 날마다 세 가지로 내 몸을 되돌아보니,

① 남을 위해 일하면서 전심으로 마음을 다하지 않았는가?

② 친구와 사귀면서 못 믿게 하지는 않았는가?

③ 스승으로부터 전수받은 것을 제대로 익히지 않았는가 하는 것이다.

【 字解 】

① 曾: 일찍 증

② 吾: 나 오

③ 省: 살필 성

④ 謀: 꾀할, 도모할 모

⑤ 與: 더불, 함께할 여

⑥ 朋: 벗, 친구 붕

⑦ 朋友붕우: 친구

⑧ 忠충성 충: 자기 마음을 다하는 것

⑨ 忠誠충성: 마음에서 우러나는 정성, 나라와 임금 등에게 몸과 마음을 다하여 헌신하는 것

⑩ 信:성실할, 믿을 신

⑪ 傳전할 전: 스승으로부터 전수 받은 것

⑫ 習익힐 습: 자기 몸에 익숙히 하는 것

【 문장의 의의 】

▶ 이 세 가지 중 한 가지라도 있으면 고치고, 없으면 더 힘쓰라는 말. 또한 충과 신으로써 전수받고 익히는 것의 근본으로 삼으라는 뜻이다.

자왈 도천승지국 경사이신

5. 子日, 道千乘之國호대 敬事而信하며

절용이애인 사민이시

節用而愛人하며 使民以時니라

천승의 나라제후국를 다스리되, 일을 공경히 하고 믿음직스럽게 하며, 나라의 재물예산과 물자을 아껴서 쓰고 사람들을 사랑하며, 백성국민을 때에 맞게 부려야 한다.

【 字解 】

① 道도=治다스릴 치

② 千乘천승: 제후의 나라乘승: 말 4마리가 끄는 전차

③ 天子천자: 만승

④ 大夫대부: 백승

⑤ 敬: 공경할 경

⑥ 節: 절약할, 마디 절

⑦ 愛: 사랑 애

⑧ 使: 하여금, 부릴 사

⑨ 時: 때 시

⑩ 民: 백성 민백성 중에서 농민을 의미

【 문장의 의의 】

▶ 일을 공경하고 미덥게 하는 것은 자신부터 솔선수범하는 것이다.

▶ 쓰기를 사치스럽게 하면 재물을 손상시켜 백성을 해치는 것이니, 백성을 사랑한다면 반드시 쓰는 것을 절약해야 한다.바람직한 공무원의 자세

▶ 나라를 다스리는 요점이 이 다섯 가지경, 신, 절, 애, 시에 달려있는데 이 중 敬경이 핵심이다. 이것으로 백성에게 모범을 보여야 한다.

자왈 제자입즉효 출즉제 근이신
6. 子曰, 弟子入則孝하고 出則弟하며 謹而信하며

범애중 이친인 행유여력
汎愛衆호대 而親仁이니 行有餘力이어든

즉이학문
則以學文이니라

자식은 집에 들어가면 부모에게 효도하고,

집을 나오면 공손하고,
몸가짐이나 언행을 조심하고 믿음직스럽게 하며,
널리 사람들을 사랑하되 어진 사람들과 친해야 하니,
이를 행하고도 시간이 있으면 글을 배워야 한다.

【 字解 】

① 弟子제자: 자식

② 弟: 공손할, 공경할 제

③ 仁인=仁者인자

④ 餘力여력: 여가

⑤ 學文학문: 詩시, 書서, 예禮, 악樂, 사射, 어禦, 서書, 수數 등

자 하 왈　　현 현　　역 색　　사 부 모
7. 子夏曰, ①賢賢호대 易色하며 ②事父母호대

능 갈 기 력　　사 군　　능 치 기 신
能竭其力하며 ③事君호대 能致其身하며

여 붕 우 교　　언 이 유 신　　수 왈 미 학
④與朋友交호대 言而有信이면 雖曰 未學이라도

오 필 위 지 학 의
吾必謂之學矣라 호리라

자하가 말하기를,

① 어진 사람을 존경하되 여색을 좋아하는 마음과 바꾸듯이 하며,

② 부모를 섬기되 있는 힘을 다하며,

③ 임금을 섬기되 몸을 다 바치며,

④ 친구와 사귀되 말하는 것이 믿음직스러우면, 비록 많이 배우지는 못했다 하더라도 나는 반드시 그가 배웠다고 할 것이다.

【 字解 】

① 賢賢현현: 앞의 현은 어질게 여김, 뒤의 현은 어진 이현인

【 문장의 의의 】

▶ 이 네 가지는 모두 인륜의 큰 것이어서 실천하는 데 있어서 반드시 정성을 다해야 하니 배우는 것은 이와 같은 것들을 하는 데 힘쓸 뿐이다.

자 왈　군 자 불 중 즉 불 위　　학 즉 불 고
8. 子曰, 君子不重則不威니 學則不固니라,

주 충 신　　무 우 불 여 기 자　　과 즉 물 탄 개
主忠信하며 無友不如己者요 過則勿憚改니라

군자는 처신하는 것이 신중하지 못하면 위엄이 없으니, 배워도 확고하지 못하다. 정성과 믿음을 주로 하며, 자기보다 못한 자를 친구로 사귀지 말며, 잘못이 있으면 고치기를 꺼리지 말아야 한다.

【 字解 】

① 重중: 신중하다, 삼가다, 조심하다

② 威: 위엄 위 다른 사람이 공경심을 갖는 것

③ 固: 견고할, 고루할 고

④ 過: 잘못, 허물 과

⑤ 憚: 두려워할, 꺼릴 탄

【 문장의 의의 】

▶ 밖으로 가볍게 행동하는 자는, 내면으로도 견고하지 못하기 때문에 위엄이 없으며 배움도 견고하지 못하다. 배우면 고루하지 않다고 해석해도 된다.

▶ 사람이 정성스럽거나 믿음직스럽지 못하면 일의 결실을 맺지 못하며, 악을 하기는 쉽고 선을 하기는 어렵기 때문에 배우는 자가 반드시 이것충신을 중요하게 여기는 것이다.

▶ 친구는 내가 仁인을 하도록 도와주는 역할을 하는데 만일 나보다 못한 자와 사귀면 이익은 없고 손해만 있다.

▶ 허물을 빨리 고치지 않으면 악이 날마다 자라지만, 고치고 나면 마음이 편안해진다. 학문의 길은 다른 게 없고, 선하지 않음을 알아서 빨리 고쳐서 선을 따르는 것이다.

9. 曾子曰(증자왈), 愼終追遠(신종추원)이면 民德(민덕)이 歸厚矣(귀후의)리라

증자가 말하기를, 부모님 상을 당해서는 그 슬픔을 다하고, 먼 조상을 추모제사에 정성을 다하면하면 백성도 그 도리를 지극히 할 것이다.

【 字解 】

① 愼終신종: 상을 당해 그 예를 다함

② 追遠추원: 제사에 그 정성을 다함

③ 民德민덕: 백성의 도리

④ 歸귀: 돌아오다, 의탁하다, 따르다.

⑤ 厚후: 지극하다, 정성스럽게 대하다.

【 문장의 의의 】

▶ '민덕이 귀후의'는 상류층이 위와 같이 하면 하민들이 교화됨을 말한다.

▶ 사람이 살아있을 때는 지극정성을 다하다가도 일단 생을 마치면 소홀히 하기 쉬우며, 이미 돌아가신 먼 조상은 잊기 쉽다.

10. 子曰(자왈), 父在(부재)에 觀其志(관기지)요 父沒(부몰)에 觀其行(관기행)이나 三年(삼년)을 無改於父之道(무개어부지도)라야 可謂孝矣(가위효의)니라

아버지가 살아계실 때에는 그 뜻을 살피고, 돌아가신 후에는 평소에 하셨던 행동을 돌이켜 살피지만,

3년이 지나도록 아버지가 하던 방법을 고치지 않아야 효라 할 수 있다.

【 字解 】

① 沒: 죽을, 마칠 몰

② 道: 행동, 방법 도

③ 於어조사 어: ~에서, ~에, ~보다비교

【 문장의 의의 】

▶ 그러나 아버지의 행동이 도리에 맞으면 3년이 지나도 고치지 말아야 하고, 도리가 아니면 3년을 기다리지 않는다. 3년 동안 고침이 없어야 한다는 것은 마땅히 고쳐야 할 상황에 있으나 아직 고치지 않아도 되는 상황을 말한다.

11. 有子曰, 信近於義면 言可復也며
유자왈 신근어의 언가복야

恭近於禮면 遠恥辱也며
공근어예 원치욕야

因不失其親이면 亦可宗也니라
인불실기친 역가종야

유자가 말하기를, 믿음이 義의에 가까우면 그 말을 실천할 수 있으며, 공손함이 예에 가까우면 치욕을 멀리할 수 있으며, 몸을 의탁할 수 있을 정도로 친함을 잃지 않으면 그 사람을 끝까지 주인으로 모실 수 있다.

【 字解 】

① 信신=약속

② 復: 실천할, 이행할 복여기에서는 말을 실천함이다.

③ 因: 의지할 인

④ 宗마루, 우두머리 종

⑤ 信近於義신근어의: 言말, 恭近於禮공근어예: 행동

⑥ 因不失其親인불실기친: 교제를 뜻한다

【 문장의 의의 】

▶ 약속을 하면서 마땅함이 義의에 부합하면 약속한 말을 반드시 실천할 수 있고, 지극히 공손히 하면서 예절에 맞게 하면 치욕을 멀리할 수 있고, 의지한 자가 친함을 잃지 않으면 그를 주인으로 삼을 수 있다는 것을 말한 것이다.

12. 子曰자왈, ①君子군자 食無求飽식무구포하며 ②居無求安거무구안하며 ③敏於事而愼於言민어사이신어언이요 ④就有道而正焉취유도이정언이면 可謂好學也가위호학야니라

① 군자가 밥을 먹을 때는 배부르게 먹기를 바라지 않으며,

② 평소에 거처할 때에는 편안하기를 바라지 않으며,

③ 일은 빠르게 하고 말은 신중하게 하며,

④ 도가 있는 자에게 찾아가서 묻거나 따져서 잘못을 바로잡는다면 가히 배우기를 좋아한다고 할 만하다.

【 字解 】

① 飽; 배부를 포

② 有道유도: 도가 있는 사람

③ 正정: 질정하다묻거나 따지 거나해서 잘못을 바로잡음

【 문장의 의의 】

▶ 배우는 자로서의 바람직한 태도를 말한 것으로, 군자의 학문이 이 네 가지에 능하면 뜻이 독실하고 행실을 힘쓰는 자라고 할 만하다.

자공 왈 빈이무첨 부이무교
13. 子貢이 日, 貧而無諂하며 富而無驕하대
하여 자왈 가야 미약빈이락
何如하니잇고, 子日, 可也나 未若貧而樂하며
부이호례자야
富而好禮者也니라

자공이 말하기를 "가난하지만 아첨하지 않고, 부유하면서도 교만하지 않는 것은 어떻습니까?" 하고 물으니, 공자가 대답하기를, "좋기는 하지만, 가난해도 즐겁게 지내고 부유하면서 禮예를 좋아하는 것만 못하다."고 하였다.

【 字解 】

① 貧; 가난할 빈

② 諂: 아첨할 첨

③ 富: 부유할 부

④ 驕: 교만할 교

⑤ 何如하여: 어떻습니까?

⑥ 未若미약: ~만 못하다

【 문장의 의의 】

▶ 자공은 재테크를 잘하여 부유해졌고 지조를 지키는 것에도 힘썼지만, 공자가 그를 자만하지 않고 더욱 예에 힘쓰게 한 것이다.

여 절 여 차 여 탁 여 마　　　절 차 탁 마
如切如磋如琢如磨 ⇒ 切磋琢磨
끊고 갈고 쪼고 갈듯이

【 字解 】

① 切절: 칼과 톱으로 자르고

② 磋차: 줄과 대패로 갈고

● 줄: 쇠붙이를 쓸거나 깎는 데에 쓰는 강철로 만든 연장, 주로 톱날을 날카롭게 하는 데 쓰인다.

③ 琢탁: 망치와 끌로 쪼고

● 끌: 망치로 한쪽 끝을 때려서 나무에 구멍을 뚫거나 겉면을 깎고 다듬는 데 쓰는 연장

④ 磨마: 모래와 돌로 가는 것이다.

⑤ 여절여차는 학문을 말하고, 여탁여마는 스스로 행실을 닦는 것을 말한다.

【 문장의 의의 】

▶ 뼈와 뿔을 다스리는 자는 절단한 후 다시 그것을 갈고, 옥과 보석을 다

스리는 자는 쪼아놓은 다음 그것을 가니 더욱 정교함을 구한 것이다.

▶ 학문이나 인격을 갈고 닦는 것을 표현한 말이다.

자왈 불환인지부기지 환부지인야

14. 子曰, 不患人知不己知요 患不知人也니라

남이 자기를 알아주지 않음을 걱정하지 말고, 오히려 내가 남을 잘 알지 못함을 걱정해야 한다.

【 字解 】

① 患: 근심할, 걱정할 환

【 문장의 의의 】

▶ 남을 알지 못하면 혹시라도 그의 옳고 그름과 간사하고 정직함을 분별할 수 없을까 봐 걱정하는 것이다.

일찍 핀 매화(조매早梅)

– 장위(張渭, 당나라)

一樹寒梅白玉條(일수한매백옥조) / 백옥 같은 가지의 매화 한 그루
迥臨村路傍溪橋(형림촌로방계교) / 마을길 멀리 다리 옆에 피었네
不知近水花先發(부지근수화선발) / 물 가까워 먼저 핀 줄은 모르고
疑是經冬雪未消(의시경동설미소) / 아직 녹지 않은 눈인 줄 알았네

爲政(위정) 정치하는 것

자왈 위정이덕 비여북신 거기소
1. 子曰, 爲政以德은 譬如北辰이 居其所어든

이중성 공지
而衆星이 共之니라

덕으로 정치하는 것은, 비유하면 북극성이 그 자리에 가만히 머물러 있는데 주변에 있는 모든 별들이 마치 그에게로 향하는 것과 같다.

【 字解 】

① 譬: 비유할 비

② 北辰북신: 북극성

③ 居其所거기소: 움직이지 않는 것

④ 衆星중성: 많은 별

⑤ 共: 향할 공

【 문장의 의의 】

▶ 정치를 덕으로 하면 움직이지 않아도 교화되고, 말하지 않아도 믿고, 하는 일이 없어도 이루어져 여러 사람을 복종시킬 수 있는 것이다.

자왈 시삼백 일언이폐지 왈 사무사
2. 子曰, 詩三百을 一言以蔽之하니 曰 思無邪니라

시경에 있는 시 300편을 한마디로 말하면, 사악한 생각이 없다는 것이다.

【 字解 】

① 蔽: 덮을 폐 한마디 말로 정리함

② 邪: 사악할 사

【 문장의 의의 】

▶ 시는 선한 마음을 더 분발시킬 수 있게 하고 악한 것은 감동시켜 징계할 수 있으며, 사람들로 하여금 올바른 심성을 갖게 해준다.

3. 子曰(자왈), 道之以政(도지이정)하고 齊之以刑(제지이형)이면 民免而無恥(민면이무치)니라 道之以德(도지이덕)하고 齊之以禮(제지이례)면 有恥且格(유치차격)이니라

법으로 다스리고, 형벌로 단정히 하고자 하면 백성들이 형벌만 면하려고 할 뿐 부끄러워하지 않을 것이다. 덕으로 다스리고 예로써 단정히 하면(법을 어기면) 부끄러워하고 장차 (선에)이를 것이다.

【 字解 】

① 道: 인도할, 이끌 도, 솔선수범함

② 政정: 법제, 금령

③ 齊제: 가지런할, 단정히 할 제 하나로 함

④ 且: 또, 또한 차

⑤ 格: 이를 격

【 문장의 의의 】

▶ 법과 형벌보다 덕과 禮예로 바로잡는 게 효과가 더 큼을 말한 것이다.

4. 子曰(자왈), 吾十有五而志于學(오십유오이지우학)하고 三十而立(삼십이립)하고 四十而不惑(사십이불혹)하고 五十而知天命(오십이지천명)하고 六十而耳順(육십이이순)하고 七十而從心所欲(칠십이종심소욕)하야 不踰矩(불유구)호라

나는 열다섯 살에 학문에 뜻을 두었고, 서른 살에 도에 확고하게 섰고=부화뇌동하지 않고, 마흔 살에 사리에 의혹되지 않았고, 쉰 살에 하늘이 내게 내려준 명을 알았고, 예순 살에 귀로 들으면 그대로 이해되었고, 일흔 살에는 마음이 하고 싶은 대로 해도 법도를 넘지 않았다.

【 字解 】

① 于우: ~에

② 惑: 의혹할 혹

③ 知天命지천명: 理리를 궁구하여 性성을 다하는 것

④ 耳順이순: 듣는 것을 모두 깨닫는 것

⑤ 踰: 넘을 유

⑥ 矩: 법도 구

【 문장의 의의 】

▶ 옛날에는 학문에 뜻을 두고 15살에 대학에 들어갔다. 위 내용은 단순히 나이에 따라 명칭을 부여한 것이라기보다는 배우는 데 있어서 그 차례과정를 뛰어넘지 않고 차례를 지켜서 하라는 뜻이 담겨 있다.

【 저자의 멘트 】

① •20세: 弱冠약관 •30세: 而立이립 •40세: 不惑불혹
•50세: 知天命지천명 •60세: 耳順이순 •70세: 古稀고희, 從心종심
•77세: 喜壽희수 •88세: 米壽미수 •99세: 白壽백수 •100세: 上壽상수

② 『예기』 곡례편
•10세: 幼어릴 유, 배우는 시기, •20세: 弱약할 약, 관례를 하는 시기,
•30세: 壯기운이 왕성할 장, 아내를 맞이하는 시기, •40세: 强굳셀 강, 벼슬하는 시기,
•50세: 艾다스릴 예, 늙은이 애 정치를 맡는 시기, •60세: 耆늙은이 기, 지시하고 부리는 시기,
•70세: 老늙을 노, 집안일을 자식에게 전해주는 시기, •80,90세: 耄늙은이 모,
•7세: 悼가엽게 여길 도라 하는데 80,90세와 7세는 비록 죄가 있어도 형벌을 가하지 않는다. •100세: 期백 살 기, 봉양을 받는 시기

5. 孟懿子(맹의자) 問孝(문효)한대, 子曰(자왈), 無違(무위)니라.

生事之以禮(생사지이례)하며 死葬之以禮(사장지이례)하며 祭之以禮(제지이례)니라

맹의자가 효에 대해 묻자, "도리에 어긋남이 없어야 한다" 하고, "살아 계실 때에는 섬기기를 예로써 하고, 돌아가시면 장사지내기를 예로써 하고, 제사 지낼 때도 예로써 하는 것이다."라고 하였다.

【 字解 】

① 懿: 아름다울 의

② 違: 어길 위無違:도리에 위배되지 않음

③ 葬: 장사지낼 장

【 문장의 의의 】

▶ 사람이 어버이 섬기기를 처음부터 끝까지 한결같이 예대로 하여야 하며, 할 수 있는 형편이 되는데도 하지 않는 것과, 반대로 할 수 있는 형편이 안 되는데도 정도를 지나쳐 하는 것 모두 불효이다. 즉, 분수에 맞게 하라는 것이다.

6. 孟武伯(맹무백)이 問孝(문효)한대 子曰(자왈), 父母(부모)는 唯其疾之憂(유기질지우)시니라

맹무백이 효에 대해 묻자,
부모는 오직 자식이 아프지는 않을까 걱정할 뿐이라고 하였다.

【 字解 】

① 孟: 맏, 첫, 처음, 성 맹형제가 여럿이 있을 때 맏이는 伯(백), 둘째는 仲(중), 셋째는 叔(숙), 막내는 季(계)라 한다.

② 武: 굳셀, 용맹스러울 무

③ 疾: 병 질

④ 憂: 근심할 우

【 저자의 멘트 】

• 孝經(효경)에, "身體髮膚(신체발부)는 受之父母(수지부모)라 不敢毁傷(불감훼상)이 孝之始也(효지시야)요~"라 했다.

신체에 있는 피부즉, 몸 전체와 털끝 하나조차 부모로부터 받지 않은 것은 없으므로 감히 마음대로 손상시키지 않고 다치지 않게 하는 것이 효의 시작이다.

자유 문효 자왈 금지효자 시위능양

7. 子游 問孝한대 子曰, 今之孝者는 是謂能養이니

지어견마 개능유양 불경 하이별호

至於犬馬하야도 皆能有養이니 不敬이면 何以別乎리오

자유가 효에 대해 묻자,

"요즘에 말하는 '효'라고 하는 것은 단지 봉양만 잘하는 것을 이르니, 이는 개나 말도 먹이고 길러주는 것이 있건만, (사람에게)공경하는 마음이 없으면 어떻게 개나 말과 구별하겠는가?즉, 짐승과 다를 바 없다."

【 字解 】

① 遊: 놀, 즐길 유

② 養: 기를 양

③ 皆: 모두, 다 개

④ 敬: 공경할 경

⑤ 何以하이: 무엇으로

【 문장의 의의 】

▶ 사람이 개나 말을 기르는 것도 음식으로 하고 어버이도 음식으로 봉양하는 것은 같지만 공경함이 지극하지 않으면 불경함이 심하다는 것을 말한 것이다.

자하 문효 자왈 색난 유사
8. 子夏 問孝한대 子曰, 色難이니 有事어든

제자복기로 유주사 선생찬 증시이위효호
弟子服其勞하고 有酒食어든 先生饌이 曾是以爲孝乎아

자하가 효에 대해 묻자, "얼굴빛만 보고 뜻을 헤아리는 것은 어려우니, 일이 있어서 자식이 어버이나 형의 수고로움을 대신하고, 술과 밥이 있다고 먼저 아버지와 형을 잡숫게 하는 것만 가지고 어떻게 효도한다고 할 수 있겠는가."

【 字解 】

① 色難색난: 얼굴빛을 보고 부모의 뜻을 헤아리는 것이 어렵다는 말

② 服복: 행하다

③ 饌찬: 음식을 먹고 마시게 하는 것

④ 曾: 일찍이 증

【 문장의 의의 】

▶ 앞의 5~8번까지 4명이 각각 효에 대해 물었는데, 공자의 대답이 모두 다르다.

- 맹의자에게 말해준 것은 보통사람들에게 하는 말이고,
- 맹무백에게 말해준 것은 맹무백이 어떤 근심할 만한 일을 많이 했기 때문이고,
- 자유에게는 봉양은 잘하지만 혹 공경을 잘 못할까 걱정해서였고,
- 자하에게는 정직하고 의롭기는 하지만 온화한 얼굴빛이 다소 부족하였기에 각각 그 재주의 많고 적음과 결점에 맞춰 말해준 것이다. 따라서 그 대답이 모두 다른 것이다. 공자의 자상함이 이와 같다.

자왈 온고이지신 가이위사의
9. 子曰, 溫故而知新이면 可以爲師矣니라
옛것을 익히고 새것을 알면 남의 스승이 될 수 있다.

【 字解 】

① 溫: 익힐, 학습할 온

② 故: 옛 고 예전에 들은 것

③ 師: 스승 사

④ 新: 새 신 지금 새로 얻은 것

⑤ 以 이, 지시대명사: 溫故而知新 온고이지신을 가리킴 · 온고이지신=온고지신

【 문장의 의의 】

▶ 과거를 알고 현재를 알면 미래를 알 수 있어서 남 제자들의 스승이 될 수 있는 것이다.

자왈 군자 불기
10. 子曰, 君子는 不器니라
군자는 그릇이 아니다.

【 字解 】

① 器: 그릇 기

【 문장의 의의 】

▶ 그릇은 각각 그 용도가 정해져 있는데, 덕을 닦은 선비는 그 몸에 갖추어지지 않은 것이 없어서 쓰임이 다양하여 모든 것을 담을 수 있다. 소인은 그 반대이다.

자공 문 군자 자왈 선행기언
11. 子貢이 問 君子한대 子曰, 先行其言이요

이후종지
而後從之니라

자공이 군자에 대해 묻자, "말보다 행동을 먼저 하고, 말은 그 뒤에 하여야 한다."

【 字解 】

① 先行其言선행기언: 말하기 전에 실행하는 것

② 而後從之이후종지: 먼저 실행한 뒤에 말하는 것

【 문장의 의의 】

▶ 자공은 말하는 것보다 행동하는 것을 어려워했기 때문에 이같이 말해 준 것이다.

자왈 군자 주이불비
12. 子曰, 君子는 周而不比하고

소인 비이불주
小人은 比而不周니라

군자는 두루 어울리되 편당하지 않고, 소인은 편당하되 두루 어울리지 못한다.

【 字解 】

① 周주는 보편적인 것이요 比비는 자기들끼리만 무리패거리를 짓는 것이다. 모두 남과 친하고 돈독한 것은 같으나 周는 공적인 행동이고 比는 사

적인 행동이다.

② 편당: 한 당파에 치우침

【 문장의 의의 】

▶ 군자는 늘 전체를 보아 두루 조화를 이루고, 소인은 사익만을 추구하기 때문에 늘 경쟁을 일삼아서 패거리를 만든다. 그렇기 때문에 그 관계가 오래 지속되지 않는다.

13. 學而不思則罔하고 思而不學則殆니라

학이불사즉망 사이불학즉태

배우기만 하고 생각하지 않으면 얻음이 없고, 생각만 하고 배우지 않으면 위태롭다.

【 字解 】

① 罔: 없을 망 어둡고 답답함, 구하고자 하는 마음이 없어서 얻음이 없음

② 殆: 위태할 태

【 문장의 의의 】

▶ 자기 마음에서 찾지 않기 때문에 어리석고 얻는 것이 없으며, 그 일을 완전히 익히지 않아 위태하고 불안한 것이다.

▶ 정자가 말하기를 博學박학, 폭넓게 배우고, 審問심문, 자세히 질문하고, 愼思신사, 신중하게 생각하고, 明辨명변, 밝게 분변하고, 篤行독행, 독실하게 실천함 중 하나라도 없으면 학문이라 할 수 없다고 하였다.

▶ 즉, 배운 것을 돌이켜 생각하고 완전히 익히라는 것이다.

자왈 공호이단 사해야이
14. 子曰, 功乎異端이면 斯害也已니라

이단을 전공하면 해가 될 뿐이다.

【 字解 】

① 攻: 다스릴, 공격할, 칠 공 전적으로 다루는 것

② 端: 끝, 가지, 갈래 단

③ 異端이단은 성인의 道도가 아닌 별도로 어느 한 갈래만 다스리는 것으로 이를테면 자기만 위하는 楊朱양주와 자기를 낳아 길러준 나의 부모와 남의 부모를 동일시하는 墨翟묵적과 같은 사람이다.

자왈 유 회여지지호 지지위지지
15. 子曰, 由아 誨女知之乎인저 知之爲知之요

부지위부지 시지야
不知爲不知이 是知也니라

유야, 너에게 안다는 것이 무엇인지 가르쳐주겠다.
"아는 것은 안다 하고, 모르는 것은 모른다고 하는 것이 아는 것이다"

【 字解 】

① 由유: 자로

② 誨: 가르칠 회

③ 知之지지: 안다는 것

④ 爲: 할 위

⑤ 是: 이것 시

【 문장의 의의 】

▶ 이렇게 하면 비록 다 알지는 못해도 적어도 자신을 속이는 일은 없을 것이다.

자 장 학 간 록 자 왈 다 문 궐 의 신 언 기
16. 子張이 學干祿한대 子曰, ①多問闕疑요 愼言其
여 즉 과 우 다 견 궐 태 신 행 기 여 즉 과 회
餘則寡尤며 ②多見闕殆요 愼行其餘則寡悔니
언 과 우 행 과 회 록 재 기 중 의
③言寡尤하며 行寡悔면 祿在 其中矣니라

자장이 녹벼슬, 취직을 구하는 방법을 배우려고 하자,

① 많이 듣되 의심나는 것은 빼 놓고 그 나머지를 삼가서 말하면 허물이 적을 것이요,

② 많이 보되 위태로운 것을 제쳐놓고 그 나머지를 삼가서 행하면 후회하는 일이 적을 것이니,

③ 말에 허물이 적으며 행동하는 것에 후회할 일이 적으면 녹은 그 속에 있는 것이다.

【 字解 】

① 干: 구할 간

② 祿: 봉급 록직업 또는 공무원

③ 闕: 뺄 궐

④ 尤: 허물 우잘못

⑤ 悔: 뉘우칠, 후회할 회

⑥ 在其中재기중: 구하려고 애쓰지 않아도 저절로 구해지는 것이다.

【 문장의 의의 】

▶ 말과 행동을 삼가는 것이 녹을 얻는 방법임을 말한 것이다.

17. 哀公(애공)이 問曰(문왈), 何爲則民服(하위즉민복)이니잇고? 孔子(공자) 對曰(대왈),

擧直錯諸枉則民服(거직조제왕즉민복)하고 擧枉錯諸直則民不服(거왕조제직즉민불복)이니이다

애공이 묻기를, "어떻게 하면 백성이 복종합니까?" 하니, 공자가 답하기를 "정직한 사람을 발탁해서 쓰고 모든 간사하고 못된 사람을 내버려두면 백성들이 복종하며, 반대로 간사하고 못된 사람을 데려다 쓰고 정직한 사람을 버려두면 백성들이 복종하지 않습니다." 하였다.

【 字解 】

① 擧: 들 거발탁하다, 추천하다

② 錯: 버려둘 조

③ 諸: ~에, ~에서어조사 제

④ 枉: 굽을 왕

【 문장의 의의 】

▶ 임금인 애공이 물었기 때문에 자왈이라 안하고 공자라 했다.

▶ 인재를 발탁하고 버림이 도리에 맞으면 인심이 복종함을 말한 것이다.

계강자문 사민경충이권 여지하
18. 季康子問, 使民敬忠以勸호대 如之何잇고

자왈 임지이장즉경 효자즉충
子曰, 臨之以莊則敬하고 孝慈則忠하고

거선이교불능즉권
擧善而敎不能則勸이니라

계강자가 묻기를,

백성들로 하여금 윗사람을 공경하고 충성하도록 권하고 힘쓰게 하고자 하는데 어찌하면 되겠습니까? 하니,

백성에게 단정하고 정중하게 대하면 공경하고, 어버이에게 효도하고 사랑하면 충성하고, 재주있는 자는 발탁해서 쓰고 잘 못하는 자는 가르쳐서 힘쓰게 하면 될 것이다.

【 字解 】

① 康: 편안할 강

② 使: 부릴 사

③ 勸: 권할 권

④ 如之何여지하: 어떻습니까?

⑤ 臨: 임할, 대할 임위에서 아래로 대하는 것

⑥ 莊: 단정할, 정중할 장

⑦ 慈: 사랑할 자

⑧ 善: 잘할 선

⑨ 不能불능: 잘 못하는 자

【 문장의 의의 】

▶ 이는 모두 자신이 마땅히 해야 할 것들이니 백성에게 있는 것이 아니다.

삼강 군위신강 부위자강 부위부강
19. 三綱: 君爲臣綱, 父爲子綱, 夫爲婦綱

오상 인의예지신
五常: 仁義禮智信

○ 三綱삼강 : 유교 도덕의 바탕이 되는 세 가지 강령
– 군위신강 : 임금은 신하의 규범이 되어야 한다.
– 부위자강 : 아버지는 자식의 규범이 되어야 한다.
– 부위부강 : 남편은 아내의 규범이 되어야 한다.

○ 五常오상 : 사람이 지켜야 할 다섯 가지의 떳떳한 도리
= 인의예지신

【 字解 】

① 綱: 벼리 강그물코를 꿴 굵은 줄, 일이나 글의 뼈대가 되는 줄거리. 사물을 총괄하여 규제하는 것(쉽게 말해 '모범')

② 常: 도리, 법도, 규율 상

자왈 비기귀이제지첨야
20. 子曰, 非其鬼而祭之諂也요

견의불위무용야
見義不爲無勇也니라

(제사지낼) 귀신이 아닌데 제사지내는 것은 아첨하는 것이고, 의로운 것을 보고도알면서도 하지 않는 것은 용기가 없는 것이다.

【 字解 】

① 鬼: 귀신 귀

② 諂: 아첨할 첨

왕영을 보내며(송왕영送王永)

– 유상(劉商, 당나라)

君去春山誰共遊(군거춘산수공유) / 그대 가면 이 봄을 뉘와 함께 노닐꼬
鳥啼花落水空流(조제화락수공류) / 새는 울고 꽃은 떨어지고 물은 흐르네
如今送別臨溪水(여금송별림계수) / 지금 그대를 배웅하며 냇가에 섰으니
他日相思來水頭(타일상사래수두) / 뒷날 내 생각 나거든 냇가에 와보게

八佾(팔일)

八佾팔일: 天子천자의 자격으로 가로세로 8*8, 즉 64명이 추는 춤

공 자 위 계 씨　　　　　　　팔 일　　무 어 정
1. 孔子謂季氏하사대, 八佾로 舞於庭하니

시 가 인 야　　숙 불 가 인 야
是可忍也온 孰不可忍也리오

공자가 계씨에 대해 평하기를, “팔일무로 뜰에서 춤을 추게 하니 이것을 할 수 있다면 그 밖의 것은 무엇인들 차마 못하겠는가.”

【 字解 】

① 계씨: 노나라 대부, 세도가

② 佾춤출 일: 가로 세로 각각 같은 수의 인원으로 추는 춤으로, 천자는 8일무8*8=64명, 제후는 6일무6*6=36명, 대부는 4일무4*4=16명, 士사는 2일무2*2=4명 이다.

③ 舞: 춤출 무

④ 庭: 뜰 정

⑤ 孰: 누구 숙

⑥ 忍: 참을 인

【 저자의 멘트 】

- 오직 천자만이 8일무를 추게 할 수 있는데 제후도 아닌 대부가 함부로 8일무를 추게 하였기 때문이다. 심각한 월권행위이다.
  현재 우리나라 종묘대제 제향 시에는 고종이 황제로 등극한 이후부터 8일무로 하고 있다.

2. 林放(임방)이 問(문) 禮之本(예지본)한대,
禮(예)는 與其奢也(여기사야)론 寧儉(영검)이요
喪(상)은 與其易也(여기이야)론 寧戚(영척)이니라

임방이 예의 근본을 묻자, 예는 사치하기보다는 차라리 검소한 것이 낫고, 초상은 형식적으로 잘 치르기보다는 차라리 슬퍼하는 것이 낫다.

【 字解 】

① 與其여기~ 寧녕~: ~하기보다는 차라리 ~하다

② 奢: 사치할 사

③ 儉: 검소할 검

④ 喪: 죽을, 사망할, 초상 상

⑤ 易: 쉬울, 편안할, 경시할, 가벼이 볼, 간략하게 할 이

⑥ 戚: 슬플, 슬퍼할 척

【 문장의 의의 】

▶ 예는 사치하여 잘 갖추는 것이 검소하면서 잘 갖추어짐보다 못하고, 초상은 형식적으로 잘 꾸미는 것은 차라리 슬퍼하는 것보다는 못하다. 검소함은 사물의 바탕이고 슬퍼함은 마음의 정성이니 이 때문에 예의 근본이 되는 것이다.

▶ 임방이, 항간에 예를 행하는 자들이 오로지 번거로운 장식과 꾸밈을 일삼는 것을 보고 이렇게 질문하자, 공자가 이를 훌륭한 질문으로 보고 이렇게 답한 것이다.

제 여 재　　　　제 신 여 신 재

3. 祭如在하시며 祭神如神在러시다

(조상에게) 제사 지낼 때에는 조상이 그곳에 계신 듯이 하였으며, 신에게 제사지낼 때에는 신이 계신 듯이 하였다.

【 字解 】

① 祭: 제사 제 선조에게 제사지냄

② 祭神제신: 조상 외의 신 부뚜막신 등

【 문장의 의의 】

▶ 제사에 임하는 자세와 마음가짐을 말한 것이다.

자입태묘 매사 문
4. 子入大廟하사 每事를 問하신대

혹왈 숙위추인지자 지례호 입태묘
或曰 孰謂鄹人之子를 知禮乎아 入大廟하야

매사 문 자 문지 왈 시례야
每事를 問이온여 子가 聞之하시고 曰, 是禮也니라

공자가 태묘에 들어가서는 (마치 잘 모르는 것처럼) 매사를 물으니 어떤 사람이 말하기를, "누가 추 지방에 사는 사람의 아들이 예를 안다고 하였는가? 태묘에 들어가서는 매사를 묻는구나" 하였다. 공자가 이 말을 듣고 말하기를 "이렇게 하는 것이 바로 禮예이다" 라고 하였다.

【 字解 】

① 大廟대묘,=太廟,태묘 : 宗廟종묘

② 廟 : 사당 묘조상의 신주를 모셔놓은 곳

③ 鄹추 : 노나라 지명으로 공자와 맹자의 고향

【 문장의 의의 】

▶ 공자가 예를 몰라서 물은 것이 아니라, 공경하고 삼가는 것을 지극히 하기 위해 물은 것인데 이를 비꼬고 업신여긴 것이다.

자 왈 사 불 주 피 위 력 부 동 과
5. 子曰, 射不主皮는 爲力不同科니

고 지 도 야
古之道也니라

활을 쏠 때 가죽을 뚫는 것을 위주로 하지 않는 것은,
(사람마다)힘이 다르기 때문이니,
이것이 옛날의 활을 쏘는 도리였다.

【 字解 】

① 皮: 가죽 피여기서는 가죽을 뚫음

② 科: 등급 과

【 문장의 의의 】

▶ 과녁을 명중시키는 것은 배워서 잘할 수 있지만, 힘은 억지로 키울 수 없으니 성인이 옛날의 도를 인용하여 말한 것은 지금의 잘못을 바로잡으려 한 것이다.

▶ 활쏘기는 힘을 자랑하기 위함이 아니라 자신을 수양하기 위한 것이다.

정 공 문 군 사 신 신 사 군 여 지 하
6. 定公이 問, 君使臣하며 臣事君호대 如之何잇고

공 자 대 왈 군 사 신 이 례 신 사 군 이 충
孔子 對曰, 君使臣以禮하며 臣事君以忠이니이다

정공이 묻기를, 임금이 신하를 부리며,
신하가 군주를 섬기는 것은 어떻게 해야 합니까? 하니,

임금은 신하를 예로써 부리고,
신하는 군주를 충성을 다해 섬겨야 합니다.

【 字解 】

① 使: 부릴, 하여금 사

② 事: 섬길, 모실 사

③ 如之何여지하: 어떻습니까?

【 문장의 의의 】

▶ 임금이 신하를 부릴 때에는 충성하지 않을 것을 염려하지 말고, 예가 지극하지 못함을 걱정해야 하며, 신하가 임금을 섬길 때에는 예가 없음을 걱정하지 말고 충성이 부족함을 걱정해야 한다.

7. 옛날 사당에 모시는 조상의 신주를 만드는 재료는, 소나무, 잣나무, 뽕나무, 밤나무 등으로 만드는데, 이는 각각 그 지역이나 그 나라의 토질에 적합한 나무이거나 단단하고 충실한 것을 취한 것일 뿐, 황송, 전율 등과 같이 항간에 떠도는 나무에서 뜻을 취한 것은 아니다.

【 字解 】

① 황송은 소나무, 전율은 밤나무에서 뜻을 취했다고 여겼다.

8. 子曰(자왈), 居上不寬(거상불관)하며 爲禮不敬(위례불경)하며

臨喪不哀(임상불애)면 吾何以觀之哉(오하이관지재)리오

윗자리에 있으면서 너그럽지 않으며, 예를 행함에 공경하지 않으며, 초상에 임해서 슬퍼하지 않으면 내가 어떻게 그를 볼(좋게 볼) 수 있겠는가?

【 字解 】

① 寬: 너그러울 관

② 臨: 임할 임

③ 哀: 슬플 애

④ 何:어찌, 무엇 하

⑤ 觀: 볼 관

【 문장의 의의 】

▶ 윗자리에 있을 때에는 사람들을 사랑하는 것을 위주로 하여야 한다는 말이다.

★ 君子군자 –예기 곡례에서–

널리 배워 지식이 많으면서, 겸손하고 선행을 많이 하여 태만하지 않은 사람을 일컫는다. 또한, 지위가 높은 사람을 말하기도 한다.

里仁(이인) 어진 마을

자왈 이인 위미 택불처인 언득지

1. 子曰, 里仁이 爲美하니 擇不處仁이면 焉得知리오

인심과 풍속이 후한 마을어진 마을이 아름다우니, 이런 마을을 택해서 살지 않으면 어찌 슬기롭다 하겠는가.

【 字解 】

① 擇: 가릴 택선택

② 處: 곳 처장소

③ 焉: 어찌 언

④ 得: 얻을, 깨달을, 알 득

【 문장의 의의 】

▶ 인심이 후덕한 마을이 아름다우니 살 동네를 잘 골라야 한다.

자왈 불인자 불가이구처약 불가이

2. 子曰, 不仁者는 不可以久處約이며 不可以

장처락 인자 안인 지자 리인

長處樂이니 仁者는 安仁하고 知者는 利仁이니라

어질지 못한 자는 오랫동안 곤궁한 곳에 거처하지 못하며 오랫동안 즐거움에 처할 수도 없으니, 어진 자는 인을 편히 여기고, 지혜로운 자는 仁인을 이롭게 여긴다.

【 字解 】

① 約: 고생, 빈곤 약곤궁

② 利: 이로울 리

【 문장의 의의 】

▶ 어질지 못한 사람은 그 본심을 잃어서 오랫동안 곤궁하면 반드시 넘치고, 오랫동안 즐거우면 반드시 음탕함에 빠진다. 오직 仁者인자와 知者지자,=智者만이 외적인 요인에 구애받지 않아 편히 여기고 이롭게 여긴다.

자왈 유인자 능호인 능오인

3. 子曰, 惟仁者아 能好人하며 能惡人이니라

오직 인한 자만이 남을 좋아할 수 있고, 남을 미워할 수 있다.

【 字解 】

① 惟: 오직, 홀로 유

② 好: 좋을 호

③ 惡: 미워할, 싫어할 오

【 문장의 의의 】

▶ 오직 인한 자만이 사사로운 마음이 없어서 남을 좋아하고 미워할 수 있는 것이다.

자왈 구지어인의 무악야

4. 子曰, 苟志於仁矣면 無惡也니라

진실로 인에 뜻을 두면 악을 행하는 일은 없다.

【 字解 】

① 苟: 진실로, 참으로 구

② 志: 뜻 지

【 문장의 의의 】

▶ 그 마음이 인에 뜻을 두었어도 지나친 행동이 없지 않지만 적어도 악한 행동을 하는 일은 없을 것이다.

자 왈 부 여 귀 시 인 지 소 욕 야 불 이 기 도
5. 子曰, 富與貴는 是人之所欲也나 不以其道로
득 지 불 처 야 빈 여 천 시 인 지 소 오 야
得之어든 不處也하며 貧與賤이 是人之所惡也나
불 이 기 도 득 지 불 거 야
不以其道로 得之라도 不去也니라

부유하고 귀함은 누구나 되고 싶어 하는 것이지만,
정당한 방법으로 얻은 것이 아니면 누리지 말 것이며,
가난하고 천한 것은 사람들이 싫어하는 것이나
정당한 방법으로 얻지 않았다 해도 버리지 말아야 한다.

【 字解 】

① 富: 부유할 부부자

② 與: ~와과, 더불어, 함께, 및 여

③ 貴: 귀할 귀

④ 欲: 하고자할 욕

⑤ 處: 누릴, 향유할, 차지할 처

⑥ 貧: 가난할 빈

⑦ 賤: 천할 천

⑧ 去: 떠날, 버릴 거

군자 거인 오호성명
5.1. 君子 去仁이면 惡乎成名이리오,

군자 무종식지간 위인 조차
君子 無終食之間을 違仁이니 造次에

필어시 전패 필어시
必於是하며 顚沛에 必於是니라

군자가 인을 버리면 어찌 명성을 얻을 수 있겠는가, 군자는 밥을 다 먹는 동안에도 인을 어김이 없으니, 경황이 없는 아주 급할 때나, 넘어지고 자빠지는 상황에서도 반드시 인을 생각해야 한다.

【 字解 】

① 惡: 어찌 오

② 成名성명: 이름을 이룸선비로 불릴만한 자격이나 역할

③ 終食종식: 밥을 다 먹는 동안

④ 造次조차: 급하고 경황이 없는 때

⑤ 顚沛전패: 넘어지고 자빠짐

【 문장의 의의 】

▶ 군자가 인을 생각하고 실천하는 것은 언제, 어느 곳, 어떤 상황이든 마찬가지며 항상 인을 버리거나 인에서 떨어지지어기거나 버리지 않으려고 노력해야 한다.

6. 子曰, 人之過也는 各於其黨이니 觀過면 斯知仁矣니라
(자왈 인지과야 각어기당 관과 사지인의)

사람의 과실은 각기 그 무리집단에서 비롯되니, 그 사람의 허물잘못을 보면 그 무리가 인한지 인하지 아니한지 알 수 있다.

【 字解 】

① 過: 허물, 잘못 과

② 黨: 부류, 무리 당동아리, 친구, 가정, 부서, 학교, 정당 등

【 문장의 의의 】

▶ 군자는 항상 후한좋은 게 좋은 거라는 데서 잘못되고 소인은 항상 각박한 데서 비롯되며, 군자는 사랑함이 지나치고 소인은 잔인함이 지나치다.

7. 子曰, 朝聞道면 夕死라도 可矣니라
(자왈 조문도 석사 가의)

아침에 도를 듣고 깨달을 수만 있다면 저녁에 죽어도 여한이 없다.

【 字解 】

① 道: 도리, 이치 도사물의 당연한 이치

【 문장의 의의 】

▶ 사람이 도를 알지 못하면 안 되니, 만일 도를 들을 수만 있다면 비록 그 즉시 죽더라도 한이 없다고 한 것이다.

자왈 사지어도이치악의악식자
8. 子曰, 士志於道而恥惡衣惡食者는
미족여의야
未足與議也니라

선비가 도에 뜻을 두고도 변변치 못한 옷과 음식을 부끄러워하는 자와는 함께 도를 논할 수 없다.

【 字解 】

① 於: 어조사 어~에, ~에서

② 恥: 부끄러울, 부끄러워할 치

③ 惡: 나쁠 악惡衣: 해지고 남루한 옷

④ 惡食: 거친 밥꽁보리밥에 반찬도 제대로 갖추어지지 않은

⑤ 議: 의논할 의

【 문장의 의의 】

▶ 도에 뜻을 두었어도 마음이 외적인 영향환경을 받아 부림을 당한다면 함께 도를 논할 수 없는 사람이다.

자왈 군자 회덕 소인 회토 군자
9. 子曰, 君子는 懷德하고 小人은 懷土하며 君子는
회형 소인 회혜
懷刑하고 小人은 懷惠니라

군자는 덕을 생각하고 소인은 처하는 곳의 편안함만을 생각하며, 군자는 형벌법을 두려워하고 소인은 이익을 탐하기만을 생각한다.

【 字解 】

① 懷: 생각할, 그리워할 회

② 德: 덕 덕고유한 선을 보존함

③ 懷土회토: 처하는 곳의 편안함에 빠짐

④ 懷刑회형: 법이나 형벌을 두려워함

⑤ 懷惠회혜: 이익을 탐함惠: 은혜 혜

【 문장의 의의 】

▶ 선을 좋아하고 선하지 않은 것을 싫어하는 것은 군자가 되는 이유이고, 구차하게 편안하고자 하는 것만 힘쓰는 것은 소인이 되는 이유이다.

【 저자의 멘트 】

- 군자는 잘못을 깨끗이 인정하고, 소인은 변명으로 일관한다.

자왈 방어리이행 다원
10. 子曰, 放於利而行이면 多怨이니라

이익만을 좇아바라고 행동하면 원망이 많다.

【 字解 】

① 放: 의지할, 따를, 본받을, 바랄 방

② 怨: 원망할 원

【 문장의 의의 】

▶ 자신만 이롭고자 하면 필시 남에게 해를 끼치므로 원망이 많은 것이다.

자왈 능이예양 위국호 하유
11. 子曰, 能以禮讓이면 爲國乎에 何有며

불능이예양 위국 여예하
不能以禮讓으로 爲國이면 如禮何리오

예의와 겸손함으로써 나라를 다스리면 무슨 어려움이 있으며, 예와 겸손으로도 나라를 다스리지 못한다면 예의를 어디에 쓰겠는가?

【 字解 】

① 讓: 사양할, 양보할, 겸손할 양

② 爲國위국: 나라를 다스림

③ 何有하유: 어렵지 않다難(난) 이 생략됨

【 문장의 의의 】

▶ 나라를 다스리는 데 예의와 겸손으로써 하는 것이 중요하다는 말이다.

자왈 불환무위 환소이립 불환막기지
12. 子曰, 不患無位요 患所以立하며 不患莫己知요

구 위 가 지 야
求爲可知也니라

지위가 없음을 걱정하지 말고, 과연 그 지위에 설 수 있는 감당할 수 있는 능력이 되는지를 걱정하며, 자신을 알아주는 이가 없음을 걱정하지 말고 알려질 수 있기를 힘써야 한다.

【 字解 】

① 患: 근심할, 걱정할 환

② 所以立소이립: 그 지위에 설 수 있는 것

③ 莫: 말, 없을 막

④ 可知가지: 남에게 알려질인정받을 만한 실제

【 저자의 멘트 】

• 능력도 없으면서 그 자리를 탐하거나 기웃거리지 말아야 하며, 한눈팔지 않고 전심전력으로 실력을 키우고 열심히 하다보면 자연히 남에게 알려지고 성과와 보상이 따른다.

자 왈 오 도 일 이 관 지 충 서 이 이 의
13. 子曰, 吾道는 一以貫之니 忠恕而已矣니라.

나의 도는 한 가지로 초지일관 하는데
바로 "충"과 "서"뿐이다.

【 字解 】

① 吾: 나, 우리 오

② 貫: 꿰뚫을 관

③ 恕: 용서할, 어질, 인자할 서

④ 而已矣이이의 : ~뿐이다only

【 문장의 의의 】

▶ 자기마음을 진심으로 다하는 것을 忠충이라 하고, 내 마음과 상대방 마음이 서로 통하는 것을 恕서라 한다. 그런데 충과 서는 道도와 서로 멀리 떨어져 있는 것이 아니다. 그러므로 일이관지라고 한 것이다.

【 저자의 멘트 】

- 忠충은 中가운데 중과 心마음 심을 합친 글자로 즉, 내 속마음이고, 恕서는 如같을 여+心심을 합친 글자로 내 마음과 상대방 마음이 같다고 생각하면 이해가 쉬울 것이다.
- 이 문장은 원래, 일이관지 부분은 공자가, 충서 부분은 증자가 말한 것을 이해를 돕기 위해 하나의 문장으로 축약하였다.

14. 子曰자왈, 君子군자는 喩於義유어의하고
小人소인은 喩於利유어리니라

군자는 義의에 밝고, 소인은 이익에 밝다.

【 字解 】

① 喩: 좋아할, 깨달을 유

② 義옳을 의: 옳다, 의롭다. 바르다, 정의, 올바른 도리 의리, 의로운 일, 정의에 합당한 행동, 공적인 것, 공익을 위한 것, 명분

③ 利이로울 리: 이롭다, 이롭게 하다, 이익이나 이득이 되다, 유익하다, 편리하다, 이기다, 탐하다.

【 문장의 의의 】

▶ 군자가 의를 좋아하는 것은, 소인이 利리를 좋아하는 것과 같다. 양쪽 모두 각각 깊이 좋아하기 때문이다.

15. 子曰, 見賢思齊焉하며
(자왈 견현사제언)
見不賢而內自省也니라
(견불현이내자성야)

어진 사람의 훌륭한 행실을 보면 자기도 그런 善선이 있기를 바라고, 어질지 못한 사람의 나쁜 행실을 보면, 자기도 혹시 그런 나쁜 점이 있는 것은 아닐까 하고 안으로 스스로 돌아보아야 한다.

【 문장의 의의 】

▶ 思齊사제: 자신도 이런 선이 있기를 바라는 것

▶ 內自省내자성: 자신도 그런 나쁜 점이 있을까 두려워하는 것이다.

※ 三人行삼인행이면 必有我師필유아사와 뜻이 통한다. 세 사람이 길을 가면 그중에 반드시 나의 스승 될 만한 사람이 있다.

자왈 사부모 기간 견지불종
16. 子曰, 事父母호대 幾諫이니 見志不從하고

우경불위 노이불원
又敬不違하며 勞而不怨이니라

부모를 섬기되 (부모가 잘못하는 것이 있으면) 조용하고 공손하게 간해야 하니, 내 말을 따르지 않는 것 같으면 더욱 공경하여 어기지 않으며, 힘들어도 원망하지 말아야 한다.

【 字解 】

① 幾: 몇, 기미, 낌새 기 조용하고 공손하게

② 諫: 간할 간 웃어른이나 임금에게 옳지 못하거나 잘못된 일을 고치도록 말하다

③ 從: 따를 종

④ 違: 어길 위

【 문장의 의의 】

▶ 부모가 노하고 기뻐하지 않아서 종아리를 맞아 피가 나도 감히 부모를 미워하거나 원망하지 말 것이요, 오히려 더욱 공경하고 더욱 효도하라는 것이다.

【 저자의 멘트 】

• 조선시대 때는 司諫院 사간원에서 임금의 잘못을 간하는 기능을 하였는데, 최고 우두머리는 대사간 정3품 당상관으로 도승지 대통령 비서실장와 직급이 같았다.

자왈 부모재 불원유 유필유방
17. 子曰, 父母在어시든 不遠遊하며 遊必遊方이니라

부모가 살아 계시면 멀리 나가 놀지 말며, 놀더라도 반드시 일정한 방향과 장소에 있어야 한다.

【 字解 】

① 遠: 멀 원

② 遊: 놀 유

③ 方: 장소, 방향 방

【 문장의 의의 】

▶ 멀리 가면, 본인도 부모님께 문안 인사를 여쭙지 못하는 불효를 하게 되고, 부모님은 부모님대로 혹시 자식 잘못될까 걱정해서이다. 동쪽으로 가서 논다고 해놓고 서쪽에 가서 놀지 말아야 한다.

▶ 자식이 부모의 마음을 자신의 마음으로 여길 수 있다면 효가 될 것이다.

자왈 부모지년 불가부지야
18. 子曰, 父母之年은 不可不知也니

일즉이희 일즉이구
一則以喜요 一則以懼니라

부모의 연세나이는 (항상) 기억하지 않으면 안 되니, 한편으로는 그것으로 기쁘고 한편으로는 그것으로 두렵기 때문이다.

【 字解 】

① 年: 나이, 연세 연

② 知: 알 지여기서는 기억

③ 喜: 기쁠 희

④ 懼: 두려울 구

【 문장의 의의 】

▶ 이는 항상 부모의 나이를 기억하여 알고 있으면, 한편으로는 이미 장수하신 것을 기뻐하고, 한편으로는 늙으신 것이 두려운 것이다.

【 저자의 멘트 】

• 언제든지 누가 부모님의 연세를 물으면 즉시 대답할 수 있어야 한다. 자식의 나이는 바로 말할 수 있는 것처럼….

자왈 고자 언지불출 치궁지불체야

19. 子曰, 古者에 言之不出은 恥躬之不逮也니라

옛날에 말을 함부로 하지 않는 것은 몸이 미처 그 말을 따라가지(행동으로 옮기지) 못하면 부끄러웠기 때문이다.

【 字解 】

① 恥: 부끄러울 치

② 躬: 몸 궁

③ 逮: 미칠 체(=及(급)과 같다)

【 문장의 의의 】

▶ 군자는 말을 할 때 부득이한 경우가 아니면 하지 않는데, 이는 말하는 것이 어려워서가 아니라, 혹시라도 말만 해놓고 행동을 하지 못할까 두려워서이다.

자왈 이약 실지자선의
20. 子曰, 以約이면 失之者鮮矣니라

(함부로 말하지 않고)
요약하여 핵심만 말하면 잃는 것이 적다.

【 字解 】

① 約(약): 잘난 체하여 스스로 방자하지 않음

② 鮮: 드물 선

【 문장의 의의 】

▶ 모든 일을 요약하면 실수가 적으니 그렇다고 검약을 말한 것은 아니다.

자왈 군자 욕눌어언이민어행
21. 子曰, 君子는 欲訥於言而敏於行이니라

군자는 말은 어눌하게느리게 하고,
행동은 민첩하게 하고자 한다.

【 字解 】

① 訥: 말 더듬거릴 눌말을 잘하지 못하는 것

② 敏: 민첩할 민재빠르다

【 문장의 의의 】

▶ 말은 함부로 하기 쉽기 때문에 어눌하고자 하며, 힘써 행하는 것은 어렵기 때문에 민첩하게 하는 것이다.

자 왈 덕 불 고 필 유 린
22. 子曰, 德不孤라 必有隣이니라

덕은 (결코)외롭지 않다. 반드시 이웃이 있다.

【 字解 】

① 德: 덕, 복, 은혜 덕

② 孤: 외로울 고

③ 隣: 이웃 린

【 문장의 의의 】

▶ 덕이 있는 자는 반드시 그 부류가 따르기 때문에 외롭지 않은 것이고, 거처하는 곳에 이웃이 있는 것과 같다.

자 유 왈 사 군 삭 사 욕 의
23. 子遊曰, 事君數이면 斯辱矣요

붕 우 삭 사 소 의
朋友數이면 斯疏矣니라

자유가 말하기를, "임금을 섬길 때 자주 간충고하면 욕을 당하고, 친구 사이에 자주 충고하면 멀어진다."

【 字解 】

① 事: 섬길 사

② 數: 자주 삭간하는 것을 자주 함

③ 辱: 욕될 욕모욕을 당하다. 더럽힘을 당하다

④ 疏: 소통할, 멀어질 소서로 반대되는 뜻을 내포하고 있다

【 문장의 의의 】

▶ 事君數사군삭: "군주를 섬김에 자주한다"라는 말에는 간하는 것이 내포되어 있다.

【 저자의 멘트 】

• "소통"할 때의 疏소자에는 멀어진다는 뜻도 있어서 소통커뮤니케이션을 잘못하면 오히려 더 멀어진다.

23.1. 求榮而反辱하고 求親而反疏也니라
(구영이반욕 구친이반소야)

영화를 구하다가 도리어 욕을 당하고, 친해지려 하다가 도리어 소원해진다.

【 字解 】

① 榮: 영화 영

② 辱: 욕, 욕될, 더럽힐, 치욕 욕

③ 疏: 소통할, 멀어질 소

★ 禮예를 하는 마음과 자세는 자신을 낮추고 남을 존중하는 것이다. 비록 신분이 낮은 노동자나 장사하는 사람이라도 존중해야 할 만한 사람이 있는 것이다. 신분이 높다 하여, 부유하다고 하여 낮은 사람을 업신여기거나 함부로 대하면 안 된다.

公冶長(공야장)

공야는 성이고 이름은 장, 字자는 자장이다. 공자의 제자이면서 사위이다. 이 장은 모두 古今고금, 옛날과 지금의 인물에 대해 어질고 어질지 못함을 평하였다.

혹왈 옹야 인이불녕 자왈
1. 或曰, 雍也는 仁而不佞이로다. 子曰,

언용녕 어인이구급 누증어인
焉用佞이리오 禦人以口給하야 屢憎於人하나니

부지기인 언용녕
不知其仁이어니와 焉用佞이리오

어떤 사람이 말하기를 "옹은 인하기는 하지만 말재주가 없습니다. 하자 "말재주를 어디에 쓰겠는가, 언변으로 남의 말을 막아서 자주 남에게 미움만 받을 뿐이니, 그가옹이 인한지 인하지 아니한지는 잘 모르겠으나 말재주를 어디에 쓰겠는가" 하였다.

【 字解 】

① 雍: 화할 옹

② 冉雍염옹, 字(자)는 중궁

③ 佞: 아첨할 녕말을 잘하다, 말재주

④ 焉: 어찌 언어조사

⑤ 禦: 막을 어=방어

⑥ 給: 줄 급(말을)잘하다

⑦ 屢: 자주 루

⑧ 憎: 미워할, 미움 받을 증

【 문장의 의의 】

▶ 말 잘하는 자는 알맹이가 없어서 한갓 남들로부터 미움만 받을 뿐이다. 오히려 말재주 없는 것이 훌륭함이 되는 것이요 흠될 것은 없다고 한 것이다.

재여 주침 자왈 후목 불가조야
2. 宰予가 晝寢이어늘 子曰, 朽木은 不可雕也며

분토지장 불가오야 어여여 하주
糞土之墻은 不可杇也니 於予與에 何誅리오

재여가 낮잠을 자고 있는 모습을 보고 공자가 말하기를, "썩은 나무로는 조각할 수 없고 (찰기가 없는) 썩은 흙으로 쌓은 담장은 흙손질을 할 수 없으니, 아! 내가 재여를 꾸짖어 무엇 하겠느냐!"

【 字解 】

① 宰: 재상 재

② 予: 나 여

③ 晝: 낮 주

④ 寢: 잠잘 침

⑤ 朽: 썩을 후

⑥ 雕: 새길, 조각할 조

⑦ 糞: 똥 분

⑧ 墻: 담, 담장 장

⑨ 杇: 흙손질할 오

⑩ 誅: 책할 주꾸짖다

【 문장의 의의 】

▶ 재여가 낮에 공부는 안 하고 잠을 자고 있는 것을 보고, 그 뜻과 기운이 흐리고 게을러서 가르침을 베풀 여지가 없음을 한탄하여 말한 것이다.

자공왈 부자지문장 가득이문야
3. 子貢曰, 夫子之文章은 可得而聞也어니와

부자지언성여천도 불가득이문야
夫子之言性與天道는 不可得而聞也니라

자공이 말하기를, "스승의 문장은 들을 수 있지만, 性성과 천도라는 말은 들을 수 없다."고 하였다.

【 字解 】

① 文章문장: 생각·느낌·사상 등을 글로 표현한 것

【 문장의 의의 】

▶ 性성과 天道천도라는 단어는 공자가 드물게 말해서 제자들이 들을 기회가 별로 없었다. 그 이유는, 제자들을 가르침에 있어 등급을 뛰어넘어 가르치면 가르쳐도 이것을 제대로 이해할 수 없었기 때문이었다.

4. 子貢(자공)이 問曰(문왈), 孔文子(공문자)를 何以謂之文也(하이위지문야)잇고. 子曰(자왈),

敏而好學(민이호학)하며 不恥下問(불치하문)이라 是以(시이)로 謂之文也(위지문야)니라

자공이 묻기를, 공문자를 어찌하여 문이라고 부르는 것입니까? 공자가 말하기를, 부지런히 힘써서 배우기를 좋아하고, 아랫사람에게 묻기를 부끄러워하지 않았다. 이 때문에 '문'이라는 시호를 내려준 것이다.

【 字解 】

① 貢: 바칠 공

② 敏: 민첩할, 부지런할 민

③ 恥: 부끄러울 치

④ 是: 이 시이것

【 저자의 멘트 】

- 시호는 옛날에 2품 이상의 벼슬을 한 신하가 사망하면, 학식과 덕망이 출중하거나 국가에 큰 공적이 있는 경우, 그의 행실과 공적을 고려하여 나라에서 협의봉상시에서 절차를 거쳐 내려 주던 칭호로, 만세토록 그 공적을 드러내기 위함이었다. 실로 가문의 영광이 아닐 수 없다.
- 諡法시법, 나라에서 시호를 내려주는 법에 이르기를,

文 : 敏而好學, 민이호학 & 不恥下問, 불치하문부지런하고 배우기를 좋아하며, 아랫사람에게 묻기를 부끄러워하지 않는 것

忠 : 盡己之謂 忠, 진기지위 충자기 마음을 다하는 것

- 문반문인은 文문이 들어간 시호를, 무반무인은 忠충이 들어간 시호를 받는 것을 최고의 영예로 여겼다.

※ 예: 文成公문성공 율곡 이이,

忠武公충무공 이순신, 남이, 김시민 장군 등

5. 子謂子産자위자산하사대 有君子之道四焉유군자지도사언이니

①其行己也恭기행기야공하며 ②其事上也敬기사상야경하며

③其養民也惠기양민야혜하며 ④其事民也義기사민야의니라

공자가 자산에게 말하기를, 군자의 도가 네 가지 있는데, ①몸가짐이 공손하며, ②윗사람 섬기기를 공경하게 하며, ③백성을 기르는 것이 은혜로우며, ④백성 섬기는 것을 義의롭게 하는 것이다.

【 字解 】

① 産: 낳을 산

② 恭: 공손할 공

③ 敬: 공경할 경

④ 惠: 은혜 혜

【 문장의 의의 】

▶ 이는 子産자산을 한 단계 더 나아가게 하려고 이 말을 이용하여 가르친 것으로, 한마디 말과 한 가지 일만 가지고 한사람을 매도하는 세태를 꼬집어서 잘못이라고 한 것이다.

자왈 안평중 선여인교 구이경지

6. 子曰, 晏平仲은 善與人交로다 久而敬之온여

안평중은 남과 잘도 사귀니, 오래되었어도 공경하는구나.

【 字解 】

① 晏: 늦을, 편안 안

② 仲: 버금, 둘째 중

③ 善: 잘할 선

【 문장의 의의 】

▶ 사람은 사귀는 기간이 오래되면 자연히 버릇없이 함부로 대하기 쉬운데 아무리 가까운 친구 사이라도 공경함을 오래 지속하는 것이 중요하다.

자왈 백이숙제 불념구악 원시용희

7. 子曰, 伯夷叔齊는 不念舊惡이라 怨是用希니라

백이와 숙제는 (사람들이) 옛날에 저지른 악행을 생각하지 않았다. 이 때문에 사람들의 원망이 적었다.

【 문장의 의의 】

▶ 백이와 숙제는 옛날 은나라 말엽 고죽국이라는 나라의 두 왕자인데, 아버지주나라의 속국인 고죽국의 군주가 죽자 서로 왕위를 가운데 동생에게 양보하고 결국은 둘 다 그 나라를 떠나 문왕이 있는 곳으로 가서 살았는데, 주나라 무왕이 무력으로 은나라 紂王주왕을 쳐서 정복하자, "신하가 천자를 치는 것은 인의에 어긋난다" 하여 주나라 곡식 먹기

를 거부하고, 수양산으로 들어가 몸을 숨기고 고사리를 뜯어먹고 살다가 굶어 죽었다.

【 저자의 멘트 】

- 과거의 잘못된 행실에 대하여 엄벌에 처하거나 보복을 하기보다는, 반면교사로 삼아야 할 것이다. 고리를 끊지 않으면 악순환이 계속된다.

8. 子曰, 孰謂微生高直고 或이 乞醯焉이어늘 乞諸其隣而與之온여
(자왈 숙위미생고직 혹 걸혜언 / 걸저기린이여지)

누가 미생고를 정직하다고 하였나, 어떤 사람이 그에게 식초를 빌리러 갔는데 자기 집에 식초가 없어서 이웃집에서 빌려다 주는구나!

【 字解 】

① 微: 작을 미

② 或: 어떤 이 혹

③ 乞: 빌, 구걸할 걸

④ 醯: 식초 혜

⑤ 隣: 이웃 린

【 문장의 의의 】

▶ 아무리 사소한 일이라도 솔직하지 않으면 안 됨을 가르친 것이다.

【 저자의 멘트 】

- 이는 특히 어린이를 대할 때 주의해야 한다.

범씨왈 시왈시 비왈비 유위유
8.1. 范氏曰, 是曰是하고 非曰非하며 有謂有하고
무위무 왈 직
無謂無를 曰 直이라

범씨가 말하기를, "옳은 것은 옳다 하고, 그른 것은 그르다 하며, 있으면 있다 하고 없으면 없다고 하는 것이 정직한 것이다."라고 하였다.

【 字解 】

① 范: 성씨, 법 범

② 是: 옳을 시

③ 直: 곧을 직

【 저자의 멘트 】

• 범씨가 말한 이 문장은 『논어』 「위정편」 15장에서 "아는 것은 안다 하고 모르는 것은 모른다고 하는 것이 제대로 아는 것이다."고 한 것과 같은 맥락이다.

자왈 좌구명 교언영색주공
9. 子曰, 左丘明이 巧言令色足恭과
익원이우기인 치지 구역치지
匿怨而友其人을 恥之러니 丘亦恥之하노라

좌구명이, 말을 듣기 좋게 하고 얼굴빛을 곱게 하고 공손을 지나치게 하는 것과, 원망을 감추고 그 사람과 사귀는 것을 부끄러워 한다고 했는데 나도 또한 그렇다.

【 字解 】

① 足: 지나칠, 과도할 주=過

② 匿: 숨길, 감출 익

③ 怨: 원망할 원

④ 恥: 부끄러울 치

봄새벽(춘효春曉)

－맹호연(孟浩然, 당나라)

春眠不覺曉(춘면불각효) / 봄잠에 취해 날 밝는 줄 몰랐더니
處處聞啼鳥(처처문제조) / 여기저기 들리는 새우는 소리
夜來風雨聲(야래풍우성) / 밤새 비바람 소리 거세더니
花落知多少(화락지다소) / 꽃은 또 얼마나 떨어졌을까

雍也(옹야)

雍冉雍,염옹 옹은 공자의 제자이다.

1. 子曰, 雍也는 可使南面이로다

자왈 옹야 가사남면

옹은 남면하게 할 만하다.

【 字解 】

① 雍: 화할 옹

② 使: 하여금 사

③ 面: 방향, 쪽, 향할 면

【 문장의 의의 】

▶ 南面남면은 임금이 남쪽을 바라보고 정치를 하는 자리인데, 옹중궁이 임금이 될 만한 자질과 도량이 충분하다고 보았기에 공자가 이렇게 말한 것이다.

【 저자의 멘트 】

• 북쪽을 등지고 남쪽을 바라보고 앉는 것은, 임금의 입장에서 볼 때 왼쪽에서 해가 떠서 오른쪽으로 해가 지는 것을 볼 수 있기 때문이다.

• 그런데, 신하는 임금을 함부로 정면으로 똑바로 쳐다볼 수 없다. 문반행정직은 정면에서 보아 오른쪽에서 서쪽을 향하고, 무반군인은 왼쪽에서 동쪽을 보고 앉거나 서야 한다. 임금에게 절할 때 정면으로는 볼 수 없고 동쪽 또는 서쪽을 보고 하는 것을 曲拜곡배라 한다.

1.1 不遷怒 不二過
불천노 불이과

노여움을 남에게 옮기지 않으며,

똑같은 잘못을 되풀이하지 않는다.

【 문장의 의의 】

▶ 이는 顔回안회의 평소의 행실을 말한 것으로, 제자 중에서 배우기를 제일 좋아하였으나, 불행히도 32세로 단명하였다.

【 저자의 멘트 】

• 동대문에서 빰맞고 서대문에서 화풀이하지 않기!

차장은 부장님께 혼나고 과장 이하 직원들을 혼내지 말아야 한다.

2. 君子는 周急이요 不繼富라호라
군자 주급 불계부

군자는 곤궁한 자를 돌봐주지, 부유한 자를 계속 대주지 않는다.

【 字解 】

① 周: 두루 주부족한 자를 도와주는 것

② 急: 급할 급곤궁함 계: 여유가 있는 이를 계속 대주는 것

③ 繼: 이을 계, 계속하다

④ 富: 부유할, 부자 부

【 저자의 멘트 】

• 무조건적인 보편적 복지는 빈부격차를 더 심화시킬 뿐 결코 바람직하지 않다.

염구왈 비불열자지도 역부족야
3. 冉求曰, 非不說子之道언마는 力不足也로이다

자왈 역부족자 중도이폐 금여 획
子曰, 力不足者는 中道而廢하나니 今女는 畫이로다

염구가 "저는 선생님의 가르침을 좋아하지 않는 것은 아니나 힘이 부족합니다"고 하자, "힘이 부족한 자는 중도에 그만두니 너는 지금 네(스스로)한계를 긋는구나"하였다.

【 字解 】

① 冉: 나아갈 염

② 說: 기쁠 열, 말씀 설

③ 廢: 그칠, 폐할 폐

④ 女: 너 여

⑤ 畫: 그을 획그림 화

【 문장의 의의 】

▶ 이는 앞으로 더 나아갈 수 있는데도, 마치 땅에 금을 그어놓고 스스로 한계 짓는 것과 같다 하여 공자가 염구를 질책한 것이다.

자왈 인지생야직
4. 子曰, 人之生也直하니

망지생야 행이면
罔之生也는 幸而免이니라

사람이 살아가는 바탕은 정직이니, 정직하지 않으면서 사는 것은 요행히 (죽음을) 면하는 것이다.

【 字解 】

① 罔망=不直불직, 속이다

② 幸: 다행, 요행 행

③ 免: 면할, 벗어날 면

【 저자의 멘트 】

- 자기도 속이고 남도 속이면 안 된다.

자왈 지지자 불여호지자
5. 子曰, 知之者 不如好之者요

호지자 불여락지자
好之者 不如樂之者니라

(도를) 알기만 하는 자는 좋아하는 자만 못하고,

좋아하기만 하는 자는 즐기는 자만 못하다.

【 문장의 의의 】

▶ 知之者지지자: 道도가 있음을 아는 자 / 好之者호지자: 좋아하기는 하지만 아직 얻지 못한 자 / 樂之者락지자: 도를얻음이 있어서 즐기는 자

▶ 알기만 하고 좋아하지 않으면 앎이 지극하지 못한 것이요, 좋아하기만 하고 즐기지 않으면 좋아함이 지극하지 못한 것이다.

자왈 중인이상 가이어상
6. 子曰, 中人以上은 可以語上어니와

중인이하 불가이어상야
中人以下는 不可以語上也니라

중인중급 이상은 더 수준 높은 것을 알려 줄 수 있으나,

중인 이하는 수준 높은 것을 알려 줄 수 없다.

【 字解 】

① 語어= 告알릴, 고할, 깨우칠, 가르칠 고

【 문장의 의의 】

▶ 중급 이하는 말해 주어도 잘 이해하지 못한다. 그러므로 사람을 가르치는 자는 마땅히 상대방의 높고 낮음에 따라 말해 주어야 하니, 이렇게 하면 등급을 뛰어넘는 폐단이 없을 것이다.

▶ 사람을 가르치는 자는 마땅히 그의 지적 수준, 이해도에 따라 말해 주어야 한다.

번지문 지 자왈 무민지의
7. 樊遲問 知한대 子曰, 務民之義요

경귀신이원지 가위지의 문인 왈
敬鬼神而遠之면 可謂知矣니라. 問仁한대 曰,

인자 선난이후획 가위인의
仁者 先難而後獲이면 可謂仁矣니라

번지가 지지혜에 대하여 묻자, "백성사람을 의롭게 하는 데 힘쓰고, 귀신을 공경하되 미혹되지 않으면 知지라 할 수 있다." 하였다.

【 字解 】

① 樊: 울타리 번

② 遲: 더딜, 늦을, 천천히 갈 지

③ 民민=人인

④ 獲: 얻을, 잡을 획

⑤ 鬼: 귀신 귀

⑥ 難: 어려울 난

8. 子曰(자왈), ①知者(지자)는 樂水(요수)하고 仁者(인자)는 樂山(요산)이니 ②知者(지자)는 動(동)하고 仁者(인자)는 靜(정)하며 ③知者(지자)는 樂(락)하고 仁者(인자)는 壽(수)니라

①知者지자는 물을 좋아하고, 仁者인자는 산을 좋아하며,

②지자는 동적이고, 인자는 정적이며,

③지자는 즐기며, 인자는 오래 산다.

【 字解 】

① 知者지자: 사리에 통달한 사람

② 樂: 좋아할 요, 즐길 락, 노래 악

③ 靜: 고요할 정

④ 壽: 목숨, 오래 살 수

⑤ 樂山樂水요산요수

【 문장의 의의 】

▶ 인과 지를 몸소 체험하여 얻은 것이 깊이가 있는 자가 아니면, 이와 같이 잘 정리하여 말하기 힘들다.

【 저자의 멘트 】

〈 仁者인자와 知智者지자의 행동유형 〉

구분	仁者인자	知智者지자
가치기준	육체보다는 정신을 중요시	정신보다는 육체노동를 중요시
학풍	인도주의자	합리주의자
성격 / 기질	나와 남은 본질적으로 다른 것이 아니라는 사고여서, 호기심이 적어 돌아다니기 보다는 한군데 가만히 머물러 있기를 좋아 한다.	나와 남은 다르다고 생각하므로 호기심이 많아 돌아다니기를 좋아하고 지식 습득에 노력한다.
	의리에 편안하여 중후하고 후덕함이 변치 않아 산과 비슷한 점이 있으므로 산을 좋아하여, 휴가도 바다보다는 산과 계곡으로 가기를 좋아한다.	사리에 통달하고 막힘이 없이 두루 통하는 것이 물과 비슷한 점이 있으므로 물을 좋아한다. 휴가는 탁 트인 강이나 바다로 가기를 좋아한다.
정신세계	남과의 경쟁보다는 어울리기를 좋아하며, 물질에 집착하지 아니하여 마음이 편안하게 행동하므로 장수한다.	물질에 집착하여 남과의 경쟁을 즐기고 마음을 거슬러 술과 음식을 좋아하고 많이 먹는다.
관계	나와 하늘과의 관계인 수직적 관계를 중요시한다.	나와 남과의 관계인 수평적 관계를 중요시한다.
인생관	가늘고 길게	짧고 굵게

※ 『논어』에 나오는 내용을 종합하여 정리한 것이다.

군이실기군지도 즉위불군
9. 君而失其君之道면 則爲不君이요

신이실기신지직 즉위허위
臣而失其臣之職이면 則爲虛位니라

인이불인 즉비인
人而不仁이면 則非人이요

국이불치 즉불국의
國而不治면 則不國矣니라

임금이 되어 임금의 도리를 잃으면 임금이 아니요,
신하가 되어 신하의 직분을 잃으면 빈자리나 다름없다.
사람으로서 인하지 않으면 사람이 아니요,
나라가 다스려지지 않으면 나라라고 할 수 없다.

【 字解 】

① 職: 임무, 직분, 직책 직

② 虛: 빌 허

자왈 군자박학어문 약지이례
10. 子曰, 君子博學於文이요 約之以禮면

역가이불반의부
亦可以弗畔矣夫인저

군자는 글을 널리 배우고,
예로써 절제하면 도리를 어기지 않을 것이다.

【 字解 】

① 博: 넓을 박

② 約약=요약

③ 弗: 아닐 불

④ 畔: 배반할, 어긋날 반=叛: 배반 할 반

⑤ 矣夫의부: 감탄사

【 문장의 의의 】

▶ 아무리 글을 널리 배우더라도 예로써 절제하고 단속하지 않으면, 반드시 탐탁해하지 않고 등한시할 것이다.

11. 仁者인자는 己欲立而立人기욕립이입인하며
己欲達而達人기욕달이달인이니라

어진 자는 자신이 서고자 하면 먼저 남을 서게 하며,
자신이 통달하고자 하면 남도 통달하게 한다.

【 字解 】

① 欲: 하고자할 욕

② 立: 설 립출세, 성공 등

③ 人: 다른 사람 인

④ 達: 통할, 통달할 달

【 문장의 의의 】

▶ 仁인의 본질을 형언함이 이보다 더 적절한 것이 없다.

【 저자의 멘트 】

- 남을 먼저 배려하는 마음!

★ 道도

- 도리, 이치, 근원, 바탕, 기능, 작용
- 마땅히 지켜야 할 도리
- 종교상으로 교의에 깊이 통하여 알게 되는 이치 또는 깊이 깨달은 경지
- 기예나 방술, 무술 등에서의 방법

★ 禮尙往來예상왕래

예는 서로 오고 가는 것을 숭상한다.

즉, 오기만 하고 가지 않는 것과 가지만 오지 않는 것은 예의가 아니다. Give & Take!

述而(술이)

述술은 옛것을 전하기만 하고 새로 창작하지 않는다는 뜻이다.

「술이」편은 성인이 자신을 겸손히 하고, 남을 가르친 말과 용모, 행동에 대해 많이 기록하였다.

자 왈 묵 이 지 지 학 이 불 염
1. 子曰, 默而識之하며 學而不厭하며

회 인 불 권 하 유 어 아 재
誨人不倦이 何有於我哉오

묵묵히 기억하며, 배우기를 싫어하지 않으며, 남을 가르치기를 게을리하지 않는 것, 이 중에 어느 것이 나에게 있으리오. 없다

【 字解 】

① 默: 잠잠할 묵

② 識: 기억할 지 묵묵히 기억함

③ 厭: 싫어할 염

④ 誨: 가르칠 회

⑤ 倦: 게으를 권

⑥ 哉: 어조사 재

【 문장의 의의 】

▶ 이 세 가지는 성인이 지극히 하는 일은 아니지만, 오히려 감당하지 못할 것처럼 하니 겸손하고 또 겸손한 말이다.

▶ 學而不厭학이불염은 智지에 해당하고 誨人不倦회인불권은 仁인에 해당한다.

자왈 덕지불수 학지불강 문의불능사
2. 子曰, 德之不修와 學之不講과 聞義不能徙하며
불선불능개 시오우야
不善不能改가 是吾憂也니라

덕을 닦지 못하는 것과, 학문을 강론하지 못하는 것과, 의를 듣고도 옮기지퍼뜨리지 못하는 것과, 선하지 않은 것을 고칠 수 없는 것이 우리가 걱정하는 것이다.

【 字解 】

① 修: 닦을 수수양

② 講: 익힐, 외울 강설명, 강론

③ 徙: 옮길 사

④ 憂: 근심 우

【 문장의 의의 】

▶ 이 네 가지는, 배우는 것을 날로 새롭게 하는 요점이다.

자왈 자행속수이상 오미상무회언
3. 子曰, 自行束脩以上은 吾未嘗無誨焉이로라

포 한 속 이상을 가지고 와서 속수의 예를 행하는 자에게는 내 일찍이 가르쳐주지 않은 적이 없다.

【 字解 】

① 束: 포 속마른고기 10개가 한 속이다

② 脩: 포 수

③ 束脩속수: 옛날에는 서로 만나볼 때 예물을 주고받는 것을 예로 삼았는데 속수는 지극히 약소한 것이다.

④ 嘗: 일찍이, 맛볼 상

⑤ 誨: 가르칠 회

⑥ 焉: 어찌 언~도다!

【 문장의 의의 】

▶ 성인은 사람들이 선에 들어가기를 바라지 않는 것은 아니지만, 찾아와서 배울 줄 모르면 가서 가르쳐 주는 예는 없다. 禮聞來學예문래학, 不聞往敎 불문왕교 그러므로 예를 갖추고 오면 가르쳐 주었다.

4. 子曰(자왈), 不憤(불분)이어든 不啓(불계)하며 不悱(불비)어든 不發(불발)호대 擧一隅(거일우)에 不以三隅反(불이삼우반)이어든 則不復也(즉불복야)니라

힘써서 분발하지 않으면 일깨워주지 않으며, 표현하려고 애쓰지 않으면 말해주지 않되, 한 귀퉁이를 들어주었는데도 남은 세 귀퉁이를 생각하지 못하면 (이미 가르쳐 준 것을) 반복하지 않는다.

【 字解 】

① 憤: 힘쓸, 분발할 분

② 憤분: 마음은 통하려고 하지만 얻지 못해 갈구하는 것

③ 啓: 일깨워줄 계계몽

④ 悱: 화낼 비입으로는 말하는데 할 수 없는 모양

⑤ 發발: 말문을 열어줌

⑥ 隅: 모퉁이 우

⑦ 復: 다시 복반복

【 문장의 의의 】

▶ 성의가 지극하기를 기다렸다가 알려주고, 이미 알려주었으면 반드시 스스로 터득하기를 기다렸다가 다시 알려준다. 뜻대로 되지 않아 애태우기를 기다리지 않고 말문이 열리게 해주면 아는 것이 견고하지 못하나, 애태우기를 지극히 한 뒤에 말해주면 세차게 쏟아지는 비나 폭포와 같이 시원하고 확실해진다.

【 저자의 멘트 】

- 네 발이 있는 물건예. 상다리의 한쪽을 들어 올리면 다른 세 다리를 알 수 있음에도 하나 또는 두 개밖에 알 수 없다면 더 지극한 가르침이나 깨우침이 필요하다.
- 문제가 잘 풀리지 않아 마음과 정신이 미치도록 괴로워하지 않은 상태에서 알려주면 그 지식이 오래가지 못하고 시간이 지나면 잊혀 지게 된다. 그러므로 처음부터 모든 것을 알려주려는 주입식 공부는 바람직하지 못하다.

5. 子 食於有喪者之側에
(자 식어유상자지측)

未嘗飽也러시다
(미상포야)

공자는 초상을 당한 사람 옆에서 음식을 먹을 때에는 배불리 먹지 않았다.

【 字解 】

① 喪: 초상, 잃을 상

② 側: 곁, 옆 측

③ 嘗: 맛볼, 일찍이 상

④ 飽: 배부를 포

【 문장의 의의 】

▶ 문상할 때에는 슬퍼함을 지극히 해야지, 배부르고 달게 먹는 것은 초상을 당한 사람에 대한 예의가 아니다.

자왈 반소사음수 곡굉이침지 락역재

6. 子曰, 飯疏食飮水하고 曲肱而枕之라도 樂亦在

기중의 불의이부차귀 어아 여부운

其中矣니 不義而富且貴는 於我에 如浮雲이니라

거친 밥을 먹고 물을 마시며 팔을 굽혀 베더라도 즐거움이 또한 그 가운데 있으니 의롭지 못한 부유함과 귀함은 내게는 뜬구름과 같다.

【 字解 】

① 飯: 밥 반

② 疏: 거칠 소

③ 食: 밥 사

④ 肱: 팔뚝 굉

⑤ 枕: 벨 침 베개를

⑥ 富: 부유 할 부

⑦ 且: 또 차

⑧ 浮: 뜰 부

⑨ 雲: 구름 운

【 문장의 의의 】

▶ 의롭지 못한 부귀 보기를 뜬구름처럼 여긴 것이다.

7. 子曰(자왈), 加我數年(가아수년)하야 五十以學易(오십이학역)이면 可以無大過矣(가이무대과의)리라

나에게 몇 년의 수명이 더해져 주역을 배울 수 있다면 큰 허물이 없을 것이다.

【 字解 】

① 여기에서 五十은 잘못된 것으로 보인다.

② 五十: 卒마침내 졸

③ 易: 주역 역쉬울 이

④ 過: 허물, 잘 못 과과오

【 문장의 의의 】

▶ 주역을 배우면 길흉화복, 소멸과 성장의 이치와 진퇴, 존망의 도에 밝아지는데, 주역을 배우면 큰 허물은 없겠으나, 쉽게 배울 수 없음을 말한 것이다.

8. 子曰(자왈), 三人行(삼인행)에 必有我師焉(필유아사언)이니 擇其善者而從之(택기선자이종지)요 其不善者而改之(기불선자이개지)니라

세 사람이 길을 가면 반드시 나의 스승이 있으니, 그중에 선한훌륭한 사람을 가려서 따르고, 선하지 못한 자를 보면 잘못을 고친다.

【 字解 】

① 師: 스승 사

② 擇: 가릴 택

③ 從: 따를 종

④ 改: 고칠 개

【 문장의 의의 】

▶ 세 사람이 길을 갈 때 한 사람은 나요, 나머지 두 사람 중에 한 사람은 선하고 한 사람은 덜 선하거나 악하면, 선한 사람에게서는 좋은 점을 취하고, 선하지 못한 사람의 행위를 보면 나의 잘못을 고칠 수 있으므로 두 사람 모두 나의 스승이 되는 것이다.

9. ①亡而爲有하며 ②虛而爲盈하며 ③約而爲泰면 難乎有恒矣니라

무이위유 / 허이위영 / 약이위태 / 난호유항의

①없으면서 있는 척하며 ②비어있으면서 가득한 척하며 ③가난하면서 부자인 척하면 항심을 유지하기 어렵다.

【 字解 】

① 亡: 없을 무 = 無

② 虛: 빌 허

③ 盈: 찰 영가득하다

④ 約: 빈곤할 약

⑤ 泰: 클, 교만할 태

⑥ 恒: 항상 항

⑦ 恒心항심: 늘 일정하고 변하지 않는 마음

【 문장의 의의 】

▶ 이 세 가지는 모두 공연히 과장하는 일들이니, 이와 같은 자는 반드시 떳떳함을 지킬 수 없다.

10. 子는 釣而不網하시며 弋不射宿이러시다

자 / 조이불망 / 익불석숙

공자는 낚시질은 하되 그물질은 하지 않으며,

주살질은 하되 잠자는 새를 쏘아 잡지 않았다.

【 字解 】

① 釣: 낚시 조

② 網: 그물, 그물질할 망

③ 弋: 주살 익새그물 주살질: 화살 끝에 줄을 묶어 쏘는 것

④ 射: 쏘아 잡을 석

⑤ 宿: 잠잘 숙

⑥ 宿鳥: 숙조, 잠자는 새

【 문장의 의의 】

▶ 공자가 고기와 새 같은 미물을 대하는 마음이 이와 같았으니 성인의 본심을 알 수 있다.

【 저자의 멘트 】

- 동해안 명태, 오징어를 싹쓸이하는 사람들 욕심 때문에 씨가 말라 간다.
- 비겁하게 잠자는 새를 쏘아 잡는 것은 새에 대한 예의가 아니다.

자왈 개유부지이작지자 아무시야
11. 子曰, 蓋有不知而作之者아 我無是也로라

다문택기선자이종지
多聞擇其善者而從之하며

다견이지지 지지차야
多見而識之는 知之次也니라

알지 못하면서 행동하는 것이 있는가? 나는 이러한 것이 없다. 많이 듣고 그중에서 좋은 것을 가려서 따르며, 많이 보고 기억하는 것은 그 다음이다.

【 字解 】

① 蓋: 아마 개

② 不知而作부지이작: 그 이치를 알지 못하면서 함부로 행동하는 것

③ 聞: 들을 문

④ 擇: 선택할 택

⑤ 識: 기억할 지

12. 子曰, 仁遠乎哉아 我欲仁이면 斯仁이 至矣니라
(자왈 인원호재 아욕인 사인 지의)

仁인이 멀리 있는가? 그렇지 않다

내가 인을 하고자 하면 인에 이르는 것이다.

【 字解 】

① 遠: 멀 원

② 斯: 이것 사

【 문장의 의의 】

▶ 인을 행하는 것은 내 자신에게 달려 있는 것이지, 결코 멀리 있는 것이 아니다.

13. 子 與人歌而善이어든 必使反之하시고 而後和之러시다
(자 여인가이선 필사반지 이후화지)

공자는 남들과 같이 노래를 부를 때 (그 사람이) 잘 부르면

반드시 또 부르게 하고 뒤에 따라 불렀다.

【 字解 】

① 與: 더불어, 함께 여

② 歌: 노래, 노래할 가

③ 善: 잘하다

④ 使: ~하게하다

⑤ 反: 반복할, 되풀이할 반

⑥ 和: 화답할 화

【 문장의 의의 】

▶ 이는 그 사람의 잘하는 점을 인정해 주는 것이다.

14. 子曰(자왈), 奢則不孫(사즉불손)하고 儉則固(검즉고)니 與其不孫也(여기불손야)론 寧固(영고)니라

사치하면 공손하지 못하고, 검소하면 고루하니 공손하지 못하기보다는 차라리 고루한 것이 낫다.

【 字解 】

① 奢: 사치할 사

② 孫: 공손할 손=遜,손

③ 儉: 검소할 검

④ 寧: 차라리 녕

⑤ 與其~寧: ~보다는 차라리~하다

⑥ 固: 고루할 고

【 문장의 의의 】

▶ 사치와 검소 모두 중도를 잃은 것이지만 사치의 해가 더 크다.

자왈 군자 탄탕탕 소인 장척척

15. 子曰, 君子는 坦蕩蕩이요 小人은 長戚戚이니라

군자는 편안하여 여유가 있고,
소인은 늘 근심하고 초조해한다.

【 字解 】

① 坦: 편안할, 평탄할 탄

② 蕩蕩탕탕: 너그럽고 넓은 모양

③ 戚: 근심할 척

【 문장의 의의 】

▶ 군자는 天理천리, 하늘의 이치를 따르므로 항상 편안하고, 소인은 나 아닌 다른 것에 부림을 당하므로 근심 걱정이 많은 것이다.

★ 곡례 첫머리에 이르기를,

"공경하지 않음이 없으며, 엄숙하기가 무엇인가를 생각하는 것처럼 하며, 말을 편안하고 안정감 있게 하면 백성들이 편안하게 여긴다."하였는데, 이 세 가지는 수신하는 요체며, 정치하는 데 있어서 근본이다. 그러므로 정치하는 사람들과 공무원들은 말을 거칠게 함부로 하면 안 된다.

泰伯(태백)

태백은 주나라 文王의 아버지이다.

자왈　　공이무례즉노　　　　신이무례즉사
1. 子曰, ①恭而無禮則勞하고 ②愼而無禮則葸하고
용이무례즉난　　　　직이무례즉교
③勇而無禮則亂하고 ④直而無禮則絞니라

①공손하기만 하고 예가 없으면 고달프고
②삼가기만 하고 예가 없으면 두려워하고
③용맹하기만 하고 예가 없으면 난을 일으키고
④강직하기만 하고 예가 없으면 급하다.

【 字解 】

① 愼: 삼갈 신
② 葸: 두려워할 사
③ 勇: 과감할, 강할 용
④ 絞: 급할 교

【 문장의 의의 】

▶ 예가 없으면, 경우에 알맞게 맺고 끊고 고르게 할 수 없으므로 네 가지 폐단이 있는 것이다.

1.1. 君子(군자)가 篤於親則民興於仁(독어친즉민흥어인)하고
故舊(고구)를 不遺則民不偸(불유즉민불투)니라

군자가 어버이나 친척에게 돈독히 하면 백성들이 仁인을 일으키고, 오랜 친구를 버리지 않으면 백성들이 야박해하지 않는다.

【 字解 】

① 君子군자: 윗자리에 있는 사람

② 篤: 도타울 독

③ 舊: 친구 구

④ 遺: 버릴 유

⑤ 偸: 박할 투

【 문장의 의의 】

▶ 사람의 도리에, 앞뒤에 할 바를 알면 공손해도 수고롭지 않고, 삼가해도 두렵지 않고, 용맹스러워도 난을 일으키지 않고, 올곧아도 급하지 않아 백성들이 화답하여 덕이 후해질 것이다.

2. 戰戰兢兢(전전긍긍): 두려워하며 경계하고 삼가함
如臨深淵(여림심연): 깊은 연못에 임하듯이빠지듯이 조심함

여리박빙
如履薄氷: 얇은 얼음을 밟는 듯빠질까 두려움 조심함

【 문장의 의의 】

▶ 이 말들은 증자가 병환이 있어 눕게 되자, 제자들을 불러놓고 한 말 중 일부로서, 자기 몸은 부모가 준 것이므로 이를 함부로 훼손하는 것은 불효가 되기에 조심 또 조심하여 죽음에 임박할 때까지 온전하게 잘 보전할 것을 이렇게 표현한 것이다.

증자언왈 조지장사 기명야 애
3. 曾子言曰, 鳥之將死에 其鳴也 哀하고

인지장사 기언야 선
人之將死에 其言也 善이니라

(증자가 병환이 있다고 말을 듣고 맹경자가 문병을 가니)
증자가 말하기를, 새가 장차 죽을 때에는
(죽는 것이 두려워) 그 우는 것이 더 애처롭고,
사람이 장차 죽을 때에는 그 말이 더 선해진다.

【 字解 】

① 將: 장차 장
② 鳴: 울 명
③ 哀: 슬플 애
④ 善: 착할 선솔직, 정직

군자소귀호도자삼 동용모
3.1. 君子所貴乎道者三이니 動容貌에

사원포만의 정안색 사근신의
斯遠暴慢矣며 正顔色에 斯近信矣며

출사기 사원비배의
出辭氣에 斯遠鄙倍矣니라

군자가 道도를 귀하게 여기는 이유가 세 가지이니, 道도는
① 용모를 움직일 때에는 사나움과 거만함을 멀리하게 하며,
② 얼굴빛을 바르게 할 때에는 성실함에 가깝게 하며,
③ 말할 때의 얼굴빛은 비루함과 도리에 어긋나는 것을 멀리하게 해준다.

【 字解 】

① 貌: 모양 모
② 暴: 거칠, 사나울 포
③ 慢: 거만할, 오만할 만
④ 顔: 얼굴 안
⑤ 鄙: 더러울 비
⑥ 倍: 등질·배반할 배

【 문장의 의의 】

▶ 이것들은 모두 수신하는 요점이요, 정치하는 근본이니 배우는 자가 마땅히 잘 지켜 보존하고 성찰하여야 할 것이요, 경황 중이거나 위급한 상황이라 해서 떠나서는 안 된다. 이 세 가지는 몸을 바르게 하는 것으로 밖에서 구하지 않는다.

증자왈 사불가이불홍의 임중이도원

4. 曾子曰, 士不可以不弘毅니 任重而道遠이니라

증자가 말하기를, "선비는 마음이 넓고 뜻이 굳세지 않으면 안 되니 책임이 무겁고 道도, 깨달음는 멀기 때문이다." 하였다.

【 字解 】

① 弘: 클, 넓을 홍홍익인간

② 毅: 굳셀 의

③ 任: 책임, 맡길 임

【 문장의 의의 】

▶ 마음이 넓지 않으면 무거운 임무를 감당하기 어렵고, 의지가 굳세지 않으면 먼 곳에 이를 수 없다.

자왈 흥어시 입어례 성어악

5. 子曰, 興於詩하며 立於禮하며 成於樂이니라

시에서 일어나 예에서 똑바로 서며, 음악에서 완성된다.

【 문장의 의의 】

▶ 이는 학문을 하는 과정을 말한 것으로,

- 詩시를 처음 접할 때에는 그 뜻이 알기 쉽고 사람을 감동시키는 것이 있어서 입문하기 쉬우며, 학문을 하는 초기에 선을 좋아하고 악을 미워하는 마음을 상기시켜, 스스로 포기하지 않게 하는 것을 시에서 얻는다. ⇨ 학문 입문 과정
- 禮예는 공경하고 사양함을 근본으로 삼아 확고하게 서게 해주기 때

문에 외적인 환경에 흔들리지 않고 빼앗기지 않도록 해준다.

⇨학문 정진과정

- 樂음악은 사람의 성격을 좋게 길러주어 간사하고 더러운 것을 깨끗하게 씻어주므로 배우는 자는 義의가 더 정밀해지고, 仁인이 완숙해져서 도덕에 화합하고 순해짐을 음악에서 얻게 된다.

⇨학문의 완성과정

자왈 호용질빈 난야 인이불인
6. 子曰, 好勇疾貧이 亂也요 人而不仁을
질지이심 난야
疾之已甚이 亂也니라

용맹을 좋아하고 가난을 싫어하는 것이 난을 일으키는 원인이고, 사람이 인하지 못한 것을 미워함이 심한 것도 난을 일으킨다.

【 字解 】

① 疾: 미워할, 괴로워할 질

② 甚: 심할 심

③ 貧: 가난할 빈

④ 亂: 어지럽힐 난

교자 인지지엽 인자 교지본근
7. 驕者는 吝之枝葉이요 吝者는 驕之本根이라

고　　미유교이불인　　　인이불교자야
故로 未有驕而不吝하고 吝而不驕者也로라

교만함은 인색함의 지엽이요 인색함은 교만함의 뿌리이다. 그러므로 교만하면서 인색하지 않고, 인색하면서 교만하지 않은 자는 없다.

【 字解 】

① 驕: 교만할 교

② 吝: 인색할 인

③ 枝: 가지 지

④ 葉: 잎사귀 엽

⑤ 根: 뿌리 근

자 왈　독신호학　　　수사선도
8. 子曰, 篤信好學하며 守死善道니라

진심을 다해 믿으면서 배우기를 좋아하고, 죽기를 각오하고 지키면서 도를 잘해야 한다.

【 字解 】

① 篤: 두터울 독진심이 담겨있다

【 문장의 의의 】

▶ 진심을 다해 믿지 않으면 배움을 좋아할 수 없다. 그러나 진심을 다해 믿기만 하고 배우기를 좋아하지 않으면 믿는 것이 혹시라도 올바

르지 않을 수 있으며, 죽기를 각오하고 지키지 않으면 도를 잘하지 못한다. 또한, 죽음으로써 지키기만 하고 도를 잘하지 못하면 이 또한 한갓 죽음이 될 뿐이다. 죽기를 각오하고 지키는 것은 진심을 다해 믿은 효과이고 도를 잘하는 것은 배우기를 좋아한 공이다.

방유도 빈차천언 치야 방무도
9. 邦有道에 貧且賤焉이 恥也며 邦無道에
부차귀언 치야
富且貴焉이 恥也니라

나라에 도가 행해질 때에는 가난하고 천한 것이 부끄러운 일이며, 나라에 도가 행해지지 않을 때에는 부유하고 귀한 것이 부끄러운 일이다.

【 字解 】

① 貧: 가난할 빈

② 賤: 천할 천

③ 恥: 부끄러울 치

④ 且: 또 차

【 문장의 의의 】

▶ 세상이 다스려짐에도 행할 수 있는 도가 없고, 세상이 어지러워 지킬만한 절개가 없으면 용렬한 사람이어서 선비가 되기에는 부족하니 매우 부끄러운 일이다.

10. 子曰, 學如不及이요 猶恐失之니라
(자왈 학여불급 유공실지)

배움은, (이미 배웠어도) 따라가지 못할 듯이 하고
(배운 것도) 오히려 잃을까 두려워해야 한다.

【 字解 】

① 猶: 오히려 유

② 不及불급: 미치지 못하다

③ 恐: 두려울 공

④ 失: 잃을 실

【 저자의 멘트 】

- 不及불급 → 足脫不及족탈불급: 발 벗고 쫓아가도 못 쫓아간다

우리 집 아이들에게 주는 글(녹급가아배錄給家兒輩)

– 조병현(趙秉鉉, 조선 후기)

繪花者不能繪其馨(회화자불능회기형) / 꽃은 그려도 꽃의 향기는 그릴 수 없고
繪雪者不能繪其淸(회설자불능회기청) / 눈은 그려도 눈의 맑음은 그릴 수 없고
繪月者不能繪其明(회월자불능회기명) / 달은 그려도 달의 밝음은 그릴 수 없고
繪泉者不能繪其聲(회천자불능회기성) / 샘은 그려도 그 물소리는 그릴 수 없고
繪人者不能繪其情(회인자불능회기정) / 사람은 그려도 그 인정은 그릴 수 없구나

…〈이하 생략〉…

子罕(자한)

공자가 드물게 말한 것

자 한언리여명여인
1. 子는 罕言利與命與仁이러시다
공자는 利리,이익와 命명,목숨과 仁인은 드물게 말하였다.

【 字解 】

① 罕: 드물, 적을 한

② 與: 더불, 함께할 여~와, ~과, 및, and

③ 命: 목숨 명

【 문장의 의의 】

▶ 왜냐하면, 利리는 義의를 해치고, 命명의 이치는 은미해서 알기 어렵고, 仁인의 도는 크기 때문이다.

자 절사 무의 무필 무고 무아
2. 子는 絕四러시니, 毋意, 毋必, 毋固, 毋我러시다
공자는 네 가지를 끊었으니, 사사로운 뜻과, 기필꼭 해야만 하는 함과, 고집부리는 것과, 내가 아니면 안 된다는 것 등이다.

【 字解 】

① 絕: 끊을, 단절할 절

② 毋: 없을 무말 무=無무와 같다

③ 固: 우길, 고집부릴 고

【 문장의 의의 】

▶ 이 네 가지는 남을 생각하고 배려하기보다는 자기 주장을 남에게 강요하는 것으로 남과 조화를 이루지 못하는 것들이다.

자견 자최자 면의상자 여고자
3. 子見 齊衰者와 冕衣裳者와 與瞽者하시고
견지 수소 필작 과지필추
見之에 雖少나 必作하시며 過之必趨러시다

공자는 상복을 입은 자와,
관을 쓰고 의상을 차려입은 자와,
앞을 못 보는 사람을 보면 비록 나이가 적어도 반드시
일어서며, 그 앞이나 옆을 지날 때에는
(통행에 방해되지 않도록) 반드시 종종걸음 쳤다.

【 字解 】

① 齊衰者자최자: 상복을 입은 자

② 冕衣裳者면의상자: 관을 쓴 자와 관복을 입은 자즉, 지위가 높거나 벼슬하는 사람

③ 衣裳의상: 衣는 윗옷, 裳은 하의치마, 衣裳室,의상실

④ 瞽: 소경 고앞을 못 보는 사람

⑤ 雖: 비록 수

⑥ 過: 지나갈 과

⑦ 趨: 종종걸음질 할 추

【 문장의 의의 】

▶ 聖人성인의 마음은 상을 당한 이를 슬퍼하고, 벼슬이 있는 이를 높이고, 불구자를 가엾게 여기니, 성실한 마음이 안팎으로 똑같은 것이다.

개학자 자강불식즉적소성다 중도이지
4. 蓋學者 自强不息則積少成多하고 中道而止

즉전공진기 기지기왕 개재아이불재인야
則前功盡棄니 其止其往이 皆在我而不在人也라

무릇 배우는 자가 쉬지 않고 스스로 힘쓰면自強不息,자강불식

적게 쌓아 많이 이루고積少成多, 적소성다,

중도에 그만두면 앞서 이룬 것들을 모두 포기하는 것이니,

중지하고 나아가는 것은 모두 자기 자신의 의지에

달려있고 남에게 있는 것이 아니다.

【 字解 】

① 蓋: 대개, 모두 개

② 強: 힘쓸, 강할 강

③ 息: 쉴 식

④ 積: 쌓을 적

⑤ 盡: 다할 진

⑥ 棄: 버릴, 그만둘 기拋棄,포기

⑦ 皆: 모두 개

자 왈 묘 이 불 수 자 유 의 부 수 이 불 실 자 유 의 부
5. 子曰, 苗而不秀者 有矣夫며 秀而不實者 有矣夫인저

싹은 났지만 꽃을 피우지 못하는 것도 있고, 꽃은 피었으나 열매를 맺지 못하는 것도 있다. ⇒ 苗싹 →秀꽃 →實열매

【 字解 】

① 苗: 싹 묘

② 秀: 꽃이피다

③ 矣夫의부: 감탄사로 허사이다.

④ 實: 열매 실

【 문장의 의의 】

▶ 똑같이 배우더라도 완성되지 못하는 것이 이와 같음을 말한 것이다. 이 때문에 군자는 스스로 힘씀을 귀하게 여긴다.

자 왈 삼 군 가 탈 수 야
6. 子曰, 三軍은 可奪帥也어니와

필 부 불 가 탈 지 야
匹夫는 不可奪志也니라

삼군의 장수는 잡을 수 있으나,
평범한 사내의 뜻은 뺏을 수 없다.

【 字解 】

① 三軍삼군: 오늘날 육해공군 정도에 해당

② 奪: 빼앗을 탈

③ 帥: 장수 수

④ 匹夫필부: 평범한 사내

⑤ 匹夫匹婦필부필부: 평범한 남자와 평범한 여자

【 문장의 의의 】

▶ 삼군의 용맹은 남에게 달려 있어서 그 장수를 빼앗을 수 있지만, 필부의 뜻은 자신의 의지에 달려 있어 빼앗기 힘든 것을 말한 것이다.

자 왈 세 한 연 후 지 송 백 지 후 조 야

7. 子曰, 歲寒然後에 知松柏之後彫也니라

날씨가 추워진 뒤에야
소나무와 잣나무가 뒤에 시드는 것을 안다.

【 字解 】

① 歲: 해 세

② 寒: 찰, 추울 한

③ 松柏송백: 소나무와 잣나무

④ 彫: 시들, 새길 조

【 문장의 의의 】

▶ 소인은 세상이 잘 다스려질 때에는 군자와 다를 바가 없지만, 해를 당하거나 변고를 만나면 숨거나 변심한다. 선비는 어려울 때 절개와 의리를 볼 수 있고, 세상이 어지러울 때에야 진정으로 충성스런 신하를 알 수 있다.

8. 子曰(자왈), 知者(지자)는 不惑(불혹)하고

仁者(인자)는 不憂(불우)하고

勇者(용자)는 不懼(불구)니라

슬기로운 자는 미혹되지 않고,

어진 자는 근심하지 않고,

용기 있는 자는 두려워하지 않는다.

【 字解 】

① 惑: 의심할, 현혹될 혹

② 憂: 근심할 우

③ 勇: 용맹할 용

④ 懼: 두려울 구

【 문장의 의의 】

▶ 슬기로운 자는 밝은 지혜로 이치를 밝힐 수 있기 때문에 미혹되지 않고, 어진 자는 하늘의 도리로 사욕을 이길 수 있기 때문에 근심하지 않는 낙천자이며, 용자는 그 기운이 道義도의와 짝을 이룰 수 있기 때문에 두려워하지 않는 것이니 이것이 학문하는 순서이다.

▶ 이 세 가지를 갖추어야 비로소 성인이 될 수 있다.

9. 子曰, 可與共學이라도 未可與適道며
可與適道라도 未可與立이며 可與立이라도
未可與權이니라

함께 배우더라도 도를 깨달을 수 없고,
함께 도를 깨달아도 같이 설 수 없으며,
함께 설 수 있어도 그때그때 상황에 맞춰 할 수는 없다.

【 字解 】

① 與: 더불어, 함께 여

② 道: 깨달을 도

③ 適: 나아갈 적

④ 權: 저울추 권임기응변

【 문장의 의의 】

▶ 학문이 진전되는 과정을 말한 것이다.

【 저자의 멘트 】

• 권도는 그때그때의 상황에 맞춰 행하는 것으로, 어느 정도의 경지지위에 있지 않으면 하기 어렵다. 마치 일선 창구직원이 매뉴얼대로 응대하다가 안 되면 그 직원의 상사가 그 상황에 맞춰 응대하여 민원을 해결하는 것과 같은 것이다.

鄕黨(향당)

향당은 父兄부형과 종족들이 사는 시골마을이다.
이 장은 공자가 시골에 있을 때의 평소의 일거수 일투족을 그 제자들이 모두 살펴보고 자세히 기록한 것이다.

공자어 향당 순순여야 사불능언자
1. 孔子於 鄕黨에 恂恂如也하사 似不能言者러시다
공자가 향당에 있을 때에는, 믿음직하고 착실한 듯하여 말을 잘 못하는 것처럼 하였다.

【 字解 】

① 鄕: 시골, 고향 향
② 黨: 마을, 향리 당
③ 恂: 정성, 진실하게 여길 순
④ 恂恂如순순여: 믿음직스럽고 착실한 모양
⑤ 似: 닮을, 같을, 비슷할 사
⑥ 不能言者불능언자: 겸손하여 낮추고, 많이 아는 척하지 않고 남을 먼저 하는 것이다.
⑦ 隣린: 5家가, 里리: 25家, 黨당: 500家, 鄕향: 12,500家
⑧ 鄕黨향당: 자기가 태어났거나 살고 있는 시골 마을 또는 부모님이나 친척이 살고 있는 곳을 말한다.

【 문장의 의의 】

▶ 시골에 가면 벼슬하는 지위보다는 나이를 더 중요시한다. 또한, 향

당은 부형과 친척들이 있고 공자보다 연장자가 많은 곳이기 때문에 그 용모와 말이 이와 같았다.

공자 어조 여하대부언 간간여야
2. 孔子 於朝에 與下大夫言에 侃侃如也하시며,
여상대부언 은은여야 군재
與上大夫言에 誾誾如也러시다 君在어시든
축적여야 여여여야
踧踖如也하시며 與與如也러시다

조정에서 하대부부하와 말할 때에는 꼿꼿하고 굳센 듯이 하며, 상대부상사와 말할 때에는 평온하고 온화한 듯이 하였다. 군주가 있으면 삼가고 공경하듯이 하였다.

【 字解 】

① 朝: 조정 조나라의 정치를 의논, 집행하던 곳

② 上大夫상대부: 정3품 당상관 이상

③ 下大夫하대부: 정3품 중 당하관

④ 侃: 굳셀, 강직할 간

⑤ 侃侃간간: 성품이나 행실 따위가 꼿꼿하고 굳셈

⑥ 誾: 온화할 은 ※ 誾誾은은: 온화하고 화기애애하다

⑦ 踧踖축적: 조심하여 걸을 축, 적

【 문장의 의의 】

▶ 이 장은 공자가 조정에 있을 때 상사를 모시며, 부하직원을 대하는 것이 같지 않은 것과, 군주가 있을 때의 행동을 묘사한 것이다.

【 저자의 멘트 】

- 대감: 조선시대 때 정2품판서=장관 이상의 관원을 높여서 부르던 말
- 영감: 정3품도승지=대통령비서실장과 종2품참판=차관, 도지사의 벼슬아치를 일컫기도 한다. 할머니가 할아버지를 부를 때도 영감이라 한다.

3. 入公門(입공문)하실새 鞠躬如也(국궁여야)하사 如不容(여불용)이러시다

궁궐 문을 들어갈 때에는 몸을 굽혀 감당하지 못할 듯이 하였다.

【 字解 】

① 公門공문: 궁궐 문

② 鞠: 굽힐 국

③ 躬: 몸 궁

④ 鞠躬: 몸을 굽힘국궁사배

3.1. 立不中門(입불중문)하시며 行不履閾(행불리역)이러시다

서 있을 때에는 문 가운데 서지 않고, 문을 지나다닐 때에는 문지방을 밟지 않았다.

【 字解 】

① 履: 밟을 리

② 閾: 문지방 역

【 저자의 멘트 】

- 왜냐하면, ①문 가운데 서는 것은 다른 사람의 통행을 방해하는 것이며, ②문지방을 밟는 것은, 그곳을 더럽힘은 물론 상대방에 대한 공경함을 잃는 것이기 때문이다. 따라서 문지방에 걸터앉거나 서거나 밟는 행위는 하지 말아야 한다.

집 규 국 궁 여 야 여 불 승
4. 執圭하사대 鞠躬如也하사 如不勝하시며
상 여 읍 하 여 수
上如揖하시고 下如授하시다

규를 잡되 몸을 굽혀 (그 무게를) 못 이기듯 하며, 위로는 서로 읍할 때와 같게 하고 아래로는 물건을 줄 때와 같게 하였다.

【 字解 】

① 勝: 이길 승

② 揖: 읍할 읍인사법중 하나

③ 授: 줄 수

【 저자의 멘트 】

- 圭규는 옛날 왕이나 관리들이 조복, 공복, 제복 등을 입을 때 손을 모아 행동 반경을 제한하여 몸가짐을 바르게 하고, 공손하게 하기 위해 잡는 수판이다. 우리나라에서는 임금이 잡는 것을 규라 하고, 신하들이 잡는 것은 笏홀이라 하는데, 크기는 세로 약 30㎝, 넓이 8~9㎝, 두께는 약 2~3㎜정도 된다. 잡는 법은 규 또는 홀의 아랫부

분을 오른손으로 먼저 잡고 왼손으로 오른손 위를 겹쳐 잡는데 공수 할 때와 같은 위치배꼽부분이다.

▲저자가 종묘대제 때 홀을 잡고 있는 모습

당서 진치격 필표이출지
5. 當暑하사 袗絺綌을 必表而出之러시다.

설구 장 단우메
褻裘는 長호대 短右袂러시다.

필유침의 장 일신유반
必有寢衣하시니 長이 一身有半이러라

날씨가 더울 때는 가는 갈포와 굵은 갈포 재료로 만든 홑옷이 겉으로 드러나게 입었다. 평상복은 길게 하되 오른쪽 소매를 짧게 하였다. 또한 반드시 잠옷을 입었는데 길이가 한 길 반 정도 되었다.

【 字解 】

① 暑: 더울 서

② 袗: 홑옷 진

③ 絺: 가는 갈포 치

④ 綌: 굵은 갈포 격 갈포: 칡덩굴 껍질로 짠 직물

⑤ 褻: 평상복 설

⑥ 裘: 갖옷 구 짐승의 털가죽으로 안을 댄 옷

⑦ 袂: 옷소매 메

⑧ 寢: 잠잘 침

【 문장의 의의 】

▶ 윗옷을 겉으로 드러나게 입어야 시원하기 때문인데, 여름엔 아무리 더워도 몸을 밖으로 드러내지 않았다, 옷을 길게 한 것은 따뜻하게 하기 위함이고, 오른쪽 소매를 짧게 한 것은 행동하기 편하게 하기 위함이고, 잠옷이 긴 것은 발을 덮기 위함이다. 즉 최소한의 예를 지키면서도 실용적으로 옷을 입었다.

사 의 이 애 어 뇌 이 육 패 불 식
6. 食饐而餲와 魚餒而肉敗를 不食하시며

색 오 불 식 취 오 불 식
色惡不食하시며 臭惡不食하시며

실 임 불 식 불 시 불 식
失飪不食하시며 不時不食이러시다

밥이 상하여 쉰 것과, 생선이 상하고 고기가 부패한 것은 먹지 않았으며, 색깔이 이상하면 먹지 않았고,

냄새가 이상한 것도 먹지 않았으며, 조리를 잘못한 것도 먹지 않고, 제철이 아니면 먹지 않았다.

【字解】

① 饐: 밥쉴 의
② 餲: 밥쉴 애
③ 餒: 물러터질 뇌
④ 敗: 썩을 패
⑤ 惡: 기피할 오
⑥ 臭: 냄새 취
⑦ 飪: 익힐 임
⑧ 不時不食불시불식: 제철음식이 아니면 안 먹음

6.1. 割不正(할부정)이어든 不食(불식)하시며
不得其醬(불득기장)이어든 不食(불식)이러시다

바르게 자른 것이 아니면 먹지 않았고,
간장이 없으면 먹지 않았다.

【字解】

① 割: 벨, 자를 할
② 醬: 장 장젓갈, 간장, 된장 같은

【 문장의 의의 】

▶ 이 두 가지는 사람에게 비록 해는 없으나 맛을 즐기면서까지 먹지 않았다.

6.2. 肉雖多(육수다)나 不使勝食氣(불사승사기)하시며 唯酒無量(유주무량)하사대 不及亂(불급난)이러시다. 不多食(불다식)하시고 食不語(식불어)하시며 寢不言(침불언)이러시다

고기가 아무리 많아도 지나치게 많이 먹지 않았으며, 술은 일정한 양이 없었으나 정신을 잃을 정도로 마시지는 않았다. (어떤 음식이든) 많이 먹지 않고, 음식을 먹을 때에는 대답하지 않고 잘 때는 말하지 않았다.

【 字解 】

① 雖: 비록 수

② 勝: 이길, 지나칠 승

③ 唯: 오직, 비록~하더라도 유

④ 語어는 물음에 대답하는 것이고 言언은 스스로 말하는 것이다.

【 문장의 의의 】

▶ 음식은 곡식을 주로 하기 때문에 밥보다 고기를 많이 먹지 않는 것이고, 술은 사람을 기쁘게 하므로 양을 정하지 않되 취해서 정신을 잃지 않게 절제하는 것이다. 많이 먹는 것, 밥을 먹을 때 말을 하는

것, 잠잘 때 말을 하는 것 등은 폐를 상하게 하기 때문에 삼가는 것이다.

성인 존심불타

6.3. 聖人은 存心不他라

성인은 마음을 다른 데 두지 않고 (오직) 그때그때의 상황에만 집중한다.

향인음주 장자출 사출의

7. 鄕人飮酒에 杖者出이어든 斯出矣러시다

고향사람과 술을 마실 때, 지팡이를 짚은 분이 나가면 따라 나갔다.

【 字解 】

① 鄕: 시골, 고향 향

② 飮: 마실 음

③ 酒: 술 주

④ 杖: 지팡이 장

【 문장의 의의 】

▶ 향당에서 지팡이는 60세부터 짚는다. 지팡이 짚는 분은 나이가 많은 분이므로 나이가 많은 어른이 나가면 당연히 일어서서 따라 나가는 것이 예이다.

【 저자의 멘트 】

- 지팡이는, 50세에는 집에서, 60에는 마을에서, 70에는 나라에서, 80에는 조정에서 짚는다. 늙어서 벼슬에서 물러날 때 임금이 궤장안석과 지팡이을 선물로 주었다.
- 이는 직장에서, 나이가 적더라도 제일 지위가 높은 분이 나가면, 부하직원들이 모두 일어서 따라 나가는 것과 같은 것이다.

구 분 자 퇴조왈 상인호

8. 廐焚이어늘 子 退朝曰, 傷人乎아하시고

불 문 마

不問馬하시다

(공자의)마굿간이 불탔는데, 공자가 조정에서 퇴근하여 집에 와서 보고는 사람은 상하지 않았는지 묻고, 말에 대해서는 묻지 않았다.

【 字解 】

① 廐: 마굿간 구

② 焚: 불탈 분

③ 退: 물러날 퇴퇴근

④ 朝: 조정정부청사

⑤ 傷: 다칠, 상할 상

【 문장의 의의 】

▶ 사람을 귀하게 여기는 도리는 마땅히 이와 같이 하여야 한다는 것이다.

8.1. 君이 命召어시든 不俟駕行矣러시다

군 명소 불사가행의

군주가 명하여 부르면 수레에 멍에 하기를 기다리지 않고 (즉시) 도보로 걸어갔다.

【 字解 】

① 召: 부를 소

② 駕: 멍에 가

※ 멍에: 수레나 쟁기를 끌기 위해 말이나 소의 목에 얹는 구부러진 막대.

【 문장의 의의 】

▶ 먼저 걸어가다가 말이 멍에 하기를 마치고 따라오면 그때서야 수레를 타는데, 이렇게 하는 것이 신하로서의 예이며, 부모님이 부를 때도 또한 이와 같이 하여야 한다.

【 저자의 멘트 】

- 가정과 직장에서도 마찬가지다.

  부모님이나 상사가 부르면 즉시 응대하고, 꾸물거리지 않고 눈썹이 휘날릴 정도로 바로 가는 것이 예이다. 귀한 손님이 찾아오면 양말도 신기 전에 버선발로라도 뛰어나가서 맞이하려고 하는 자세가 필요하다.

★ 尊客之前에 不叱狗라 존객지전에 불질구라

존귀한 손님 앞에서는 개를 꾸짖지 않는다.

先進(선진)

선진은 선배, 후배 할 때의 선배와 같은 것이다. 이 장은 여러 제자의 어질고 어질지 못함을 평한 것이 많다.

1. 德行덕행은 안연·민자건·염백우·중궁이요
   言語언어는 재아·자공이요
   政事정사, 政治정치는 염유·계로요
   文學문학은 자유·자하니라

【 문장의 의의 】

▶ 공자가 제자를 가르칠 때 각각의 자질을 이렇게 분류한 것이다.

▶ 曾子증자는 공자의 도를 잘 전수 받았는데도 여기에 들지 못하였으니 흔히 말하는 공문십철이란 말은 세속에서나 하는 말이다.

【 저자의 멘트 】

- 공자가 제자들을 잘 살펴서 이렇게 분류하고 그에 맞는 교육을 시킨 것처럼, 직장에서도 직원들을 각각 자질에 잘 맞는 업무를 부여하고, 적재적소에 배치하는 것이 필요하다.

남용 삼복백규 공자이기형지자 처지
2. 南容이 三復白圭어늘 孔子以其兄之子로 妻之하시다

남용이 백규와 관련된 시를 (하루에) 세 번씩 반복해서 외우니, 공자가 그 형의 딸을 그에게 시집보냈다.

【 字解 】

① 復: 반복할 복

② 白圭백규: 흰 옥

③ 妻: 시집보낼 처

【 문장의 의의 】

▶ 남용이 읊은 시는 다음과 같다.

백규지점 상가마야 사언지점 불가위야
白圭之玷은 尙可磨也어니와 斯言之玷은 不可爲也니라『시경』〈대아 억편〉

→ 흰 옥에 있는 흠은 갈아 없앨 수 있지만, 이미 입에서 한번 떠난 잘못된 말은 그럴 수 없다.

① 玷: 옥에 티, 잘못 점

② 尙: 오히려 상

③ 磨: 갈 마

④ 斯: 떠날, 떨어질 사

【 저자의 멘트 】

- 말은 함부로 하지 말아야 하며, 일단 한번 하면 그에 따른 책임을 져야 한다. 한번 엎질러진 물은 다시 주워 담기 어렵다. 아니면 말고 식으로 하는 것은 언어폭력이다.

자공 문 사여상야숙현
3. 子貢이 問 師與商也孰賢이니잇고

자왈 사야 과 상야 불급
子曰, 師也는 過하고 商也는 不及이니라

왈 연즉사유여 자왈 과유불급
曰, 然則師愈與잇가 子曰, 過猶不及이니라

자공이 "사자장와 상자하 중에 누가 더 낫습니까?" 하고 묻자,

"사는 지나치고 상은 좀 모자란다." 하였다.

"그럼 사가 더 나은 것입니까?" 하니

"아니다, 지나침은 모자람과 같다." 하였다.

【 字解 】

① 孰: 누구 숙

② 賢: 현명할, 나을 현

③ 愈: 나을 유비교

④ 猶: ~와 같을 유

【 문장의 의의 】

▶ 중용의 덕 됨이 지극하다. 지나침과 미치지 못함이 같으니 털끝만한 차이가 결국엔 천 리나 어긋나게 된다. 그러므로 성인의 가르침은 지나침을 억제하고 모자란 것은 이끌어서 중도로 갈 수 있게 할 뿐이다.

安貧樂道 → 가난함을 편히 여기며 도를 즐긴다.

【 문장의 의의 】

▶ 자공이 안자보다 재물은 많았지만 안자의 안빈낙도보다는 못함을 말한 것이다.

불 가 이 언 모 취 인 야
4. 不可以言貌取人也니라
말과 외모만으로 사람을 취평가, 판단해서는 안 된다.

【 字解 】

① 貌: 모양, 얼굴, 외견상 모

도 지 본 재 어 수 신
5. 道之本은 在於修身이라
도의 근본은 수신에 있다.

【 문장의 의의 】

▶ 도의 근본은 수신하는 데 있으니 수신한 뒤에야 사람을 다스리는 것이다. 그 내용이 책에 잘 나와 있으니 책을 많이 읽어서 안 뒤에 실행 할 수 있는 것이다. 어찌 책을 읽지 않을 수 있겠는가.

【 저자의 멘트 】

• 책을 읽되 단지 눈만 즐겁게 해주는 책과 재테크 관련 책도 좋지만 마음과 정신을 풍족하게 해주는 인문학 관련 서적, 성현들의 말이 많이 들어 있거나, 책꽂이에 오래 두고 보아도 싫증나지 않을 책 등을 가려 읽는 것이 더 좋겠다.

顔淵(안연)

성은 顔안이고, 이름은 回회, 字자는 子淵자연이다.

춘추시대 노나라의 현인으로 공자가 가장 신임하였던 수제자였다.

1. 顔淵(안연)이 問仁(문인)하야대 子曰(자왈), 克己復禮(극기복례) 爲仁(위인)이니 一日克己復禮(일일극기복례)면 天下歸仁焉(천하귀인언)하나니 爲仁(위인)이 由己(유기)니 而由人乎哉(이유인호재)아

안연이 인에 대해 묻자, "자기의 사욕을 이겨 예로 돌아가는 것제자리를 찾아감이 인을 하는 것이니, 하루라도 사욕을 이겨 예로 돌아가면 천하도 또한 인으로 돌아간다. 인을 하는 것은 자기로부터 비롯되는 것인데 어찌 남에게서 비롯되겠는가." 하셨다.

【 字解 】

① 顔: 낯, 얼굴 안안면

② 淵: 못 연연못

③ 克: 이길 극

④ 己기: 자기 자신의 사욕

⑤ 復: 돌아올 복

⑥ 歸: 돌아갈 귀

⑦ 人인: 남

⑧ 由: 말미암을, 비롯될 유

【 문장의 의의 】

▶ 극기복례를 하면 그 효과는 사욕을 깨끗이 씻어내고 天理천리가 유행하여 인을 이루 다 쓰지 않아도 될 것이다.

1.1. 克己復禮(극기복례)의 條目(조목)은 ①非禮勿視(비례물시)하며, ②非禮勿聽(비례물청)하며, ③非禮勿言(비례물언)하며, ④非禮勿動(비례물동)이니라

자기의 사욕을 이기고 예로 돌아가기 위한 항목들은, ①예가 아니면 보지 말며 ②예가 아니면 듣지 말며 ③예가 아니면 말하지 말며 ④예가 아니면 (가볍게) 움직이지 말아야 한다는 것 등이다.

【 字解 】

① 非禮비례: 자신의 사욕

② 視: 볼 시

③ 聽: 들을 청

【 문장의 의의 】

▶ 후세에 배우는 자들은 마땅히 이것을 가슴 속에 새겨두고 잊지 말아야 할 것이다.

2. 司馬牛(사마우) 問仁(문인)하야대 子曰(자왈), 仁者(인자)는 其言也訒(기언야인)이니라

사마우가 인에 대해서 묻자, 인자는 그 말을 과묵하게 한다.

【 字解 】

① 司: 맡을 사

② 訒: 말더듬을 인과묵하여 함부로 말하지 않는다

【 문장의 의의 】

▶ 말이 많고 조급하면 안 된다.

3. 子夏曰(자하왈), 死生有命(사생유명)이요 富貴在天(부귀재천)이라호라

자하가 말하기를, 죽고 사는 것은 운명에 달려 있고,

부귀는 하늘에 달려 있다.

【 문장의 의의 】

▶ 이것은 자신의 통제가능 범위를 벗어나는 것이어서 순순히 받아들일 뿐임을 말한 것이다.

4. 子貢(자공)이 問政(문정)한대 子曰(자왈),

足食(족식) 足兵(족병)이면 民(민)이 信之矣(신지의)리라

자공이 정치에 대해 묻자, "식량을 풍족하게 하고, 병병사와 무기 즉, 국방을 풍족하게 하면 백성들이 신뢰할 것이다." 하였다.

【 字解 】

① 食: 양식, 식량경제

② 兵: 군대와 무기국방

【 문장의 의의 】

▶ 창고가 식량으로 가득하고 국방이 튼튼해진 뒤에 가르침이 행해지면 백성들이 신뢰하여 이반하지 않는다.

4.1. 子貢曰, 必不得已而去인대 於斯三者에 何先이리잇고 曰, 去兵이니라
(자공왈 필부득이이거 어사삼자 하선 왈 거병)

자공이 묻기를, 반드시 부득이해서 버려야 한다면 이 세 가지 중에 무엇을 먼저 버려야 합니까?
兵병을 버려야 한다.

【 字解 】

① 去: 버릴, 제거할 거

② 斯: 이, 이것 사

【 문장의 의의 】

▶ 식량이 풍족하고 믿음이 깊으면 兵병이 없어도 지킴이 견고하다.

자공왈 필부득이이거 어사이자
4.2. 子貢曰, 必不得已而去인대 於斯二者면

하선 왈 거식 자고
何先이리잇고 曰, 去食이니 自古로

개유사 민무신불립
皆有死어니와 民無信不立이니라

자공이 또 묻기를, 반드시 부득이해서 버려야 한다면,
이 두 가지 중에 무엇을 먼저 버려야 합니까?
양식을 버려야 하니, 예로부터 사람은 누구나 다
죽음이 있거늘 백성의 신뢰가 없으면 설 수 없다.

【 문장의 의의 】

▶ 사람은 식량이 없으면 반드시 죽는다. 그러나 죽음은 사람이 반드시 피할 수 없는 것이요, 믿음이 없으면 비록 살아도 스스로 설 수가 없으니 죽음이 편안함만 같지 못하다. 그러므로 차라리 죽을지언정 백성들에게 신뢰를 잃지 말아야 하고, 차라리 백성에게 죽을지언정 나에게 믿음을 잃지 않게 해야 한다.

♣ 중요도는 民信민신〉食식〉兵병 順순이다.

사 불 급 설
駟不及舌

말이 아무리 빨라도 혀에서 나오는 말을 좇아가지 못한다.

【 字解 】

① 駟: 四馬 사

② 不及불급: 따르지 못함

③ 舌: 혀 설

【 저자의 멘트 】

- 남아일언 중천금!

제경공 문정어공자 공자대왈
5. 齊景公이 問政於孔子하야대 孔子對曰

군군 신신 부부 자자
君君, 臣臣, 父父, 子子니이다

제경공이 정치에 대해 묻자, "군주임금는 군주다워야 하고, 신하는 신하다워야 하며, 아버지는 아버지다워야 하고, 자식은 자식다워야 합니다." 하였다.

【 문장의 의의 】

▶ 이는 인륜의 큰 법이요 정치의 근본이다.

【 저자의 멘트 】

- 직장에서도 마찬가지로 부장은 부장다워야 하고 과장은 과장다워야 하고 사원은 사원다워야 한다.
- 공무원도, 장관은 장관다워야 하고, 사무관은 사무관다워야 하고 주사는 주사다워야 한다. 즉, 자신의 역할과 지위에 맞게 행동해야 한다.

자왈 군자 성인지미
6. 子曰, 君子는 成人之美하고
불성인지악 소인 반시
不成人之惡하나니 小人은 反是니라

군자는 남의 아름다움은 이루게 해주고, 남의 악함은 이루지 못하게 해주니 소인은 이와 반대로 한다.

【 字解 】

① 人인: 남, 타인

【 문장의 의의 】

▶ 成성은 이끌어주고 부축하여 그 일을 이루는 것이다. 군자와 소인은 마음에 둔 것이 이미 후하고 박한 차이가 있고, 좋아하는 것이 또한 선악의 다름이 있다. 그러므로 그 마음 씀이 다른 것이 이와 같다.

계강자 문정어공자 공자대왈
7. 季康子 問政於孔子하야대 孔子對曰,

정자 정야 자솔이정 숙감불정
政者는 正也니 子帥以正이면 孰敢不正이리오

계강자가 정치에 대해 묻자, "정치는 바로잡는다는 뜻이니, 그대가 바름으로써 본보기를 보인다면 누가 감히 바르지 않겠는가?" 하였다.

【 字解 】

① 季: 계절, 끝, 막내 계

② 康: 편안할 강

③ 帥: 거느릴, 앞장설, 본보기 솔

④ 孰: 누구 숙

⑤ 敢: 감히, 함부로 감

【 문장의 의의 】

▶ 자신은 바르지 못하면서 남을 바르게 하는 자는 없다.

▶ 노나라는 노나라 중엽 때부터 정치가 군주가 아닌 대부로부터 행해지니 가신들도 나쁜 버릇을 본받아서 읍을 점거하고 배반하여 바르지 못함이 심하였다.

▶ 그러므로 공자가 이것을 빗대어 말해준 것이니 계강자로 하여금 올바름으로써 스스로 극복하여 三家계씨 집안 삼형제의 옛 버릇을 고치게 하고자 한 것이었다.

계 강 자 문 정 어 공 자 왈 여 살 무 도
8. 季康子 問政於孔子曰 如殺無道하야

이 취 유 도 하 여
以就有道인대 何如하니잇고

공 자 대 왈 자 위 정 언 용 살
孔子對曰, 子爲政에 焉用殺이리오

자 욕 선 이 민 선 의
子欲善이면 而民이 善矣리니

군 자 지 덕 풍 소 인 지 덕 초
君子之德은 風이요, 小人之德은 草라

초 상 지 풍 필 언
草上之風이면 必偃하나니라

계강자가 공자에게 정치에 대해 묻기를, "만일 無道무도한 자를 죽여서 도가 있는 곳으로 나아가게 하면 어떻습니까?" 하자, "그대는 정치하는 데 어찌 죽임을 쓰겠는가. 그대가 선하고자 하면 백성들이 선할 것이니 군자의 덕은 바람이요, 소인의 덕은 풀이라, 풀 위로 바람이 불면 반드시 쓰러진다."하였다.

【 字解 】

① 殺: 죽일 살

② 偃: 쓰러질, 누울 언=伏,엎드릴 복

③ 就: 나아갈 취

【 문장의 의의 】

▶ 정치를 하는 자는 백성들이 보고 본받으니 어찌 조심하지 않을 수 있겠는가.

【 저자의 멘트 】

- 위정자들이 올바르지 못한 방법으로 재산을 늘리고, 권력을 남용하고, 법을 밥 먹듯이 어기고, 국민 위에 군림하면 백성들도 똑같이 따라 하며 결국에는 부끄러워함도 없고 뻔뻔스러워진다. 바람의 종류가 매우 중요하다.
- 그렇기 때문에 국민의 녹을 먹는 사람들은 양심을 속이거나 거짓이 없고 지극히 청렴해야 한다.

9. 樊遲(번지) 問仁(문인)하야대 子曰(자왈), 愛人(애인)이니라
問知(문지)하야대 子曰(자왈), 知人(지인)이니라

번지가 仁인에 대해 묻자, "사람을 사랑하는 것이다.", 知지에 대해 묻자, "사람을 아는 것이다."라고 하였다.

【 字解 】

① 知지=智지혜 지

【 문장의 의의 】

▶ 사람을 사랑하는 것은 仁인을 베푸는 것이고, 사람을 아는 것은 知지, 지혜를 힘쓰는 것이다.

번지 미달
9.1. 樊遲가 未達이어늘

자왈 거직조제왕 능사왕자직
子曰, 擧直錯諸枉이면 能使枉者直이니라

번지가 그 말뜻을 이해하지 못하자,
"정직한 사람을 발탁해서 부정한 사람을
다스리게 하면 부정한 자를 곧게 할 수 있다."

【 字解 】

① 達: 깨달을, 통달할 달

② 擧: 들 거

③ 錯: 둘 조

④ 諸제: ~에

⑤ 枉: 굽을 왕

【 문장의 의의 】

▶ 정직한 사람을 발탁해서 쓰고 부정한 자를 버리는 것은 知지, 지혜요, 부정한 자로 하여금 곧게 함은 仁인, 어짐이다.

자공 문우 자왈 충고이선도지
10. 子貢이 問友한대 子曰, 忠告而善道之호대

불가즉지 무자욕언
不可則止하야 無自辱焉이니라

자공이 벗친구에 대해 묻자,
"충심으로 말해주고 잘 이끌어 주되 받아들이지

않으면 중지하여 모욕을 당하지 말아야 한다."

【 字解 】

① 道: 이끌, 인도할 도

② 辱: 욕될 욕, 모욕을 당하다

【 문장의 의의 】

▶ 상대방은 받아들이려고 하지 않는데 자꾸 말하면 도리어 멀어지고 스스로 욕을 보게 된다.

증자왈 군자 이문회우 이우보인

11. 曾子曰, 君子는 以文會友하고 以友輔仁이니라

증자가 말하기를, "군자는 문글, 학문으로써 벗을 모으고 벗으로써 (나의) 인을 돕는다."

【 字解 】

① 會: 모을, 모일, 만날 회

② 輔: 도울 보

【 문장의 의의 】

▶ 학문을 강론하여 벗을 모으면 도가 더욱 밝아지고 선을 취하여 인을 도우면 덕이 날로 진전된다.

子路(자로)

성은 仲중이고 이름은 由유 字자는 자로이다.

공자보다 9세 연하이고, 힘이 세고 용기가 있으며, 무술이 뛰어나고 남에게 지기 싫어하는 성격이다

자 로 문 정
1. 子路 問政한대

자 왈 선 지 노 지 청 익
子曰, 先之勞之니라 請益한대

왈 무 권
曰, 無倦이니라

자로가 정치에 대해 묻자, 솔선해서 힘써야 한다.

좀 더 설명을 요청하자, 게을리하지 말아야 한다고 하였다.

【 字解 】

① 路: 길 로

② 勞: 일할, 애쓸, 수고할 노

③ 請: 청할 청요청하다

④ 益: 더할 익

⑤ 倦: 게으를 권

【 문장의 의의 】

▶ 무릇 백성이 할 것을 자신이 먼저 하면, 명령을 하지 않아도 행해지고, 백성의 일을 자신이 힘써서 하며 게을리하지 않으면, 비록 수고로워도 원망하는 것이 없다.

2. 仲弓(중궁)이 問政(문정)하야대

子曰(자왈), 先有司(선유사)요 赦小過(사소과)하며 擧賢才(거현재)니라

중궁이 정치에 대해 묻자
유사담당자에게 먼저 시키되 작은 허물은 용서해주며
어질고 재능이 있는 자를 등용해야 한다.

【 字解 】

① 有司유사: 담당자인데 집사의 성격이 더 강함

② 赦: 용서할 사

③ 過: 잘못, 과오 과

④ 賢: 어질 현

⑤ 才: 재주 재재주 있는 사람

【 문장의 의의 】

▶ 이들을 등용하여 쓰면 유사가 모두 그 직분을 다하므로 정치가 더욱 잘 다스려질 것이다.

상 호 례 즉 민 막 감 불 경
3. ①上好禮則民莫敢不敬하고

상 호 의 즉 민 막 감 불 복
②上好義則民莫敢不服하고

상 호 신 즉 민 막 감 불 용 정
③上好信則民莫敢不用情이니라

① 윗사람이 예를 좋아하면 백성들이 감히 공경하지 않는 이가 없고, ② 윗사람이 의를 좋아하면 백성들이 감히 복종하지 않는 이가 없고, ③ 윗사람이 신의를 좋아하면 백성들이 감히 사실대로 하지 않을 수가 없다.

【 字解 】

① 莫: 없을, 말 막

② 敢: 감히 감

③ 情정: 여기서는 성실을 의미한다.

【 문장의 의의 】

▶ 예, 의, 신은 大人대인의 일이다. 의를 좋아하면 일이 마땅함에 들어맞아 백성들이 공경하고 복종하며 성실하지 않을 수 없다.

자 왈 송 시 삼 백 수 지 이 정 불 달
4. 子曰, 誦詩三百호대 授之以政에 不達하며

시 어 사 방 불 능 전 대 수 다 역 해 이 위
使於四方에 不能專對하면 雖多나 亦奚以爲리오

시경에 있는 시 300편을 다 외운다 해도, 정치를 맡겨주었는데 제대로 해내지 못하고, 다른 나라에 사신으로 가서 혼자서 처결하지 못하면 비록 (시를) 많이 외운다 한들 어디에 쓰겠는가.

【 字解 】

① 誦: 외울 송

② 授: 줄 수↔受받을 수

③ 達: 이루다, 도달하다 달

④ 專: 홀로, 오로지 전

⑤ 奚: 어디, 무엇 해

【 문장의 의의 】

▶ 300편의 많은 시를 외우더라도 한갖 자구의 지엽적인 것에만 신경써서 외우면 정치에 몸담고서는 혼자서 제대로 처결하지 못한다.

5. 子曰(자왈), 其身(기신)이 正(정)이면 不令而行(불영이행)하고

其身(기신)이 不正(부정)이면 雖令不從(수령불종)이니라

자신의 몸생각과 행동이 바르면, 명령을 하지 않아도 일이 행해지고, 자신이 바르지 못하면 비록 명령을 내려도 따르지 않는다.

【 字解 】

① 令: 하여금, 명령 령

② 雖: 비록 수

③ 從: 따를 종

6. 子曰(자왈), 苟正其身矣(구정기신의)면 於從政乎(어종정호)에 何有(하유)며

不能正其身(불능정기신)이면 如正人何(여정인하)오

진실로 자기 몸을 바르게 하면 정치를 하는 데 어떤 어려움이 있을 것이며, 자기 몸을 바르게 하지 않으면 어떻게 남을 바르게 할 수 있겠는가?

【 字解 】

① 苟: 진실로 구

② 從: 따를, 일할 종

③ 何有하유: 어떤 어려움이 있는가

【 저자의 멘트 】

- 남이 한 행위에 대해서는 엄하게 몰아세우고 혼내면서, 자기가 한 행동에 대해서는 정당화, 합리화하기에 급급하여 궤변을 늘어놓거나 지극히 정상적이라 생각하고 관대하게 생각하는 사람들이 많다. 행동이 바르지 못하면서 어찌 그 조직과 거기에 속한 사람들을 이끌어 나갈 수 있겠는가.

섭공 문정
7. 葉公이 問政한대

자왈 근자열 원자래
子曰, 近者說하며 遠者來니라

섭공이 정치에 대해 묻자, "가까이 있는 사람들이 기뻐하며, 멀리 있는 사람들을 오게 하면 된다."

【 字解 】

① 葉: 성 섭

② 說: 기쁠 열

【 문장의 의의 】

▶ 은혜를 베풀면 기뻐하여 그 소문을 듣고 오는데, 반드시 가까운 자가 먼저 기뻐한 뒤에 멀리 있는 자가 오는 것이다.

자하 위거보재 문정
8. 子夏 爲莒父宰라 問政한대

자왈 무욕속 무견소리
子曰, 無欲速하며 無見小利니

욕속즉불달 견소리즉대사불성
欲速則不達하고 見小利則大事不成이니라

자하가 거보의 읍장이 되어 정치에 대해 묻자,
"(어떤 일이든) 빨리 하려 하지 말고 작은 이익을 보지 말아야 하니, 빨리 하려고 하면 성공하지 못하고 작은 이익을 보면 큰일을 이루지 못한다."

【 字解 】

① 莒父거보: 노나라의 읍명

② 宰: 재상, 벼슬, 관원 재

③ 速: 빠를 속

【 문장의 의의 】

▶ 일을 빨리 이루고자 하면 급해서 순서가 없어 도리어 목표를 달성하지 못하고, 작은 이익을 보고자 하면 작은 것밖에 못 이루고 오히려 잃는 것이 더 많다.

▶ 자장이 정치를 물었을 때에는 거처함에 게을리하지 말고 행하기를 정성스럽게 하라고 했는데, 자하가 물었을 때는 위와 같이 답해주었으니 자장은 너무 지나쳐서 인하지 않고, 자하는 작은 것에 마음을 두어 각각 그들의 병통에 맞춰 알려준 것이다.

【 저자의 멘트 】

- 소탐대실!

섭공 어공자왈 오당 유직궁자
9. 葉公이 語孔子曰, 吾黨에 有直躬者하니

기부양양 이자증지
其父攘羊이어늘 而子證之하니이다

섭공이 공자에게 말하기를,
“우리 당에 몸을 정직하게 행동하는 자가 있는데,
그의 아버지가 양을 훔치자 아들이 그것을
증명하였습니다.”

【 字解 】

① 葉: 성 섭

② 黨:무리 당

③ 躬: 몸 궁

④ 攘: 훔칠 양이는 물건을 직접 훔치는 것이 아니라 남의 집 개나 닭이 자기 집에 들어오면 차지하는 것을 말한다

⑤ 證: 증명할, 밝힐 증

공자왈 오당지직자 이어시
9.1. 孔子曰, 吾黨之直者는 異於是하니

부위자은 자위부은 직재기중의
父爲子隱하며 子爲父隱하나니 直在其中矣니라

이에 공자가 말하기를, "우리 당의 정직한 자는 이와는 다르니, 아버지는 자식을 위해 숨겨주고 자식은 아버지를 위해 숨겨주니 정직은 그 속에 있는 것이다."

【 字解 】

① 黨: 무리 당

② 異: 다를 이

③ 於어: ~와, ~과

④ 隱: 숨을, 숨길 은

【 문장의 의의 】

▶ 아버지와 자식이 서로 숨겨주는 것은 하늘의 이치와 인정의 지극함이다. 이치를 따르는 것이 정직한 것이다.

번지 문인 자왈 거처공 집사경
10. 樊遲 問仁한대 子曰, 居處恭하며 執事敬하며

여인충 수지이적 불가기야
與人忠을 雖之夷狄이라도 不可棄也니라

번지가 인에 대해 묻자, "평소에는 공손하며, 일할 때는 공경하는 마음으로 하며, 남과 함께할 때에는 정성스럽게 하는 것을 비록 오랑캐 나라에 가서라도 버리면 안 된다."

【 字解 】

① 樊: 울타리 번

② 遲: 늦을 지

③ 夷狄이적: 오랑캐 이, 오랑캐 적

④ 棄: 버릴 기

【 문장의 의의 】

▶ 恭공은 용모를 위주로 하며, 敬경은 일을 위주로 한다.

자공 문왈 하여 사가위지사의
11. 子貢이 問曰, 何如라야 士可謂之士矣잇고,

자왈 행기유치 시어사방
子曰, ①行己有恥하며 使於四方하야

불욕군명 가위사의
不辱君命이면 可謂士矣니라

기차 종족 칭효언
②其次는 宗族이 稱孝焉하며,

향당 칭제언
鄕黨이 稱弟焉이니라

언필신 행필과 역가이위차의
③言必信하며 行必果가 亦可以爲次矣니라

자공이, "어떻게 해야 선비라 할 수 있습니까?" 하고 묻자,

① 몸가짐과 행동에 부끄러움이 있으며, 각국에 사신으로 가서 군주의 명을 욕되게 하지 않으면 선비라 할 수 있다.

② 그 다음은 일가친척들이 효성스럽다고 일컬으며, 마을에서 공손하다고 일컬어지는 것이다.

③ 말은 반드시 믿음직스럽게 하고, 말한 것은 반드시 실행하면 그 다음이 될 수 있다.

【 字解 】

① 恥: 부끄러울 치

② 使: (사신으로) 갈, 보낼 시

③ 辱: 욕될 욕

④ 宗族종족: 동성동본의 일가

⑤ 稱: 일컬을 칭

⑥ 果: 과단성, 과감할 과여기서는 반드시 실행한다는 뜻이다

【 문장의 의의 】

▶ 자공이 말은 잘하지만 위와 같은 점들이 부족하기 때문에 말해준 것이다.

자 왈 인 이 무 항 불 가 이 작 무 의
12. 子曰, 人而無恒이면 不可以作巫醫라

사람이 늘 일정불변한 마음이 없으면
무당이나 의원이 될 수 없다.

【 字解 】

① 恒: 항상 항항상 변치 않고 오래하는 것이다

② 巫: 무당 무

③ 醫: 의원, 의사 의

【 문장의 의의 】

▶ 이 말은 옛날 중국의 남쪽에 있던 사람들이 하던 말을 공자가 인용한 말로, 무당은 귀신과 사귀는 사람이고, 의원은 죽고 사는 일을 맡은 사람이다. 항심이 없는 사람은 이익돈에 따라 행동하기 때문에 마음이 쉽게 변한다. 그러므로 비록 비천한 일을 하지만 더욱 변하지 않는 마음이 있어야 된다고 한 것이다.

※ 항심: 항상 일정하여 변하지 않는 마음

자 왈 군 자 화 이 부 동 소 인 동 이 불 화
13. 子曰, 君子는 和而不同하고 小人은 同而不和니라

군자는 화합하되 같이하지 않으며, 소인은 같이하되
화합하지 않는다.

【 字解 】

① 和화: 거스르고 어기는 마음이 없는 것

② 同동: 맹목적으로 남의 의견에 동조하는 것附和雷同, 부화뇌동

【 문장의 의의 】

▶ 군자와 소인은 그 생각하고 추구하는 가치관이 다르다. 군자는 의리를 숭상하므로 화하더라도 同동하지 않는 것이고, 소인은 이익을 숭상하니 어찌 和화할 수 있겠는가.

자공 문왈 향인 개호지 하여
14. 子貢이 問曰, 鄕人이 皆好之면 何如니잇고

자왈 미가야 향인 개오지 하여
子曰, 未可也니라 鄕人이 皆惡之면 何如니잇고

자왈 미가야 불여향인지선자호지
子曰, 未可也니라 不如鄕人之善者好之요

기불선자오지
其不善者惡之니라

자공이 묻기를,
"마을사람들이 모두 그를 좋아하면 어떻습니까?" 하자,
"옳지 않다."
"그럼, 마을 사람들이 모두 미워하면 어떻습니까?" 하자,
"옳지 않다. 마을 사람 중에 선한 자를 좋아하고 선하지 않은 자를 미워하는 것만 못하다."하였다.

【 字解 】

① 貢: 바칠 공

② 鄕: 시골 향

③ 皆: 모두, 다 개

④ 惡: 미워할, 싫어할 오

【 문장의 의의 】

▶ 한 동네 사람들은 각기 그 부류에 따라 스스로 좋아하고 미워한다.

【 저자의 멘트 】

• 남의 말만 듣고 그 사람을 평가하는 것은 바람직하지 않다. 자기가 직접 겪어 보아야 한다.

15. 子曰(자왈), 君子(군자)는 泰而不驕(태이불교)하고 小人(소인)은 驕而不泰(교이불태)니라

군자는 편안하되 교만하지 않고,

소인은 교만하되 편안하지 못하다

【 字解 】

① 泰: 편안할, 너그러울 태

② 驕: 교만할, 오만할 교

【 문장의 의의 】

▶ 군자는 하늘의 이치를 따르고, 소인은 사욕을 부리기 때문이다.

16. 子曰(자왈), 剛毅木訥(강의목눌)이 近仁(근인)이니라

강하고, 군세고, 질박하고, 어눌함이

(오히려) 인에 더 가깝다.

【 字解 】

① 剛: 굳셀, 강직할 강

② 毅: 굳셀, 강인할 의

③ 木: 질박할, 꾸밈이 없을 목

④ 訥: 말더듬거릴 눌

【 문장의 의의 】

▶ 강하고 굳세면 물질에 굽히지 않고, 질박하고 어눌하면 외물에 쫓기지 않기 때문에 인에 가까운 것이다.

17. 子路問曰, 何如라야 斯可謂之士矣니잇고
(자로문왈 하여 사가위지사의)

子曰, 切切偲偲하며 怡怡如也면 可謂士矣니
(자왈 절절시시 이이여야 가위사의)

朋友엔 切切偲偲요 兄弟엔 怡怡니라
(붕우 절절시시 형제 이이)

자로가 묻기를, 어떻게 해야 선비라 할 수 있습니까? 하자, "간절하고 자상하게 권면하며 화기애애하면 선비라 할 수 있으니 친구 간에는 간절하고 자상하게 권면하며, 형제간에는 화기애애하여야 한다." 하였다.

【 字解 】

① 切: 절박할, 간절할 절 절절: 간절함의 지극함

② 偲: 굳셀 시 시시: 상세하게 권면함

③ 怡: 기쁠 이 이이: 마음이 화평하여 기쁨

④ 勸勉권면: 타일러 힘쓰게 함

【 문장의 의의 】

▶ 이것들은 모두 자로에게 부족한 것들로 대상에 따라 각각 자세히 설명해 줌으로써 혼동하지 않도록 하였으니 공자가 제자를 자상하게 가르치는 것을 엿볼 수 있다.

★ 仁인

어질다. 사랑하다. 친애하다, 불쌍히 여기다. 어진 이, 사람마음

人道인도의 극치, 도덕의 至善지선

임을 기다리며 (대낭군待郎君)

– 능운(凌雲, 조선 후기)

郎云月出來(낭운월출래) / 달이 뜰 때 오신다던 그 임이건만

月出郎不來(월출낭불래) / 달이 기울어도 임은 오시지 않네

想應君在處(상응군재처) / 아마도 생각컨대 임이 계신 그곳은

山高月上遲(산고월상지) / 산이 높아 달이 늦게 뜨는 것일까

憲問(헌문)

헌은 노나라사람으로 성은 原思원사이고 이름은 憲헌, 字자는 子思자사이다. 공자의 손자와 字자가 같다.

1. 憲헌이 問恥문치한대 子曰자왈 邦有道방유도에 穀곡하며
邦無道방무도에 穀곡이 恥也치야니라

헌이 부끄러움에 대해 묻자, "나라에 (올바른)도가 행해질 때 녹을 먹는 것인데, 나라에 (올바른)도가 행해지지 않는데도 녹을 먹는 것은 부끄러운 일이다."

【 字解 】

① 憲: 법, 가르칠 헌

② 恥: 부끄러울 치

③ 穀: 곡식, 녹 곡즉, 봉급, 월급

【 문장의 의의 】

▶ 나라에 도가 있거나 없거나 녹을 먹는 값을 해야 한다. 그렇지 못하면 부끄러운 것이다.

자 왈 사 이 회 거 부 족 이 위 사 의
2. 子曰, 士而懷居면 不足以爲士矣니라

선비가 되어 편안하기만을 생각하면 선비라고 할 수 없다.

【 字解 】

① 懷: 생각할 회

② 居: 마음이 편안하게 여기는 것

【 문장의 의의 】

▶ 육체적, 경제적 욕구에 집착하면 선비가 아니다.

자 왈 방 유 도 위 언 위 행
3. 子曰, 邦有道엔 危言危行하고

방 무 도 위 행 언 손
邦無道엔 危行言孫이니라

나라에 도가 있을 때에는 말과 행실을 바르게 하고, 나라에 도가 없을 때에는 행실은 바르게, 말은 공손하게 하여야 한다.

【 字解 】

① 危위: 높고 준엄함

② 危行위행: 시속을 따르지 아니하고 고상하게 행동함

③ 孫: 공손할 손

【 문장의 의의 】

▶ 나라에 도가 행해지거나 그렇지 않거나 군자의 몸가짐은 변할 수 없으니 공손하면 화를 면할 수 있다.

4. 子曰, 君子而不仁者는 有矣夫어니와 (자왈 군자이불인자 유의부)
未有小人而仁者也니라 (미유소인이인자야)

군자로서 인하지 못한 자는 있어도,
소인으로서 인한 자는 있지 않다.

【 문장의 의의 】

▶ 군자는 인에 뜻을 두지만 잠깐 동안이라도 마음이 인에 있지 않으면 불인이 됨을 면치 못한다.

5. 子曰, 愛之란 能勿勞乎아 忠焉이란 能勿誨乎아 (자왈 애지 능물노호 충언 능물회호)

사랑한다면 수고롭게 하지 않을 수 없고,
정성스러우면 가르쳐 주지 않을 수 없다.

【 字解 】

① 勿: 아니할 물

② 忠: 충성, 정성 충

③ 誨: 가르칠 회

【 문장의 의의 】

▶ 사랑하기만 하고 수고롭게 하지 않는 것은 짐승을 사랑하는 것이나 다름없다.

사 왈 빈이무원 난 부이무교 이
6. 子曰, 貧而無怨은 難하고 富而無驕는 易하니라

가난하면 원망이 없을 수 없고, 부유하면 교만하기 쉽다.

【 字解 】

① 貧: 가난할 빈

② 怨: 원망할 원

③ 難: 어려울 난

④ 驕: 교만할 교

⑤ 易: 쉬울 이

【 문장의 의의 】

▶ 사람이 가난한 상황에 처하면 어렵고 힘들고, 부유한 상황이면 편안한 것은 당연한 것이다. 그러나 사람들은 마땅히 원망이 없도록 힘써야 하고 부유해도 교만한 마음이 생기지 않도록 해야 한다는 것이다.

자 왈 관중 상환공패제후 일광천하
7. 子曰, 管仲이 相桓公覇諸侯하야 一匡天下하니

민도우금 수기사 미관중
民到于今히 受其賜하나니 微管仲이면

오기피발좌임의
吾其被髮左衽矣러니라

관중이 환공을 도와 제후 중에서 으뜸이 되어, 한번 천하를 바로잡음으로써 백성들이 지금까지 그 혜택을 받고 있으니, (만일)관중이 아니었으면 우리는 지금 머리를 풀어헤치고 옷고름을 왼편으로 여미었을 것이다.

【 字解 】

① 管: 피리, 대롱 관
② 仲: 버금 중
③ 相: 도울 상
④ 桓: 굳셀 환
⑤ 覇: 두목, 으뜸 패
⑥ 諸侯제후: 임금
⑦ 匡: 바로잡을 광
⑧ 到: 이를 도
⑨ 賜: 은덕, 은혜 사
⑩ 微: 작을, 없다고 할 미
⑪ 被: 풀어헤칠 피
⑫ 髮: 터럭, 머리카락 발
⑬ 衽: 옷섶, 옷깃 임

【 문장의 의의 】

▶ 머리를 풀어헤치고 옷고름을 왼편으로 하는 것은 오랑캐의 풍속이니 "머리를 여미고 옷고름을 오른쪽으로 하는 것"은 관중의 공이다.

【 저자의 멘트 】

- 우리는 지금 한복 입을 때 옷고름을 오른쪽으로 매고 있다. 지금은 서양식 양복을 주로 입는데 단추가 오른쪽에 있다.

사로문 사군 자왈 물기야 이범지
8. 子路問 事君한대 子曰, 勿欺也요 而犯之니라

자로가 군주를 섬기는 것에 대해 묻자, "속이지 말고 군주의 얼굴색이 변할 정도로 간쟁하여야 한다."

【 字解 】

① 欺: 속일 기

② 犯: 범할 범

【 문장의 의의 】

▶ 안색을 범하면서까지 간쟁하는 것은 자로의 성격상 어려운 것은 아니지만 속이지 않는 것이 어려운 것이었다. 그래서 속이지 말 것을 먼저 하고 간쟁하는 것을 뒤에 말한 것이다.

자왈 군자 상달 소인 하달
9. 子曰, 君子는 上達하고 小人은 下達이니라

군자는 위로 통달하고, 소인은 아래로 통달한다.

【 字解 】

① 上達상달: 학문이나 기술 등이 진보하거나 발달함

【 문장의 의의 】

▶ 군자는 천지자연의 도리를 따르므로 날로 고상하고 현명해지지만, 소인은 사람의 욕심을 따르므로 날로 더럽고 낮은 곳으로 이른다.

【 저자의 멘트 】

• 여기에서 말하는 상하의 개념은 공간상의 개념이거나 반대되는 의

미를 뜻하기보다는, 형이상학, 형이하학적 의미로 쓰인 것으로 보는 것이 좋다.

자왈 고지학자 위기
10. 子曰, 古之學者는 爲己러니
금지학자 위인
今之學者는 爲人이로다

옛날에 배우는 자들은 자신(의 수양)을 위해서 배웠는데, 요즘 배우는 자들은 남을 위해서 배운다.

【 문장의 의의 】

▶ 爲己위기는 자기 몸을 수양하려고 배우는 것이고, 爲人위인은 남으로부터 인정받고 싶어서 배우는 것이다.

【 저자의 멘트 】

• 자격증 취득과 같은 스펙을 쌓고, 수시전형 시 수상 및 봉사 실적 등을 적는 것은 모두 자기 자신의 수양을 위해서라기보다 좋은 직장, 좋은 대학에 가기 위한 방편에 불과하다. 즉, 남을 위한 공부인 것이다.

증자왈 군자 사불출기위
11. 曾子曰, 君子는 思不出其位니라
증자가 말하기를, 군자는 생각이 그 지위(한계)를 벗어나지 않는다.

【 字解 】

① 思不出其位사불출기위: 일을 생각하고 처리함에 있어 분별을 지켜 함부로 자기 한계를 넘어 침범하지 않음.

【 문장의 의의 】

▶ 군자는 자기에게 주어진 역할에 충실하기 때문이다.

자왈 군자 치기언이과기행
12. 子曰, 君子는 恥其言而過其行이니라

군자는 그 말을 부끄러워하고
그 행동실천을 지나치게 한다.

【 字解 】

① 恥치: 감히 다하지 않는 것

② 過과: 넉넉함, 남음이 있음

【 저자의 멘트 】

- 말보다 행동!

자왈 군자도자삼 아무능언 인자
13. 子曰, 君子道者三에 我無能焉호니 ① 仁者는
불우 지자 불혹 용자 불구
不憂하고 ② 知者는 不惑하고 ③ 勇者는 不懼니라

군자의 도가 셋이 있는데,
나는 (그중에)능한 것이 하나도 없으니,

① 仁者인자, 어진 자는 근심하지 않고,

② 知者지자, 지혜로운 자는 미혹되지 않고,

③ 勇者용자, 용기 있는 자는 두려워하지 않는다.

【 字解 】

① 憂: 근심할 우

② 知=智

③ 惑: 현혹될 혹

④ 懼: 두려울 구

【 문장의 의의 】

▶ 이는 공자가 스스로를 겸손하게 자책하여 사람들이 힘쓰도록 한 것이다.

14. 子曰, 不患人之不己知요 (자왈 불환인지불기지)

患其不能也니라 (환기불능야)

남이 나를 알아주지 않음을 걱정하지 말고,

자신의 능력이 부족함을 걱정해야 한다

【 저자의 멘트 】

• 나의 부족한 능력은 생각하지 않고 그 지위를 탐해서는 안 되며, 우선 자신의 인격수양과 실력능력부터 키워야 한다.

15. 子曰, 不逆詐하며 不億不信이나 抑亦先覺者 是賢乎인저
(자왈 불역사 불억불신 억역선각자 시현호)

(남이 나를) 속이지 않을까 미리 짐작하지 않으며,
(남이 나를)믿어 주지 않을까 추측하지 않지만,
먼저 깨닫는 자가 어진 것이다

【 字解 】

① 逆: 미리, 사전에 역아직 이르지 않았는데 미리 짐작하는 것

② 詐: 속일 사

③ 億: 헤아릴, 추측할 억

④ 抑: 억측할, 또한 억

⑤ 不信불신: 남이 자신을 의심함

⑥ 覺: 깨달을 각

【 문장의 의의 】

▶ 군자는 한결같이 성실히 할 뿐이다. 성실하면서 밝지 않은 자는 없다. 그러므로 비록 남이 나를 속이지 않을까 미리 짐작하지 않고, 남이 나를 믿어 주지 않을까 근거없이 추측하지 않지만 항상 먼저 깨닫는다.

16. 或曰, 以德報怨이 何如하니잇고, 子曰,
(혹왈 이덕보원 하여 자왈)

하이보덕　이직보원　이덕보덕
何以報德고 以直報怨이요 以德報德이니라

어떤 사람이 묻기를, 은혜로써 원망을 갚는 것은 어떻습니까? 하니 무엇으로 은혜를 갚을꼬? 정직함으로써 원망을 갚고, 은혜로써 은혜를 갚아야 한다.

【 字解 】

① 德: 여기서는 은혜를 말함

② 報: 갚을 보

③ 怨: 원망할, 원한 원

【 문장의 의의 】

▶ 은혜를 입으면 반드시 은혜로써 갚고 잊지 말아야 한다.

자공왈　하위기막지자야　자왈
17. 子貢曰, 何爲其莫知子也잇고 子曰,

불원천　불우인　하학이상달
不怨天하며 不尤人이요 下學而上達하노니

지아자　기천호
知我者는 其天乎인저

자공이 말하기를, 어찌하여 선생님을 알아주는 이가 없는 것입니까? 하니, "(나는) 하늘을 원망하지 않으며 남을 탓하지 않고, 비천하고 쉬운 것들을 배워서 깊고 어려운 것을 깨달으니하학이상달 나를 알아주는 것은 하늘일 것이다."

【 字解 】

① 莫: 없을 막

② 怨: 원망할 원

③ 尤: 탓할 우

【 문장의 의의 】

▶ 무릇 아래로 평범한 인간의 여러 가지 다양한 일들을 배우면 곧 위로 하늘의 이치를 통달하게 된다. 그러나 익히기만 하고 이치를 살피지 않으면 위로 통달할 수 없다.

자왈 상호례즉민이사야
18. 子曰, 上好禮則民易使也니라
윗사람이 예를 좋아하면 백성을 부리기 쉽다.

【 字解 】

① 易: 쉬울 이

② 使: 부릴 사

【 문장의 의의 】

▶ 예가 위아래로 통하여 백성에게까지 전파되어 분수가 정해지므로 백성 부리기가 쉬운 것이다.

【 저자의 멘트 】

• 윗사람들이 법을 잘 지키면 백성들도 잘 지킨다.

자로문 군자 자왈 수기이경
19. 子路問 君子한대 子曰, ①修己以敬하고

수기이안인 수기이안백성
②修己以安人하고 ③修己以安百姓이니라

자로가 군자에 대해 물으니,

① 공경으로써 자기를 수양하고,

② 자기를 수양하여 남을 편안히 하고,

③ 자기를 수양하여 백성을 편안히 하는 것이다,

라고 하였다.

【 문장의 의의 】

▶ 그만큼 공경으로써 자기 몸을 닦아수양하여 백성을 편안하게 함이 어렵다는 것이다.

자왈 유이불손제 장이무술언
20. 子曰, 幼而不孫弟하며 長而無述焉이요

노이불사 시위적
老而不死가 是爲賊이라

어려서는 형과 아우에게 공손하지 않고,

커서는 일컬을 만한 것이 없고

늙었는데도 죽지 않는 것은 남을 해치는 것이다

【 字解 】

① 孫: 공손할 손

② 述: 말할 술

③ 賊: 도둑 적

붉은 모란 그림(홍모란도紅牡丹圖)

–화암(華嵒, 청나라 화가)

虛堂野老不識字(허당야로불식자) / 빈집에 글 모르는 시골 노인이
半尺詩書枕頭眠(반척시서침두면) / 시와 서를 베개 삼아 자다가 깨어
閑向家人索酒嘗(한향가인색주상) / 한가히 집사람에게 술 달래서 먹고
醉筆寫花花亦醉(취필사화화역취) / 취하여 붓으로 꽃을 그리니 꽃도 취하였네.

衛靈公(위영공)

춘추시대 위衛나라 임금인 영공

자왈 가여언이불여지언 실인
1. 子曰, 可與言而不與之言이면 失人이요
불가여언이여지언 실언 지자
不可與言而與之言이면 失言이니 知者는
불실인 역불실언
不失人하며 亦不失言이니라

더불어 말해야 할 때 말하지 않으면 사람을 잃는 것이고, 더불어 말하지 말아야 하는데 말을 하면 말을 헛되이 하는 것失言이니, 지혜로운 자는 사람도 잃지 않고 말도 헛되지 않는다.

【 字解 】

① 與: 더불어, 함께 여

【 문장의 의의 】

▶ 失人失言실인실언 터놓고 말을 하지 않아 사람을 잃고, 헛된 말로 말을 잃어버린다는 뜻으로, 말을 해야 할 때는 주저하지 말고 꼭 해야 상대방을 무시하는 것처럼 보이지 않고, 하지 말아야 할 때는 하지 말아야 쓸데없는 말만 늘어놓는 사람으로 비치지 않는다.

자공 문위인 자왈 공욕선기사
2. 子貢이 問爲仁한대 子曰, 工欲善其事인댄

필선리기기 거시방야
必先利其器니 居是邦也하야

사기대부지현자 우기사지인자
事其大夫之賢者하며 友其士之仁者니라

자공이 인을 실천하는 방법에 대해 묻자, 匠人장인은 자기가 하는 일을 잘하기 위해 반드시 먼저 도구를 예리하게 만드니, (인을 하고자 한다면)그 나라의 대부 중에서 어진 자를 섬기며 선비 중에서 인한 자를 벗으로 삼아야 한다.

【 字解 】

① 貢: 받들 공

② 工: 장인 공기술자, 기능공

【 문장의 의의 】

▶ 자공은 일찍이 자기보다 못한 자를 좋아하였는데 공자가 이 말로써 비유하여 그에게 말해 준 것으로 그 덕을 이루게 하고자 한 것이다.

자왈 원녕인 녕인 태
3. 子曰, 遠佞人이니 佞人은 殆니라

말재주 있는 사람을 멀리해야 하니, 말재주 있는 사람은 위태롭다.

【 字解 】

① 遠:멀 원

② 佞:말재주 녕

③ 佞人: 몸을 낮추고 아첨하며 말을 잘하는 사람

④ 殆: 위태할 태

【 문장의 의의 】

▶ 말 잘하는 사람은 사람으로 하여금 지켜야 할 것덕을 상실하게 한다.

자 왈 인 무 원 려 필 유 근 우
4. 子曰, 人無遠慮면 必有近憂니라

사람이 먼 생각이 없으면 반드시 가까운 근심이 있다.

【 字解 】

① 慮: 생각할 려

② 憂: 근심할 우

【 문장의 의의 】

▶ 생각이 천 리 밖에 있지 않으면, 화가 지금 앉아 있는 자리 아래에까지 미친다.

【 저자의 멘트 】

• 멀리 보고 미리미리 대비하는 혜안이 필요하다.

5. 子曰(자왈), 躬自厚而薄責於人(궁자후이박책어인)이면 則遠怨矣(즉원원의)니라

자기 자신에게는 엄격하게 하고, 남을 탓하는 것은 적게 하면 원망함을 멀리할 수 있다.

【 字解 】

① 躬自궁자=責己책기, 자책함

② 厚: 두터울, 후할 후많이, 크게

③ 薄: 적을, 야박할 박

【 문장의 의의 】

▶ 자신을 꾸짖는 것은 심하게 하므로 몸이 더욱 닦여지고, 남을 꾸짖고 탓하는 것은 적게 하므로 사람이 쉽게 따르니, 이 때문에 사람들이 그를 원망하는 것이 적다.

6. 子曰(자왈), 群居終日(군거종일)에 言不及義(언불급의)요
好行小慧(호행소혜)면 難矣哉(난의재)라

여럿이 함께하며 하루를 마치더라도, 말이 義의에 미치지 않고 작은 지혜의에 맞지 않는 지혜만을 행하기 좋아하면 어려움이 있을 것이다.

【 字解 】

① 群: 여럿의, 무리 군

② 終: 마칠 종

③ 不及義불급의: 의에 대해서는 한마디 말도 없는 것

④ 慧: 지혜, 슬기로울 혜

⑤ 難: 어려울 난

⑥ 小慧소혜: 義의에 맞지 않는 자잘한 지혜, 돈 버는 지혜, 잔머리 굴리는 지혜와 같은 것

【 문장의 의의 】

▶ 소혜작은 지혜를 행하기를 좋아하면 위험한 것을 행하여 요행을 바라는行險僥幸: 행험요행 생각이 무르익을 것이다.

7. 子曰자왈, 君子군자는 義以爲質의이위질이요 禮以行之예이행지하며 孫以出之손이출지하며 信以成之신이성지니라

군자는 의를 바탕으로 삼고, 예로써 실천하며, 겸손으로 드러내고, 믿음으로써 이룬다. ⇨ 군자의 道도

【 字解 】

① 義의: 일을 통제하는 바탕

② ~以爲이위~: ~으로 ~을 삼다

③ 質: 바탕 질

④ 孫: 겸손할 손

【 문장의 의의 】

▶ 이 중 義의를 가장 근본으로 한다.

8. 子曰(자왈), 君子(군자)는 病無能焉(병무능언)이요 不病人之不己知也(불병인지불기지야)니라

군자는 (자기가)능력이 없는부족한 것을 병으로 여길 뿐, 남이 자기를 알아주지 않는 것을 병으로 여기지 않는다.

【 字解 】

① 病: 병, 질병, 흠 병

9. 子曰(자왈), 君子(군자)는 疾沒世而名不稱焉(질몰세이명불칭언)이니라

군자는 평생 동안 이름이 세상에 일컬어지지 않는 것을 싫어한다.

【 字解 】

① 疾: 괴로워할, 근심할 질

② 沒世: 세상을 떠남

【 문장의 의의 】

▶ 군자는 자신을 위해 학문을 하면서도 남이 알아주기를 바라지 않지만, 세상을 떠날 때까지 이름이 일컬어 지지 않으면 善선을 했다는 실제가 없다고 생각한다.

【 저자의 멘트 】

• 虎死留皮, 人死留名호사유피, 인사유명 → 호랑이는 죽어서 가죽을 남기

고, 사람은 죽어서 이름을 남긴다.

10. 子曰, 君子는 不以言擧人하며 不以人廢言이니라
(자왈 군자 불이언거인 불이인폐언)

군자는 말 잘하는 것만 가지고 사람을 쓰지 않으며, 사람이 행실이 나쁘다고 해서 그의 좋은 말까지 버리지는 않는다.

【 字解 】

① 擧: 들, 추천할 거 들추어내다

② 廢: 버릴, 폐할 폐

【 문장의 의의 】

▶ 공자가 주변사람의 말만 듣고 재여를 좋게 생각하고 있었는데, 한낮에 공부는 안 하고 낮잠 자는 것을 보았기 때문이다. 공야장 편 #2 참조

사 공 문 왈 유 일 언 이 가 이 종 신 행 지 자 호
11. 子貢이 問曰, 有一言而可以終身行之者乎잇가

자 왈 기 서 호 기 소 불 욕 물 시 어 인
子曰, 其恕乎인저, 己所不欲을 勿施於人이니라

자공이, 평생토록 실천할 만한 한마디 말이 있겠습니까? 하고 묻자, 그것은 아마도 恕서일 것이다. 자기가 하고 싶지 않은 것을 남에게 전가시키지 말라는 것이다.

【 字解 】

① 恕서: 용서, 어짊, 사랑, 동정, 남의 입장에 서서 동정하는 마음

【 문장의 의의 】

▶ 자기의 仁인과 선한 마음을 미루어 남에게까지 미치면 그 베푸는 것이 무궁하므로 평생토록 행할 수 있다.

▶ 자기가 하기 싫은 것은 다른 사람도 하기 싫은 것이 당연한 것이니, 남에게 강요하지 말라.

자 왈 교 언 난 덕 소 불 인 즉 난 대 모
12. 子曰, 巧言은 亂德이요 小不忍則亂大謀니라

교묘한 말은 덕을 어지럽히고, 작은 것을 참지 못하면 큰일을 망친다.

【 字解 】

① 巧: 교묘할 교 약삭빠르다, 책략, 작은꾀

② 亂: 어지러울 난

③ 謀: 계책, 계략, 도모할 모

④ 小不忍소불인 : 부인의 仁인과 필부의 용맹과 같은 것

⑤ 부인의 仁인 : 차마 하지 못하는 마음이 지나쳐서 일을 결단하지 못하는 것

⑥ 匹夫之勇필부지용 : 하찮은 일을 참지 못하는 것

【 문장의 의의 】

▶ 교묘한 말은 옳고 그름을 혼동시키니 사람들이 이것을 들으면 지켜야 할 것도 지키지 못하게 된다.

13. 子曰, 衆이 惡之라도 必察焉하며 (자왈 중 오지 필찰언)

衆이 好之라도 必察焉이니라 (중 호지 필찰언)

많은 사람들이 그를 미워싫어해도 반드시 자세히 살펴보고, 많은 사람들이 그를 좋아해도 반드시 자세히 살펴보아야 한다.

【 字解 】

① 惡: 미워할, 싫어할 오

② 察: 살필 찰

③ 焉언: ~하는도다, 그러하다

【 문장의 의의 】

▶ 많은 사람들이 그를 좋아하고 미워한다고 해서 살펴보지 않으면 그

사람을 제대로 볼 수 없다. 말만 듣고 판단해서는 안 되고 자신이 직접 접해 보아야 한다.

14. 子曰, 過而不改 是謂過矣니라
(자왈 과이불개 시위과의)

허물이 있는 것을 알면서도 고치지 않는 것이 허물이다.

【 字解 】

① 過: 허물잘못 저지른 실수 과

【 문장의 의의 】

▶ 허물이 마음속에 싹트고 있는데도 고치지 않으면 그 허물이 마침내 이루어져서 장차 고치지 못하는 지경에 이를 것이다.

15. 子曰, 吾嘗終日不食하며 終夜不寢하야 以思호니 無益이라 不如學也로다
(자왈 오상종일불식 종야불침 이사 무익 불여학야)

내가 일찌기 하루 종일 밥도 안 먹고 밤새도록 잠도 안 자 가면서 생각해 보았지만, 유익함은 없고 배우는 것만 못하였다.

【 字解 】

① 嘗: 일찍, 과거에, 이전에 상

② 終夜종야: 밤새도록

③ 寢: 잠잘 침

④ 益:이로울 익

【 문장의 의의 】

▶ 이것은 생각만 하고 배우지 않는 자들에 대한 가르침이다.

자왈 군자 모도 불모식
16. 子曰, 君子는 謀道요 不謀食하나니

군자 우도 불우빈
君子는 憂道요 不憂貧이니라

군자는 道도를 할 것만 생각하고 먹을 것은 생각하지 않으며, 군자는 도를 하지 못할 것을 걱정하고 가난을 걱정하지 않는다.

【 문장의 의의 】

▶ 도를 한다는 것은 도를 닦거나, 도에 맞게 행동하는 것 등을 말한다.

▶ 군자는 근본인 도를 다스리고, 가난과 같은 지엽적인 것은 걱정하지 않으니 어찌 외적인 영향을 받아 근심하거나 즐거워하겠는가.

자 왈 군 자 불 가 소 지 이 가 대 수 야
17. 子曰, 君子는 不可小知而可大受也요

소 인 불 가 대 수 이 가 소 지 야
小人은 不可大受而可小知也니라

군자는 (무기, 형벌, 돈과 곡식 같은)작은 것들은 잘 알지 못하지만 큰 것나라를 다스리거나 안정시키는 것은 감당할 수 있고, 소인은 큰 것을 감당할 수는 없지만 작은 것은 잘 알 수 있다.

【 문장의 의의 】

▶ 군자든 소인이든 받을 수 있는 그릇의 크기는 다를지 몰라도 각기 한 가지 장점이라도 취할 만한 것이 있다는 점을 말한 것으로, 이는 사람을 관찰하는 방법을 말한 것이다.

【 저자의 멘트 】

- 굼벵이도 다 구르는 재주가 있다.

자 왈 민 지 어 인 야 심 어 수 화 수 화
18. 子曰, 民之於仁也에 甚於水火하니 水火는

오 견 도 이 사 자 의 미 견 도 인 이 사 자 야
吾見蹈而死者矣어니와 未見蹈仁而死者也로라

사람이 仁인을 하는 것은 물과 불보다도 중요하니, 물과 불은 밟다가 죽는 자를 내가 보았지만, 인을 밟다가 죽은 자는 아직 보지 못했다.

【 字解 】

① 甚: 심할, 매우, 대단히, 참으로 심

② 蹈: 밟을 도

【 문장의 의의 】

▶ 물과 불이 없으면 사람의 몸을 해치는 것에 불과하지만, 인하지 못하면 본심을 잃으니 이는 인을 해야 하는 중요성이 물과 불보다 더 심하여 더더욱 하루라도 없을 수가 없는 것이다. 하물며 물과 불은 때로는 사람을 죽이는 경우가 있으나 인은 그러하지 않으니 어찌 하지 않을 수 있겠는가.

자왈 당인 불양어사

19. 子曰, 當仁하야 不讓於師니라

仁인을 해야만 하는 상황에서는 스승에게도 양보하지 않는다.

【 字解 】

① 當: 당할, 당면할, (때를)만날 당

② 讓: 사양할, 양보할 양

③ 師: 스승 사

【 문장의 의의 】

▶ 當仁당인은 인을 자신의 임무로 삼는 것으로, 그 임무를 수행함에 있어서는 스승에게도 절대로 양보하지 않고 용기 있게 해야 한다.

자왈 군자 정이불량
20. 子曰, 君子는 貞而不諒이니라

군자는 마음이 곧기는 하지만, (그렇다고)시비를 가리지 않고 무조건 믿는 것은 아니다.

【 字解 】

① 貞: 곧을 정올바르고 굳음

② 諒: 살펴 믿을 량시비를 가리지 않고 무조건 믿지 않는다

자왈 사군 경기사이후기식
21. 子曰, 事君호대 敬其事而後其食이니라

군주를 섬기되 그 일을 공경히 수행하고 食식, 녹봉은 뒤로 한다.

【 字解 】

① 事: 섬길 사

② 食식=녹봉봉급, 월급, 돈

【 문장의 의의 】

▶ 군자는 벼슬하는 것이 직무인 자는 그 직무를 성실히 수행하고, 간언을 하는 것이 직무인 자는 충심을 다해 간할 뿐이니 일을 게을리 하거나 먼저 녹을 구하는 마음을 가져서는 안 된다

• 간언: 웃어른이나 임금에게 옳지 못하거나 잘못된 일을 고치도록 말하는 것

【 저자의 멘트 】

• 맡은 바 임무를 성실히 수행한 뒤에야 상도 받고, 승진도 하고, 상여금도 받는 것이다.

자왈 도불동 불상위모
22. 子曰, 道不同이면 不相爲謀니라

(지향하는)도가 같지 않으면
서로 일을 도모하지 말아야 한다.

【 字解 】

① 謀: 도모할 모

② 不同부동: 선과 악, 邪사, 간사함와 正정같은 것이다.

자왈 사 달이이의
23. 子曰, 辭는 達而已矣니라

말은 뜻만 통하면 된다.

【 字解 】

① 辭: 말씀, 말 사

② 而已矣이이의: ~뿐이다

【 문장의 의의 】

▶ 말은 핵심요점만 간단히 하여 뜻만 통하면 될 뿐, 미사여구로 과대포장하지 말아야 한다.

【 저자의 멘트 】

- 말하는 사람이 말수가 많으면 말실수도 하게 되고 듣는 사람이 귀찮아한다.

사 면 현 급계 자왈 계야
24. 師冕이 見할새 及階어늘 子曰, 階也라하시고
급석 자왈 석야 개좌 자고
及席이어늘 子曰, 席也라하시고 皆坐어늘 子告
지왈 모재사 모재사 자장 문왈
之曰, 某在斯, 某在斯라하시다. 子張이 問曰,
여사언지도여 자왈 연 고상사지도야
與師言之道與잇가, 子曰 然하다 固相師之道也니라

악사인 면이 공자를 보기 위해 계단에 다다르자, 공자가 계단이라 하였고, 자리에 이르자 자리이다 하였고, 사람들이 모두 자리에 앉자 있자, 아무개는 여기에 있고 아무개는 저기에 있다고 말해 주었다.
자장이 이렇게 하는 것이 도리냐고 묻자, 공자가 이렇게 하는 것이 진실로 악사를 도와주는 도리라고 하였다.

【 字解 】

① 師: 악사, 악공 사
② 冕: 면류관 면
③ 見: 뵐 현
④ 階: 계단 계
⑤ 席: 자리 석

⑥ 坐: 앉을 좌

⑦ 斯: 이 사지시대명사 이곳, 여기

⑧ 固: 진실로 고

【 문장의 의의 】

▶ 악사인 면이 앞을 볼 수 없는 봉사소경였기 때문에 이렇듯 자상하게 안내를 해 준 것이다. 사회적 약자에 대한 배려와 공자의 평소의 인간적인 면을 알 수 있다.

다정가(多情歌)

– 이조년(李兆年, 고려말)

梨花(이화)에 月白(월백)하고 銀漢(은한)이 三更(삼경)인 제
一枝春心(일지춘심)을 子規(자규)야 알랴마는
多情(다정)도 病(병)인 냥하여 잠 못드러 하노라

季氏(계씨)

노나라 대부로서 맹손, 숙손, 계손의 삼형제인데 계손이 막내다.

유국유가자 불환과이환불균
1. 有國有家者는 不患寡而患不均하며

불환빈이환불안
不患貧而患不安이라하니

개균 무빈
蓋均이면 無貧이요

화 무과 안 무경
和면 無寡요 安이면 無傾이니라

나라를 가진 자와 집을 가진 자는, 백성이나 가족이 적은 것을 걱정하기보다는 균등불공정, 불균형, 불평등하지 못한 것을 걱정하며, 가난한 것을 걱정하기보다는 편안하지 못한 것을 걱정한다고 하니, 대개 균등하면 가난함이 없고 화목하면 부족함이 없고 편안하면 기울어질 염려가 없다.

【 字解 】

① 寡: 적을 과여기서는 백성이 적음을 말함

② 均: 고를 균

③ 蓋: 대개 개

④ 傾: 기울 경나라가 망해가는 것

【 문장의 의의 】

▶ 균등하면 가난함을 근심하지 않아 화목하고, 화목하면 백성이 적음을 근심하지 않아 편안하고, 편안하면 서로 의심하거나 시기하지 않아 나라가 기울거나쇠락 전복될 걱정이 없다.

1.1. 遠人이 不服則修文德以來之하고 既來之則安之니라

(원인 불복즉수문덕이래지 기래지즉안지)

먼 곳에 있는 사람이 복종해 오지 않으면
문덕을 닦아서 그들을 오게 하고, 이미 왔으면 편안하게 해주어야 한다.

【 字解 】

① 服: 복종할 복

② 修: 닦을 수

③ 文德문덕: 문인이 갖춘 위엄과 덕망

④ 旣: 이미 기

【 문장의 의의 】

▶ 먼 지방 사람이 복종해 오지 않으면 덕을 닦아서 오게 하며, 먼 곳에 있는 군사를 수고롭게싸우게 하면 안 된다.

공자왈 천하유도즉예악정벌 자천자출
2. 孔子曰, 天下有道則禮樂征伐이 自天子出하고

천하무도즉자제후출
天下無道則自諸侯出하나니

자제후출즉기실지유속
自諸侯出則其失之愈速이니라

천하에 道도가 있으면나라가 올바르게 다스려지면, 예의와 음악과 죄 있는 무리를 정벌할 수 있는 권력이 천자로부터 나오고, 道가 없으면 (천자가 아닌)제후로부터 나온다. 제후로부터 나오면 정권을 잃음이 더욱 빠르다.

【 字解 】

① 征伐정벌: 죄 있는 무리를 군대로써 침

② 愈: 더욱 유

【 문장의 의의 】

▶ 그러므로 이치를 거스르지 말아야 한다.

공자왈 익자삼우 손자삼우 우직
3. 孔子曰, 益者三友요 損者三友니, ①友直하며

우량 우다문 익의 우편벽
友諒하며 友多聞이면 益矣요, ②友便辟하며

우선유 우편녕 손의
友善柔하며 友便佞이면 損矣니라

유익한 벗이 셋이 있고 손해되는 벗이 셋이 있으니,
① 벗이 곧으며, 성실하며, 견문이 넓으면 유익한 벗이고,
② 벗이 한쪽으로만 치우치고, 유순하기만 하고, 말만 잘하면 손해되는 벗이다.

【 字解 】

① 損: 덜, 줄일, 잃을 손손해를 보다

② 諒: 믿을, 참 량

③ 益: 더할, 이로울 익이익

④ 柔: 연약할, 무를 유

⑤ 佞: 아첨할 녕

【 문장의 의의 】

▶ 벗이 곧으면 자신의 허물을 들을 수 있고, 벗이 성실하면 자신도 성실해지고, 벗이 견문이 넓으면 지혜가 밝아진다.

▶ 便辟편벽: 위엄과 예의에만 익숙하고 곧지 못함
善柔선유: 아첨하여 기쁘게 하는 것만 잘할 뿐 성실한 마음이 없음
便佞편녕: 말로는 모든 일을 잘할 것 같지만 실상이 없음

▶ 천자로부터 서인에 이르기까지 벗을 필요로 하지 않는 자가 없고, 그 손해됨과 유익함이 이와 같으니 벗을 사귐에 있어 삼가지 않을 수 없다.

4. 孔子曰(공자왈), 益者三樂(익자삼요)요 損者三樂(손자삼요)니, ①樂節禮樂(요절예악)하며 樂道人之善(요도인지선)하며 樂多賢友(요다현우)면 益矣(익의)요, ②樂驕樂(요교락)하며 樂佚遊(요일유)하며 樂宴樂(요연락)이면 損矣(손의)니라

유익한 좋아함이 셋이 있고, 손해되는 좋아함이 셋이 있으니, ① 예절과 음악으로 절제하기를 좋아하며, 남의 선함을 말하기를 좋아하며, 어진 벗이 많은 것을 좋아하면 유익한 좋아함이고, ② 교만하고 즐거움을 좋아하며, 편안히 노는 것을 좋아하며, 잔치를 베풀고 즐기는 것을 좋아하면 손해되는 즐거움이다.

【 字解 】

① 樂: 좋아할 요

② 佚: 편안할 일

③ 宴: 잔치 연

【 문장의 의의 】

▶ ① 교만하고 즐거워하면 잘난 체하고 방자해서 절도를 알지 못하고

② 편안히 놀면 태만해져서 옳은 것을 듣기 싫어하고

③ 향락에 빠지면 음탕하여 小人소인을 가까이하니 세 가지의 손해됨과 유익함이 서로 반대이다.

小人소인: 간사하고 도량이 좁은 사람, 무식하고 천한 사람

▶ 그러므로 군자는 좋아하는 것에 있어서 조심하지 않을 수 없다.

5. 孔子曰(공자왈), 侍於君子(시어군자)에 有三愆(유삼건)하니,

①言未及之而言(언미급지이언)을 謂之躁(위지조)요 ②言及之而不言(언급지이불언)을 謂之隱(위지은)이요, ③未見顔色而言(미견안색이언)을 謂之瞽(위지고)니라

군자를 모실 때 세 가지 잘못이 있으니,

① 군자가 말을 미쳐 다 마치지 않았는데 중간에 끼어들어 말하는 것을 躁(조, 성급함)라 하고,

② 말을 다 마쳤는데도 말하지 않는 것을 隱(은, 숨김)이라 하고,

③ 얼굴빛을 살피지 않고 말하는 것을 瞽(고, 봉사 : 앞을 못 보는 사람)라 한다.

【 字解 】

① 侍: 모실 시

② 君子: 덕과 지위를 가진 사람의 통칭

③ 愆: 허물 건

④ 躁: 성급할 조

⑤ 隱: 숨길, 감출 은

⑥ 顔: 얼굴 안

⑦ 瞽: 소경(장님) 고

【 문장의 의의 】

▶ 때에 맞게 말하면 세 가지 잘못이 없을 것이다.

공자왈 군자유삼계
6. 孔子曰, 君子有三戒하니,

소지시 혈기미정 계지재색
①少之時에 血氣未定이라 戒之在色이요,

급기장야 혈기방강 계지재투
②及其壯也하야 血氣方剛이라 戒之在鬪요,

급기노야 혈기기쇠 계지재득
③及其老也하야 血氣旣衰라 戒之在得이니라

군자에게는 세 가지 경계하는 것이 있는데,
①젊을 때에는 혈기가 아직 정해지지 않았으므로 여색을 경계하고 ②장성해서는 혈기가 한창 왕성할 때이므로 싸움을 경계하고 ③늙어서는 이미 기력이 쇠하므로 얻는 것 여러 가지 욕심을 경계해야 한다.

【 字解 】

① 戒: 경계할 계

② 剛: 성할, 굳셀 강

③ 鬪: 싸울 투

④ 衰: 쇠할, 약해질 쇠

【 문장의 의의 】

▶ 결국 때에 따라 경계할 줄 알아서 이치로써 혈기를 이기면 혈기에 부림을 당하지 않을 것이다. 혈기는 남들과 같고, 志氣지기는 남들과 다른 것이다. 혈기는 나이가 들면 쇠하지만 지기는 쇠함이 없다.

- 志氣지기: 의지와 기백

▶ 젊을 때에는 정해지지 않고, 장성해서는 강하며, 늙어서 쇠하는 것은 血氣혈기이고, 여색을 경계하고 싸움을 경계하며 얻음을 경계하는

것은 志氣지기인데, 군자는 지기를 기르므로 혈기에 동요되지 않는다. 이 때문에 나이가 들수록 덕이 더욱 높아지는 것이다.

7. 君子 有三畏하니 ①畏天命하며 ②畏大人하며 ③畏聖人之言이니라. 小人은 ①不知天命而不畏也라 ②狎大人하며 ③侮聖人之言이니라

(독음: 군자 유삼외 / 외천명 / 외대인 / 외성인지언 / 소인 / 부지천명이불외야 / 압대인 / 모성인지언)

군자가 두려워하는 것이 세 가지가 있으니,
①天命천명을 두려워하며 ②대인을 두려워하며
③성인의 말을 두려워한다. 반면, 소인은
①천명을 잘 알지 못해서 두려워하지 않으며
②대인을 함부로 대하며 ③성인의 말을 업신여긴다.

【 字解 】

① 畏: 두려워할 외

② 狎: 업신여길 압

③ 侮: 업신여길 모

【 문장의 의의 】

▶ 소인은 몸을 닦지도 않고 자신을 성실하게 하는 것에 힘쓰지 않아 두려워하는 것이 없다.

8. 孔子曰(공자왈), ①生而知之者(생이지지자)는 上也(상야)요 ②學而知之者(학이지지자)는 次也(차야)요 ③困而學之(곤이학지) 又其次也(우기차야)니 ④困而不學(곤이불학)이면 民斯爲下矣(민사위하의)니라

① 태어나면서 아는 자는 상등이요

② 배워서 아는 자는 다음이요

③ (온갖)어려움을 겪으면서 배우는 자는 또 그 다음이니

④ 어려움을 겪으면서도 배우지 않으면 하등백성국민이다.

【 字解 】

① 困: 곤할 곤어려움을 겪음

9. 孔子曰(공자왈), 君子有九思(군자유구사)하니 ①視思明(시사명)하며 ②聽思聰(청사총)하며 ③色思溫(색사온)하며 ④貌思恭(모사공)하며 ⑤言思忠(언사충)하며 ⑥事思敬(사사경)하며 ⑦疑思問(의사문)하며 ⑧忿思難(분사난)하며 ⑨見得思義(견득사의)니라

군자는 아홉 가지 생각함이 있으니,

① 보는 것은, 밝아지기를 생각하며,

② 듣는 것은, 귀가 밝아지기를 생각하며,

③ 얼굴빛은, 온화할 것을 생각하며,

④ 얼굴모습은, 공손히 하기를 생각하며,

⑤ 말은, 진실하게 할 것을 생각하며,

⑥ 일은, 공경히 할 것을 생각하며,

⑦ 의심스러운 것은, 물을 것을 생각하며,

⑧ (화가 나고) 분할 땐, 어려움이 닥칠 때를 생각하며후환, 뒷처리

⑨ 얻을 것을 보면, 그것이 과연 의로운 것인지 생각하는 것이다.

【 字解 】

① 聽: 들을 청

② 聰: 귀 밝을 총

③ 溫: 온화할 온

④ 貌: 모양 모

⑤ 疑: 의심할 의

⑥ 忿: 분할 분

【 문장의 의의 】

▶ 이것을 한마디로 말하면 思誠사성: 誠을 생각한다이라 할 수 있다.

10. 子曰(자왈), 不學詩(불학시)면 無以言(무이언)하며 不學禮(불학례)면 無以立(무이립)이니라

시를 배우지 않으면 말을 잘할 수 없고,

예를 배우지 않으면 (사람답고 떳떳하게) 설 수 없다.

【 문장의 의의 】

▶ 이는 공자가 그의 아들에게 한 말로서,

이 말이 나오게 된 배경은 진항이라는 사람이 공자의 아들공리에게 묻기를, "아버지로부터 다른 사람과 다른 무슨 특별한 가르침이 있었는가?" 하니 "시와 예 이외에는 없다."고 대답한 데서 나온 말이다.

▶ 시를 배우면 사리에 통달해지고 심기가 화평해지며, 예를 배우면 품격 있는 예절에 밝아지고 덕성이 굳게 정해져 설 수 있기 때문에 배우라고 한 것이다.

이 말을 듣고 진항은 세 가지를 얻었다고 해서 기뻐했는데, 시를 듣고, 예를 듣고, 군자가 그 아들을 멀리한다는 것을 들은 것이다.

⇨ 一擧三得일거삼득

【 저자의 멘트 】

- 공자 같은 성인도 아들 가르칠 때 易子而教之역자이교지, 자식을 다른 집 자식과 바꿔서 가르침하였다.

★ 거만한 마음을 키워서는 안 되며, 욕심 내키는 대로 해서도 안 되며, 뜻을 가득 차게 해서도 안 되며, 즐거움을 극도로 누려서도 안 된다.

陽貨(양화)

춘추시대 노나라 卿경, 장관급인 계씨의 가신家臣으로, 노나라 국정을 제 맘대로 휘두르다가 결국 실패하였음.

자 왈 성 상 근 야 습 상 원 야
1. 子曰, 性相近也나 習相遠也니라

性성은 본래 서로 가까운비슷한 것인데,
습관에 의해 서로 멀어지게 된다.

【 字解 】

① 性: 성품, 성질 성

② 相: 서로 상

③ 習: 습관, 버릇 습

④ 近가까울 근↔遠멀 원

【 문장의 의의 】

▶ 性성은 태어날 때에는 서로 차이가 없었지만, 환경과 습관에 의해 선을 익히면 선해지고, 악을 자주 접하면 악해져서 서로 멀어지게 되는 것이다.

▶ 맹자가 말한 성선이 바로 이것이다.

자 장　　문 인 어 공 자　　　공 자 왈
2. 子張이 問仁於孔子한대 孔子曰,

능 행 오 자 어 천 하　　위 인 의　　　왈　공 관 신 민 혜
能行五者於天下면 爲仁矣니라 曰, 恭寬信敏惠니

공 즉 불 모　　　　관 즉 득 중
①恭則不侮하고 ②寬則得衆하고

신 즉 인 임 언　　　　민 즉 유 공
③信則人任焉하고 ④敏則有功하고

혜 즉 족 이 사 인
⑤惠則足以使人이니라

자장이 仁에 대해서 묻자,
다섯 가지를 천하에 행할 수만 있다면 인이라 할 수 있는데
그 내용은, 공손하고 너그럽고 믿음직스럽고 부지런하고
은혜로운 것이니,
①공손하면 업신여기지 않고
②너그러우면 사람들을 얻게 되고
③믿음직스러우면 남들이 의지하고
④부지런하면 功공이 생기고
⑤은혜로우면 충분히 사람을 부릴 수 있다고 하였다.

【 字解 】

① 恭: 공손할 공
② 寬: 너그러울 관
③ 敏: 민첩할, 힘써일할 민
④ 侮: 업신여길 모

【 문장의 의의 】

▶ 이 다섯 가지는 자장에게 부족한 점을 말해준 것인데, 그중 공손함이 제일 근본이 된다.

자왈 유야 오어여 육언육폐
3. 子曰, 由也아 吾語女 六言六蔽호리라.

호인불호학 기폐야우 호지불호학
①好仁不好學이면 其蔽也 愚요 ②好知不好學이면

기폐야탕 호신불호학 기폐 적
其蔽也 蕩이요 ③好信不好學이면 其蔽야 賊이요

호직불호학 기폐야교 호용불호학
④好直不好學이면 其蔽也 絞요 ⑤好勇不好學이면

기폐야난 호강불호학 기폐야광
其蔽也 亂이요 ⑥好剛不好學이면 其蔽也 狂이니라

너자로에게 여섯 가지 말과,
여섯 가지의 폐단에 대해 말해 주겠다.

① 仁인은 좋아하면서 배우기를 좋아하지 않으면 어리석고우,

② 知지,지혜는 좋아하면서 배우기를 좋아하지 않으면 방탕하고탕,

③ 信신,믿음은 좋아하면서 배우기를 좋아하지 않으면
남을 해치고적,

④ 直직,정직함은 좋아하면서 배우기를 좋아하지 않으면 헐뜯고교,

⑤ 勇용,용맹은 좋아하면서 배우기를 좋아하지 않으면
난을 일으키고난,

⑥ 剛강,강직함은 좋아하면서 배우기를 좋아하지 않으면 사납다.광

【 字解 】

① 蔽: 덮을 폐폐단

② 愚: 어리석을 우

③ 蕩: 방탕할 탕

④ 賊: 해칠 적

⑤ 絞: 헐뜯을, 비방할 교

⑥ 亂: 어지러울 난

⑦ 狂: 사나울, 거만할 광

【 문장의 의의 】

▶ 자로는 선을 행하는 것에는 용감하였으나 그의 흠은 배우기를 그다지 좋아하지 않아서 그 이치를 밝히지 못하는 것이었다. 그러므로 공자가 이것들을 언급하여 일러준 것이니 그중 신, 직, 용, 강은 모두 그의 치우친 점을 바로잡아 준 것이다.

4. 子曰(자왈), 鄕原(향원)은 德之賊也(덕지적야)니라

향원은 덕의 적이다.

【 字解 】

① 鄕: 시골 향깔보거나 얕본다는 뜻이 있음

② 原=愿: 삼갈, 정중할 원

③ 鄕原향원: 시골 사람 중 몸가짐이나 언행을 조심하여 마치 도덕군자인 척하는 자

④ 賊: 도둑, 역적 적

【 문장의 의의 】

▶ 향원은 시골사람 중에서 외견상 조심스럽고 중후한 척하는 자로 더러운 세상에 동화하고 영합하여 세상 사람들에게 아첨한다. 덕과 비슷하지만 덕은 아니라서 오히려 덕을 어지럽힌다. 맹자는 이를 似而非사이비라 했다.

자왈 도청이도설 덕지기야
5. 子曰, 道聽而塗說이면 德之棄也니라
길에서 들은 것을 길에서 말하면 덕을 버리는 것이다.

【 字解 】

① 聽: 들을 청

② 塗: 길 도

③ 棄: 버릴 기

【 문장의 의의 】

▶ 항간에 떠도는 소문을 그대로 믿고 다른 사람에게 말하면 덕을 버리는 것과 같다고 한 것으로, 비록 좋은 말을 들었어도 자신의 것으로 삼지 않으면 이는 그 덕을 버리는 것이다. 군자는 先人선인들의 훌륭한 말과 행실을 많이 듣고 알아서 덕을 쌓으니 길에서 듣고 길에서 말하면 집중력이 떨어지고 그 좋은 말을 가벼이 여겨 덕을 버리는 것과 마찬가지가 된다.

6. 子曰, 其未得之也엔 患得之하고 旣得之하얀 患失之하나니 苟患失之면 無所不至矣니라

자왈 기미득지야 환득지 기득지 환실지 구환실지 무소부지의

(부귀를)얻기 전에는 얻지 못할까봐 걱정하고,
이미 얻고 나서는 잃을 것을 걱정하니,
만일 잃을 것을 걱정한다면 못 할 것이 없을 것이다.

【 字解 】

① 得: 얻을 득부귀, 권세, 이익 등

② 患; 근심 환

③ 旣: 이미 기

④ 苟: 진실로 구

【 문장의 의의 】

▶ 얻을 것을 걱정한다는 것은 얻지 못할까 걱정하는 것이다.

※ 선비士의 3등급

①도덕에 뜻을 둔 자 ②공명에 뜻을 둔 자 ③부귀에만 뜻을 둔 자

7. 子曰, 惡紫之奪朱也하며 惡利口之覆邦家者하로라

자왈 오자지탈주야 오리구지복방가자

> 나는 자주색이 빨간색을 빼앗는 것을 미워하며,
> 말 잘하는 입이 나라를 전복시키는 것을 미워한다.

【 字解 】

① 惡: 미워할, 싫어할 오

② 紫: 자주색 자

③ 奪: 빼앗을 탈

④ 朱: 붉을 주

⑤ 利口: 말을 교묘하게 잘하는 것

⑥ 覆: 넘어질 복기울고 망하게 하는 것

⑦ 邦: 나라 방

⑧ 正色정색: 靑청, 파랑, 黃황, 노랑, 赤적, 빨강=朱, 白백, 흰, 黑흑, 검정 색 등 5가지 색

⑨ 間色간색, 중간색: 正色정색과 정색이 아닌 색을 섞어놓은 색

【 문장의 의의 】

▶ 천하의 이치가, 올바르면서 이기는 경우보다 올바르지 않으면서 이기는 경우가 항상 많으니 성인이 이 때문에 미워한 것이다. 말 잘하는 사람은 옳은 것을 그르다 하고 그른 것을 옳다 하며, 훌륭한 사람을 못나고 어리석다 하고 오히려 못나고 어리석은 사람을 훌륭하다고 하여, 임금이 그를 좋아하고 믿으면 국가가 전복되는 것은 당연한 것이다.

8. 재아 : 3년 상은 1년도 너무 깁니다. 군자가 초상 때문에 3년 동안 예를 행하지 않으면 예가 무너지고, 3년동안 음악을 익히지 않으면 음악이 반드시 무너질 것입니다. 묵은 곡식은 없어지고 새 곡식이 이미 익으며 불씨를 얻을 수 있는 나무도 바뀌니 1년이면 됩니다.

공자 : (3년을 1년으로 줄여) 쌀밥 먹고 비단옷을 입는 것이 네 마음에 편하겠느냐?

재아 : 저는 편안합니다.

공자 : 네가 편안하거든 그리하거라. 군자는 상을 당해서는 맛있는 음식을 먹어도 달게 느껴지지 않으며, 음악을 들어도 즐겁지 않으며, 생활하는 데도 편하지 않다. 이 때문에 짧게 하지 않는 것이니, 네가 편안하거든 그리하거라. 자식이 태어나서 3년이 지나야 비로소 부모의 품에서 벗어난다. 그러므로 3년상은 천하의 공통된 기간인 것이다.

자로왈 군자상용호 자왈
9. 子路曰, 君子尙勇乎잇가 子曰,

군자 의이위상 군자 유용이무의
君子는 義以爲上이니 君子 有勇而無義면

위란 소인 유용이무의 위도
爲亂이요 小人이 有勇而無義면 爲盜니라

자로가 말하기를, 군자는 자신이 용맹한 것을 자랑합니까? 하니, 군자는 義의를 첫째로 여긴다. 군자가 용맹함만 있고 의가 없으면 난을 일으키고, 소인이 용맹함만 있고 의가 없으면 도적이 된다. 고 하였다.

【 字解 】

① 尙: 숭상할, 높일, 자랑할 상

② 盜: 훔칠, 도둑질할 도도적

【 문장의 의의 】

▶ 자로가 용맹을 좋아하기 때문에 공자가 이 말로 그의 잘못을 바로 잡아준 것이다.

자공왈 군자역유오호 자왈 유오
10. 子貢曰, 君子亦有惡乎잇가 子曰, 有惡하니

오칭인지악자 오거하류이산상자
①惡稱人之惡者하며 ②惡居下流而訕上者하며

오용이무례자 오과감이질자
③惡勇而無禮者하며 ④惡果敢而窒者니라

자공이, 군자도 미워하는 것이 있습니까? 하고 묻자, 있다.

① 남의 나쁜 점을 말하는 자를 미워하며,

② 낮은 지위에 있으면서 윗사람을 비방하는 자를 미워하며,

③ 용기만 있고 예의가 없는 자를 미워하며,

④ 과감하기만 하고 융통성이 없이 꽉 막힌 자를 미워한다.

【 字解 】

① 惡: 미워할, 싫어할 오

② 稱: 일컬을 칭

③ 訕: 비방할, 헐뜯을 산

④ 窒: 막힐 질

10.1. 曰, 賜也 亦有惡乎아 ①惡徼以爲知者하며 ②惡不孫以爲勇者하며 ③惡訐以爲直者하노이다

(왈 사야 역유오호 오요이위지자 오불손이위용자 오알이위직자)

사자공야 너도 미워하는 것이 있느냐 하니, 자공이,

① 여기저기 돌아다니며 살피는 것을 지혜로 여기는 자를 미워하며,

② 공손하지 않은 것을 용기 있는 것으로 여기는 자를 미워하며,

③ 남의 비밀을 들추어내는 것을 정직으로 여기는 자를 미워합니다. 라고 대답하였다.

【 字解 】

① 徼: 살필 요

② 訐: 들추어낼, 폭로할 알

자왈 유여자여소인 위난양야
11. 子曰, 唯女子與小人은 爲難養也니
근지즉불손 원지즉 원
近之則不孫하고 遠之則 怨이니라

여자와 소인은 기르기가대하기가 어려우니,
가까이하면 불손해지고 멀리하면 원망한다.

【 字解 】

① 與: ~와, 함께 여

② 難: 어려울 난

③ 養: 기를 양

④ 孫: 공손할 손=遜,손

⑤ 怨: 원망할, 미워할 원

【 문장의 의의 】

▶ 소인은 마부와 노예 등의 하인을 말한다.

자왈 년사십이현악언 기종야이
12. 子曰, 年四十而見惡焉이면 其終也已니라
나이 40이 되어서도 나쁜 점이 드러나면 끝난 것이다.

【 문장의 의의 】

▶ 나이 40은 불혹으로 덕이 이루어지는 때인데, 이때에도 나쁜 점이 드러나면 여기에서 그대로 끝날 뿐이다. 이와 같이 말한 것은 사람들이 이때에 이르러 허물을 고쳐 선으로 옮겨갈 것을 타일러 힘쓰게 한

것이다.

【 저자의 멘트 】

- 나이가 많거나 적거나 길을 가면서 길거리에다 함부로 침을 뱉거나, 슬그머니 담배꽁초 등을 버리는 행위는 나이 먹은 값도 못 하는 나쁜 행동이다.
- 세 살 적 버릇 여든까지 간다고 했다. 어렸을 때 예의나 가정교육을 제대로 배우지 못한 폐단이 나타나는 것이다.

강물이 푸르니 물새 더욱 희네(강벽조유백江碧鳥逾白)

–두보(杜甫, 당나라)

江碧鳥逾白(강벽조유백) / 강물이 짙푸르니 새 더욱 희고
山靑花欲燃(산청화욕연) / 산이 푸르니 꽃은 더욱 붉어
今春看又過(금춘간우과) / 이 봄도 이렇게 또 가는데
何日是歸年(하일시귀년) / 고향에 돌아갈 날 그 언제인가

微子(미자)

미자는 紂주의 庶兄서형으로 성은 자子이고, 이름은 계啓이다. 은나라 말기 비간, 기자와 더불어 은 말 삼현 중 한 사람이다.

1. 人之大倫 五인지대륜 , 사람의 큰 인륜(도리) 다섯 가지
   ① 父子有親부자유친: 아버지와 아들 간에는 친함이 있고
   ② 君臣有義군신유의: 임금과 신하 간에는 의리가 있고
   ③ 夫婦有別부부유별: 부부 사이에는 분별이 있고
   ④ 長幼有序장유유서: 어른과 아이는 차례가 있으며
   ⑤ 朋友有信붕우유신: 친구 사이에는 믿음이 있어야 한다.

2. 군자 불이기친 불사대신 원호불이
君子는 不施其親하며 不使大臣으로 怨乎不以하며
고구무대고즉불기야 무구비어일인
故舊無大故則不棄也하며 無求備於一人이니라

군자는 그 친척을 버리지 않으며, (군주가)자기를 大臣대신, 즉, 영의정등과 같은 정승으로 써주지 않아도 원망하지 않으며, 옛 친구에게 큰 변고가 없는 한 버리지 않으며, 한 사람에게 다 갖추기를 요구하지도 않는다.

【 字解 】

① 施: 버릴 이, 베풀 시

② 故舊고구: 옛 친구

③ 大故대고: 패륜이나 반역 등의 죄악

④ 棄: 버릴 기

⑤ 備: 갖출 비

나비야 청산가자(호접청산거蝴蝶青山去)

– 작자미상

나비야 청산가자 범나비 너도 가자
가다가 저물거든 꽃에서 자고 가자
꽃에서 푸대접 하거든 잎에서 자고 가자

子張(자장)

자장은 성이 전손顓孫이고, 이름은 사師, 자는 자장子張이다.

춘추시대 말기 진나라사람으로, 공자보다 48세 아래이고, 공자의 제자 중에서 외모가 가장 뛰어났다고 한다. 이 편은 모두 제자들의 말을 기록한 것으로 자하에 대한 것이 가장 많고 자공이 그 다음이다.

자장 왈 사 견위치명

1. 子張이 曰, 士가 見危致命하며

견득사의 제사경

見得思義하며 祭思敬하며

상사애 기가이의

喪思哀면 其可已矣니라

자장이 말하기를, "선비는 위기를 만나면 목숨을 바치고,
얻는 것이 있으면 그것이 과연 옳은 것인지를 생각하며,
제사지낼 때는 오로지 공경함만을 생각하며,
초상을 당해서는 슬픔을 다할 것을 생각하면
더할 나위 없다."고 하였다.

【 字解 】

① 致命치명=授命수명: 목숨을 바침

② 哀: 슬플, 슬퍼할 애

【 문장의 의의 】

▶ 견위치명, 견득사의, 제사경, 상사애 이 네 가지는 선비가 몸을 세

우는 큰 조항인데 이 중에서 한 가지라도 지극하지 못한 것이 있으면 나머지는 볼 것이 없다.

【 저자의 멘트 】

- 見得思義견득사의=見利思義견리사의. 뇌물, 금품수수, 향응제공, 특혜 등 돈에 눈이 멀어 인생을 망치는 경우가 허다하다. 묵묵히 자기 자신이 땀 흘려 노력하여 얻는 것이 가장 소중한 것이다. 세상 모든 일이 힘들이지 않고 저절로 얻어지는 경우는 없다.

2. 子夏曰, 日知其所亡하며 (자하왈 일지기소망)
月無忘其所能이면 (월무망기소능)
可謂好學也已矣니라 (가위호학야이의)

자하가 말하기를,
"날마다 자기에게 없는자기가 모르는 새로운 것을 알려고 하며,
달마다 잘하는 것자신 있는 것을 잃지 않으면
배우기를 좋아한다고 할 만하다."

【 字解 】

① 亡망=無무: 자기에게 없는 것(모르는 것)

② 能능: 잘 아는 것

【 문장의 의의 】

▶ 배우기를 좋아하는 자는 날로 새롭게 하고 잃지 않는다.

자 하 왈 박 학 이 독 지
3. 子夏曰, 博學而篤志하며

절 문 이 근 사 인 재 기 중 의
切問而近思하면 仁在其中矣니라

자하가 말하기를,
"폭넓게 배우고 뜻을 두텁게 하며,
간절하게 묻고 현실적인 것을 생각하면 인은 그 속에 있다."

【 字解 】

① 博學박학: 널리 배움

② 篤志독지: 뜻이 돈독함

③ 近思근사: 높고 먼 이상보다는 자기 몸 가까운 곳을 생각함

【 문장의 의의 】

▶ 이 네 가지는 모두 배우고, 묻고, 생각하고, 분별하는 것들이다. 힘써 실천해도 비록 인을 하는 데에는 미치지 못하지만 여기에 힘을 쏟는다면 인이 그 속에 있을 것이다.

▶ 폭넓게 배우지 않으면 지킴이 확고하지 못하고, 뜻이 두텁지 못하면 힘써서 실천할 수 없다. 반면, 널리 배우기만 하고 뜻이 두텁지 못하면 크기만 하고 이루는 것이 없으며, 널리 묻고 멀리 생각하면 수고롭기만 하고 효과가 없다.

4. 子夏曰(자하왈), 百工(백공)이 居肆(거사)하며 以成其事(이성기사)하고 君子學(군자학)하며 以致其道(이치기도)니라

자하가 말하기를,
"모든 장인들은 공장에서 그 일을 이루고,
군자는 배워서 그 도를 다한다."

【 字解 】

① 肆: 가게 사 원래는 조정에서 필요로 하는 물건들을 만들어 조달하는 곳이다

② 致치=極극

【 문장의 의의 】

▶ 공인이 공방이 아닌 곳에서 물건을 만들면 정밀하지 못할 수 있기 때문에 자기 공방에서 물건을 만들고, 군자는 배우지 않으면 외적인 유혹에 마음을 빼앗겨 뜻이 돈독하지 못하다는 것을 말한 것이다.

5. 子夏曰(자하왈), 小人之過也(소인지과야)는 必文(필문)이니라

자하가 말하기를,
소인의 허물은 반드시 (겉모습을)꾸미는 데 있다.

【 字解 】

① 過: 허물, 잘못 과

② 文: 꾸밀 문

【 문장의 의의 】

▶ 소인은, 잘못을 고치는 것은 꺼리고, 스스로 속이는 것은 꺼리지 않기 때문에, 반드시 좋게 꾸며서 잘못을 키우는 것이다. 다시 말해 잘못이 있으면 그 속성상 꾸며서 감춘다.

자하왈 군자 신이후 노기민
6. 子夏曰, 君子 信而後에 勞其民이니

미신즉이위려기야
未信則以爲厲己也니라

신이후 간 미신즉이위방기야
信而後에 諫이니 未信則以爲謗己也니라

자하가 말하기를, "군자는 신뢰를 얻은 뒤에 백성을 수고롭게 하니 신뢰를 얻지 못하고 수고롭게 하면 자기들을 괴롭힌다고 생각한다. (윗사람에게)신뢰를 얻은 뒤에 간해야 하니 그렇지 않고 간하면 자신을 헐뜯는다고 생각한다."

【 字解 】

① 厲: 괴롭힐 려

② 諫: 간할 간웃어른이나 임금에게 옳지 못하거나 잘못된 일을 고치도록 말하는 것이다

③ 謗: 비방할, 헐뜯을 방

【 문장의 의의 】

▶ 윗사람을 섬기고 아랫사람을 부릴 때는 반드시 서로 믿음이 있은 뒤에 하여야 한다.

사하왈 사이우즉학 학이우즉사
7. 子夏曰, 仕而優則學하고 學而優則仕니라

자하가 말하기를, 벼슬하면서 여력이 있으면 배우고,
배우고서 여력이 있으면 벼슬을 한다.

【 字解 】

① 仕: 벼슬할 사공무원이 됨

② 優: 넉넉할 우여력

【 문장의 의의 】

▶ 벼슬하면서 배우면 활용도가 더욱 높아지고, 배우고서 벼슬하면 그 배운 것을 구현할 수 있다.

【 저자의 멘트 】

• 이론과 현실의 괴리를 좁힐 수 있다.

자유왈 상 치호애이지
8. 子遊曰, 喪은 致乎哀而止니라

자유가 말하기를, 상을 당해서는 슬픔을 지극히 할 뿐이다.

【 문장의 의의 】

▶ 초상은 화려하게 꾸미기보다는 차라리 슬픔을 지극히 하는 것이 낫다.

【 저자의 멘트 】

• 부모님 초상을 당해서는 화려하게 잘 치르기보다는예, 비싼 수의나 관 등 예의를 다해서 소박하게 치루고, 살아생전에 따뜻한 말 한마디, 전

화 한 통화가 더 낫다.

- 또한, 아무리 호상이라 해도 웃고 떠드는 것은 매우 몰상식한 행위다. 호상이라는 말조차도 삼가여야 한다.
- 살아계실 때 진심으로 섬기기를 다하여야 한다.

증자왈 오문제부자
9. 曾子曰, 吾聞諸夫子호니

인미유자치자야
人未有自致者也니

필야친상호
必也親喪乎인저

증자가 말하기를, "내가 선생님공자께 듣기를, 사람은 스스로 지극히 하지 않는 것은 아니지만 친상부모님상은 반드시 더욱 더 그 정성을 다해야 한다."고 하였다.

【 字解 】

① 致치: 지극함을 다하는 것

【 문장의 의의 】

▶ 친상은 진실로 정성을 다해야 하니 여기에 그 정성을 쏟지 않는다면 어디에 쏟겠는가.

자공왈　군사시과야　여일월시식언
10. 子貢曰, 君子之過也는 如日月之食焉이라

과야　인개견지　경야　인개앙지
過也에 人皆見之하고 更也에 人皆仰之니라

자공이 말하기를, "군자의 허물은 마치 일식 월식과 같아서 잘못이 있으면 사람들이 모두 쳐다보고, 잘못을 고쳤을 때에는 사람들이 모두 우러러본다."

【 字解 】

① 日月之食일월지식: 일식과 월식

② 更: 고칠 경

③ 仰: 우러러볼 앙

자공　왈　군자 일언　이위지
11. 子貢이 曰, 君子 一言에 以爲知하며

일언　이위부지　언불가불신야
一言에 以爲不知니 言不可不愼也니라

자공이 말하기를,
"군자는 한마디 말에 지혜롭다 하고,
한마디 말에 지혜롭지 않다고 하니
불가불 말을 삼가지 않을 수 없다."

【 字解 】

① 愼: 삼갈 신

【 문장의 의의 】

▶ 이 말은 진자금이란 사람이 자공에게, 그대가 스승을 공경하는 마음은 잘 알겠으나, 그래도 공자보다 낫다고 하자, 자공이 겸손히 하여 그를 꾸짖기를 이와 같이 하면서 말을 신중히 하고 함부로 하지 말라고 충고한 것이다.

▶ 그러면서 덧붙인 말이, 우리 스승공자을 따라갈 수 없는 것은 마치 사다리를 타고서도 하늘을 오를 수 없는 것과 같다고 하였다.

국화를 노래함(영국詠菊)

–고의후(高義厚, 조선 중기)

有花無酒可堪嗟(유화무주가감차) / 꽃은 있으나 술이 없으면 참으로 딱한 노릇이오

有酒無人亦奈何(유주무인역내하) / 술은 있어도 벗(님)없으면 이도 또한 딱한 일

世事悠悠不須問(세사유유불수문) / 세상일 하염없으니 따져 무엇 하리오

看花對酒一長歌(간화대주일장가) / 꽃 보고 술 마시며 한바탕 노래나 불러 보세.

堯曰(요왈)

요임금은 고대 중국의 전설상의 성제聖帝로 이름은 방훈放勳이다. 순임금과 아울러 오랫동안 중국 제왕의 모범으로서 이상적 제왕이라 일컬어졌다.

관즉득중 신즉민임언
1. 寬則得衆하고 信則民任焉하고
민즉유공 공즉열
敏則有功하고 公則說이니라

너그러우면 백성을 얻고, 믿음직스러우면 백성들이 (나라를 다스림을) 믿고 맡겨주고, 부지런하면 공적이 있게 되고, 공평무사하면 기뻐한다.

【 字解 】

① 寬: 너그러운 관

② 敏: 민첩할 민

③ 說: 기쁠 열

자장 문어공자왈
2. 子張이 問於孔子曰,
하여 사가이종정의 자왈
何如라야 斯可以從政矣니잇고 子曰,

존오미 병사악 사가이종정의
①尊五美하며 ②屛四惡이면 斯可以從政矣리라.

자장왈 하위오미 자왈
子張曰, 何謂五美니잇고 子曰,

군자 혜이불비 노이불원
君子 ①惠而不費하며 ②勞而不怨하며

욕이불탐 태이불교 위이불맹
③欲而不貪하며 ④泰而不驕하며 ⑤威而不猛이니라.

자장이 공자에게 묻기를,

어떻게 하면 정치에 종사할 수 있습니까? 하자,

① 五美5미를 높이고 ② 四惡4악을 물리치면

정치에 종사할 수 있다고 하였다.

① 五美5미는 다음과 같다.

가. 군자는 은혜롭되 허비하지 않으며,

나. 수고로워도 원망하지 않으며,

다. 욕심이 있어도 탐내지 않으며,

라. 태연하면서도 교만하지 않으며,

마. 위엄은 있으나 사납지 않은 것이다.

【 字解 】

① 尊: 높일 존

② 屛: 물리칠 병

③ 貪: 탐할 탐

④ 驕: 교만할 교

⑤ 猛: 사나울 맹

하 위 사 악　　　　　자 왈
2.1. 何謂四惡이니잇고 子曰,

불 교 이 살　　위 지 학
①不敎而殺을 謂之虐이요

불 계 시 성　　위 지 포
②不戒視成을 謂之暴요

만 령 치 기　　위 지 적
③慢令致期를 謂之賊이요

유 지 여 인 야　　　　출 납 지 인　　위 지 유 사
④猶之與人也로대 出納之吝을 謂之有司니라.

四惡4악은 다음과 같다.

① 가르치지도 않고 죽이는 것을 모질다 하고,

② 경계시키지 않고 성공하는 것을 보려는 것을 난폭하다 하고,

③ 명령을 게을리하여 기일을 촉박하게 하는 것을 도둑이라 하고,

④ 당연히 내줘야 함에도 출납할 때 도리어 인색하게빡빡하게 구는 것을 유사집사, 담당자 같다고 한다.

【 字解 】

① 殺: 죽일 살

② 虐: 학대할, 가혹할 학

③ 暴: 사나울, 난폭할, 포악할 포

④ 慢: 게으를 만

⑤ 令: 명령, 하여금 령

⑥ 猶: 오히려 유

⑦ 吝: 인색할 인吝嗇: 인색

⑧ 有司유사: 담당자

3. 子曰, 不知命이면 無以爲君子야요,
자왈 부지명 무이위군자

不知禮면 無以立也요 不知言이면 無以知人也니라
부지례 무이립야 부지언 무이지인야

하늘의 뜻을 알지 못하면 군자가 되지 못하고,
예를 알지 못하면 설 수사람 노릇 할 수 없고,
말을 알지 못하면 사람을 알 수 없다.

【 문장의 의의 】

▶ 명을 안다는 것은 하늘의 명령이 있음을 알고서 믿는 것이다.

▶ 예를 모르면 눈귀와 손발을 둘 곳이 없음을 立립이라 표현한 것이다.

▶ 말의 잘잘못을 보면 그 사람이 간사한지 올바른지를 알 수 있다.

2. 맹자

孟子

孟子曰, 養心이 莫善於寡欲이라

마음을 수양하는 것은
욕심을 적게 하는 것보다
더 좋은 것이 없다.

孟子맹자

• 맹자는 중국 춘추전국시대의 대 유학자로 성은 맹이고 이름은 軻가 자는 子與자여

생몰년도: BC 372년 4.2~BC 289년 1.15 84세

출 신 지: 산둥성 추현노나라

학 력: 공자의 손자인 자사의 제자로부터 배웠으며, 공자의 도를 계승

1. 특징

○ '맹모삼천지교'라는 말로 대표되는데 前漢전한말 유향이라는 학자가 지은 열녀전에서 비롯되었다.

○ 시경, 서경을 저술하고 詩書시서에 뛰어났다.

○ 주역과 춘추에 정통하기로는 맹자만한 분이 없다.

○ 비유법 구사의 달인이면서 직설적 화법을 잘 사용한다.

○ 학통은 요→순→우→탕→문왕·무왕→주공→공자→증자→자사→맹자로 이어진다.

○ 공자에 견주어 아성이라 한다.

2. 주요공적

○ 공자의 '인' 정신을 계승하여 성선설을 주장하였다.

○ 성선설을 바탕으로 왕도정치를 제창하였다.

○ 인의사상을 주장하였다.

○ 호연지기를 밝혔다.

○ 위아주의의 양주와 겸애주의의 묵적을 배척하였다.

○ 인의예지를 논함에 있어 '측은지심, 수오지심, 사양지심, 시비지심'의 4단으로 단서를 삼았다.

○ 공자는 '인' 하나만을 말하였으나, 맹자는 여기에 '의'를 더하여 말하였다.

맹자의 구성과 각장의 주요 키워드

편명		구분	장수	발췌	주요 키워드
梁惠王	양혜왕	상	16	4	利리·仁義인의, 인정, 항심·항산
		하	24	5	여민동락, 환과고독, 인재등용
公孫丑	공손추	상	26	6	호연지기, 4단인의예지
		하	26	6	인화, 존경하는 세 가지, 군자의 허물일식·월식
滕文公	등문공	상	27	5	성선, 선공후사, 인정, 노심자·노력자
		하	28	5	아내의 도리, 양주위인와 묵적겸애
離婁	이루	상	37	25	규구, 인·불인, 눈동자, 효·불효
		하	21	14	각 성인들의 특성
萬章	만장	상	30	4	순임금의 효도, 군자의 나아가고 물러남
		하	17	4	네 분의 성인집대성, 벗, 벼슬하는 도리
告子	고자	상	25	12	性성, 義의, 仁은 人心, 음식지인
		하	24	10	왜곡, 효제, 이익·인의, 가르치는 방법종류
盡心	진심	상	30	19	부끄러움, 군자삼락, 공경, 상지, 가르치는 방법
		하	47	15	백성이 가장 귀함, 향원, 사이비
계			160	134	

梁惠王(양혜왕) 上

춘추전국시대 위나라의 혜왕으로 성은 필이고 이름은 罃앵, 惠혜는 시호이다.

1. 맹자가 양혜왕을 뵙자,

양혜왕: 장차 우리나라를 이롭게 할 수 있는 방법이 있겠습니까?

맹 자: 왕께서는 하필 왜 리利를 말씀하십니까?
오직 인의仁義만이 있을 뿐입니다. 리利를 먼저 하고 의義를 뒤로하면 모두 빼앗지 않으면 만족해하지 않습니다. 인仁하면서 그 어버이를 버리는 자는 없으며, 의로우면서 그 군주를 뒤로하는 자는 없습니다. 왕께서는 단지 인의仁義만을 말씀하실 따름입니다.

【 字解 】

① 利: 이로울 리이익, 이롭게 하다

② 仁인: 마음의 덕

③ 義의: 마음의 제재, 일의 마땅함

【 문장의 의의 】

▶ 利리는 진실로 亂난을 일으키는 시초이다. 맹자가 利리를 드물게 말

한 것은 항상 그 난의 근원을 막으려 했기 때문이다. 공자가 "이익에 따라 행동하면 원망이 많다" 放於利以行이면 多怨이니라→ 방어리이행이면 다원이니라 라고도 하였다.

經之營之 경지영지

※ 출전 :『詩經』 대아 문왕 영대편

▶ 經營경영이란 용어는 여기에서 유래하는데,

- 經다스릴 경은 처음 계획하는 것이고,
- 營꾀할, 계획할 영은 여기에 필요한 재정과 물자를 마련하는 것을 말한다.

2. 전쟁으로 비유할 때, 북을 쳐서 싸움 시작을 알리고 칼날이 서로 맞부딪치자 무서워서 갑옷과 무기를 버리고 달아나니, 어떤 자는 100보를 도망가다가 멈추고, 또 어떤 자는 겨우 50보 도망가다가 멈추는데, 50보밖에 도망가지 못한 자가 100보나 도망간 자를 비웃었다고 해서 五十步百步오십보백보라는 말이 유래하였는데, 50보나 100보나 도망간 것은 마찬가지라는 말이다.

2.1. 나라에서 부역을 시킬 때,

① 백성들의 농사철을 빼앗지 않으면 곡식을 이루 다 먹을 수 없으며, ② 웅덩이와 연못에 촘촘한 그물을 쓰지 않으면 물고기와 자라를 이루 다 먹을 수 없으며, ③ 나무가 자라는 것에 맞춰 도끼를 들고 산에 들어가게 하면 목재를 미쳐 다 쓸 수 없을 것이다. 王道왕도의 시작은 산 사람을 정성껏 잘 봉양하고 죽은 이를 장사 지낼 때 유감이 없도록 하는 것이다.

※ 王道왕도는 임금이 어진 덕으로 백성을 다스리는 도리인데, 民心민심을 얻는 것이 그 근본이다.

2.2. ① (백성들에게) 집 주변 500평 정도 되는 땅에 뽕나무를 심게 하면 50세 된 자가 비단옷을 입을 수 있고,

② 닭과 돼지와 개를 기르고 큰 돼지로 제때에 새끼를 낳게 할 수 있으면 70세 된 자가 고기를 먹을 수 있으며,

③ 10,000평 정도 되는 토지에 농사철을 잃지 않게 하면 몇 가족이 굶주리지 않을 것이며,

④ 학교에서 가르치기를 부지런히 하고 효도와 공경의 의리를 거듭하면 머리가 반백이 된 자가 길에

서 짐을 지거나 짐을 머리에 이지 않을 것이다.
70세 된 자가 비단옷을 입고 고기를 넉넉하게 먹으며 백성들이 굶주리지 않고 춥지 않고서도 왕 노릇 하지 못할 자는 없다.

【 문장의 의의 】

▶ 백성은 입을 것과 먹을 것이 부족하면 예의를 차릴 겨를이 없고, 또 배불리 먹고 따뜻하게 입기만 하고 가르침이 없으면 禽獸금수: 짐승에 가까워진다.

3. 맹 자: 사람을 죽이는 데 몽둥이와 칼을 사용하는 것에 차이가 있습니까?

양혜왕: 없습니다.

맹 자: 칼과 정치를 가지고 사람을 죽이는 것에 차이가 있습니까? 푸줏간에는 살찐 고기가 있고, 마구간에는 살찐 말이 있는데도 백성들은 굶주린 기색이 있고 들에는 굶어 죽은 시체가 있다면, 이는 짐승을 몰아서 사람을 잡아먹게 하는 것과 다를 것이 없습니다.

군자지어금수야 견기생 불인견기사
4. 君子之於禽獸也에 見其生하고 不忍見其死하며

문기성 불인식기육
聞其聲하고 不忍食其肉하나니

시이 군자 원포주야
是以로 君子는 遠庖廚也니이다.

군자가 금수짐승에 대해서, 살아있는 것을 죽이는 장면을 차마 보지 못하며, 죽을 때 내는 애처로운 소리를 듣고 나서는 차마 그 고기를 먹지 못하니 이 때문에 군자는 푸줏간을 멀리한다.

【 字解 】

① 禽獸금수: 새 금, 짐승 수

② 聲: 소리 성

③ 包廚포주=푸줏간소, 돼지 따위를 잡아서 파는 곳 정육점

4.1. 지금 은혜가 짐승에게까지 넉넉하게 미치는데도 공들인 보람이 백성에게 미치지 않는 이유가 무엇입니까? 그 이유는,

① 새의 깃털 하나조차 들지 못하는 것은 힘을 쓰지 않기 때문이며,

② 수레에 실은 땔나무를 보지 못하는 것은 시력을 쓰지 않기 때문이며,

③ 백성들이 제대로 보호 받지 못하는 것은 은혜를 베풀지 않기 때문입니다. 그러므로 왕이 왕노릇 하지 못하는 것은 하지 않는 것이지 불가능한 것이 아닙니다.

4.2. 양혜왕: 하지 않는 것과 못 하는 것의 차이는 무엇입니까?
맹 자: 태산을 옆에 끼고 바다를 뛰어넘는 것은 실로 불가능한 일이지만, 어른을 위해 나뭇가지를 꺾는 것을 불가능하다고 하면, 이것은 하지 않는 것입니다. 그러므로 왕께서 왕 노릇 하지 못하는 것은 태산을 옆에 끼고 북해를 뛰어넘는 것과 같은 것이 아니라 어른을 위해 나뭇가지를 꺾는 것과 같은 것입니다.

【 字解 】

① 태산을 옆에 끼고 바다를 뛰어넘는 것 → 挾太山以超北海협태산이초북해
② 挾: 낄 협
③ 泰: 클 태
④ 超: 뛰어넘을 초

4.3. 老吾老하야 以及人之老하며
幼吾幼하야 以及人之幼면
天下는 可運於掌이니이다

내 노인부모을 노인어른으로 섬기기를 남의 노인부모에게까지 미치며, 내 아이 기르기를 남의 아이 기르는 것에 미친다면 이는 천하를 손바닥에 올려놓고 움직일 수 있는 것처럼 쉽습니다.

【 字解 】

① 老吾老노오노: 앞의 노는 노인으로 섬기는 것이고 뒤에 있는 노는 나의 아버지와 형을 말한다.

② 人之老인지노: 남의 아버지와 형

③ 掌: 손바닥 장

【 문장의 의의 】

▶ 혈통이 같은 친척은 본래 같은 기를 받고 세상에 나왔으니 옛날 사람들은 반드시 자기 어버이를 친히 한 뒤에 백성에 미치고, 또 그 나머지를 미룬 뒤에야 비로소 자기가 좋아하는 물건愛物, 애물에 미치는 것이니 모두 가까운 곳으로부터 시작해서 먼 곳에까지 미치고, 쉬운 것으로부터 어려운 것에 미치는 것이다.

무항산이유항심자 유사위능
4.4. 無恒産而有恒心者는 惟士爲能이어니와

약민즉무항산 인무항심
若民則無恒産이면 因無恒心이니

구무항심 방벽사치 무불위이
苟無恒心이면 放辟邪侈를 無不爲已니

급함어죄연후 종이형지 시 망민야
及陷於罪然後에 從而刑之면 是는 罔民也니

언유인인 재위 망민 이가위야
焉有仁人이 在位하야 罔民을 而可爲也리오

맹자가 말하기를,

떳떳한 생업직업 또는 하는 일이 없으면서도 떳떳한 마음을 가지고 있는 것은 오직 선비만이 할 수 있고,

백성으로 떳떳이 살 수 있는 생업이 없으면 이로 인하여 떳떳한 마음이 없어지는 것입니다.

만일 떳떳한 마음이 없어지면 제멋대로 하고 사치함을 하지 않음이 없을 것이니 죄에 빠진 후에 이들을 벌한다면 이는 백성을 그물질 하는 것입니다.

어찌 어진 이가 되어 높은 지위에 있으면서 백성을 그물질 하는 것을 할 수 있겠습니까.

【 字解 】

① 恒: 항상, 늘, 언제나 항

② 産: 낳을, 만들어낼 산

③ 辟: 간사할 벽

④ 侈: 사치할 치

⑤ 陷: 빠질 함

⑥ 刑: 형벌 형

⑦ 罔: 그물, 그물질할 망

【 문장의 의의 】

▶ 왕도의 요점은 차마 하지 못하는 마음으로 정치하는 것이다.

▶ 왕도정치의 바람직한 순서는 먼저 백성들의 생계를 안정경제적 안정 시킨 다음 사람으로서의 본마음갓난아기 때의 순수한 마음을 회복할 수 있게 하는 것이다.

산에 오르다 단풍을 노래함(산행영홍엽山行詠紅葉)

– 장초(蔣超, 청나라)

誰把丹青抹樹陰(수파단청말수음) / 누가 나무 끝에 단청을 칠했는가

冷香紅玉碧雲深(냉향홍옥벽운심) / 푸른 하늘 구름 속에 붉은 옥향기 차갑구나

天公醉後橫拖筆(천공취후횡타필) / 조물주가 취하여 멋대로 붓을 놀려

顚倒春秋花木心(전도춘추화목심) / 봄가을 초목의 마음을 뒤바꿔 놓았나보다

梁惠王(양혜왕) 下

1. 獨樂(독락)은 不如與民同樂(불여여민동락)이요 與民同樂(여민동락)이면 則王(즉왕)矣(의)시리이다

(왕이) 혼자 즐기는 것은 백성과 함께 즐기는 것만 못하며, 백성과 함께 즐긴다면 왕 노릇 할 수 있을 것입니다.

【 字解 】

① 與: 함께, 더불어 여

② 王왕: 왕 노릇 하다

【 문장의 의의 】

▶ 백성과 함께 즐거워하지 않는 것은 자신만 혼자 즐기고 백성을 구휼하지 않아서 곤궁하게 만드는 것이고, 백성과 함께 즐겨 하는 것은 음악을 즐기는 마음을 미루어 仁政인정, 어진 정치을 베풀어 백성들로 하여금 각각 그 살아 갈 수 있는 방도를 마련해주는 것이다.

【 저자의 멘트 】

• 그런데 요즘의 위정자들은 국민의 세금으로 생계를 유지하면서도 국민의 고통은 아랑곳하지 않고, 오히려 국민 위에 군림하려 들고 특권만 누리며, 자신들의 부귀영화, 출세, 권세에만 눈이 멀어 있다. 왕 노릇을 위정자로 바꿔보았다

락민지락자 민역락기락
2. 樂民之樂者는 民亦樂其樂하고

우민지우자 민역우기우 락이천하
憂民之憂者는 民亦憂其憂하나니 樂以天下하며

우이천하 연이불왕자 미지유야
憂以天下하고 然而不王者 未之有也니이다

백성의 즐거움을 즐거워하는 자는 백성들도 그 (군주의) 즐거움을 즐거워하고, 백성이 근심하는 것을 근심하는 자는 백성들 또한 그 (군주의) 근심을 근심한다. 천하를 가지고 즐거워하며 천하를 가지고 근심한다면 왕 노릇하지 못할 자는 없다.

【 字解 】

① 憂: 근심할 우

【 문장의 의의 】

▶ 백성의 즐거움을 즐거워하여 백성들이 그 군주의 즐거움을 즐거워하면 천하로써 즐거워하는 것이고, 백성의 근심을 근심해서 백성들이 그 군주의 근심을 근심한다면 이는 천하로써 근심하는 것이다.

노이무처왈 환 노이무부왈 과
3. 老而無妻曰 鰥이요 老而無夫曰 寡요

노이무자왈 독 유이무부왈 고
老而無子曰 獨이요 幼而無父曰 孤니

차사자 천하지궁민이무고자
此四者는 天下之窮民而無告者어늘

문왕 발정시인 필선사사자
文王이 發政施仁하사대 必先斯四者하시다

늙어서 아내가 없는 것을 鰥환이라 하고,
늙어서 남편이 없는 것을 寡과,
늙어서 자식이 없는 것을 獨독,
어려서 부모가 없는 것을 孤고라 하는데,
이 네 부류 사람들은 천하에 곤궁한 백성들로서 어디에 하소연할 곳이 없는 자들이다. 문왕이 인을 베풀어 정치를 하되 반드시 이 사람들을 먼저 보살폈다.

【字解】

① 鰥: 홀아비 환
② 寡: 과부 과
③ 孤: 고아 고
④ 獨: 무의탁자 독

4. 좌우의 신하들이 모두 그를 어질다 해도 들어주지 말고, 여러 대부들이 모두 어질다고 해도 들어주지 말며, 나라 사람들이 모두 어질다고 말한 뒤에야 직접 살펴보아 등용하며, 좌우의 신하들이 모두 그를 옳지 않다고 해도 듣지 말며, 여러 대부들이 모두 그를 불가하다고 해도 듣지 말고, 나라사람들이 모두 불가하다고 말한 뒤에야 살펴보아 불가한 점을 발견한 뒤에 물리쳐야 한다.

【 저자의 멘트 】

- 인재를 쓸 때 대다수의 국민이 반대하는데도 고집을 부려 쓰는 것과 인품이 훌륭한데도 쓰지 않는 것도 국민을 무시하는 것이고 국민에 대한 도리가 아니다.

4.1. 좌우의 신하들이 모두 그를 죽일 만하다고 해도 듣지 말며, 여러 대부들이 모두 죽일 만하다고 해도 듣지 말고, 나라사람들이 모두 죽일 만하다고 한 뒤에 살펴보아 죽일 만한 점을 발견한 뒤에 죽여야 한다.

【 저자의 멘트 】

- 요즘은 각종 매체의 발달로 사실 확인 없이 소문만 듣고 이성을 잃고 감정에 치우쳐 무분별하게 남을 매도하고 헐뜯는 행위가 만연하고 있는데 이는 명백한 범죄이며 인격 파괴행위이다.

맹 자 왈 　군 행 인 정

5. 孟子曰, 君行仁政하시면

사 민 　친 기 상 　사 기 장 의

斯民이 親其上하야 死其長矣리이다

군주가 어진 정치를 펼치면 백성들이

그 윗사람을 가까이하여 어른을 위해 목숨도 걸 것이다.

【 字解 】

① 死: 목숨 걸, 죽을 사

【 문장의 의의 】

▶ 民惟邦本이니 本固邦寧이라민유방본이니 본고방녕이라

→ 백성은 오직 나라의 근본이니 근본이 튼튼하면 나라가 편안하다.

▶ 풍년에는 곡식세금을 거둬들이고, 흉년에는 (창고를 풀어)나누어 주어서 배고파 굶주리고 추운 사람들을 구휼하며 병들고 고생하는 사람들을 구제하였다. 이 때문에 백성들이 그 윗사람을 가까이하여 위태롭고 난리가 나면 달려가서 구원하는 것이다.

사계절(사시四時)

–도연명(陶淵明, 중국 동진東晉)

春水滿四澤(춘수만사택) / 봄물은 못마다 가득 차고
夏雲多奇峰(하운다기봉) / 여름구름은 기이한 봉우리 많기도 하다
秋月揚明輝(추월양명휘) / 가을달은 높이 떠 밝게 비추고
冬嶺秀孤松(동령수고송) / 겨울고개에는 외로운 소나무만 아름답도다.

公孫丑(공손추) 上

춘추전국시대 제나라 사람으로 맹자의 제자이다.

맹자왈 아 사십 부동심
1. 孟子曰, 我는 四十이라 不動心호라
나는 40세에 부동심을 하였다.

【 字解 】

① 不動心부동심: 어떤 충동에도 섣불리 움직이지 않는 마음

【 문장의 의의 】

▶ 나이 40은 혈기가 강하며 학문과 도가 밝아지고 덕이 확립되어 벼슬하는 시기다. 공자는 40세를 불혹이라 하였는데 이는 부동심과 통한다.

▶ 부동심을 하는 방법은, 마음에 확고하게 주장하는 것이 있으면 된다.

1.1. 공손추: 선생님의 장점은 무엇입니까?
맹　자: 나는 말을 알고 호연지기를 잘 기른다.
공손추: 호연지기가 무엇입니까?
맹　자: 그것은 말로 설명하기 어렵다. 그 氣기됨이 지극히 크고 강하니 정직한 것으로써 기르고 해가 없으면 그것이 천지 사이에 가득 차게 된다.

그 기됨이 가득차고 義의와 理리가 많이 모이면 호연지기가 생겨난다.

※浩然之氣호연지기: 지극히 크고 굳세고 곧은 기운

【 字解 】

① 浩: 넓을, 클 호

【 문장의 의의 】

▶ 말을 안다는 것은 편벽된 말 뒤에 가려진 것을 알며, 사악한 말에 그 감춰진 것을 알며, 도피하는 말에 그 궁색한 것을 안다는 것이다.

▶ 호연지기를 기르는 자는 반드시 의로운 일을 많이 축적하는 것을 일로 삼고 미리 효과를 기대하지 말며, 인위적이지 않고 자연적으로 잘 자라도록 하여야 한다.

- 호연지기와 관련된 비유

송나라 사람이, 심어놓은 벼가 잘 자라지 못하자 이를 근심하여 빨리 자랄 수 있게 어리석게도 살짝 뽑아 놓고서, 집에 돌아와서 사람들에게 말하기를, "오늘은 내가 좀 피곤하다. 내가 벼가 잘 자라도록 도와주었다" 하니, 다음날 그 아들이 달려가 보니 벼가 모두 말라 있었다. 라고 하는 비유를 들었는데, 이처럼 도와주려 한 것이 오히려 해가 되니 호연지기도 마음속에서 자라는 것이 비록 느리지만 자연적으로 잘 자라도록 해야 함을 말한 것이다.

▶ 호연지기를 잘 기르면 그 기가 道도와 義의에 부합되어 도움이 되므로 실천할 때 용기와 결단성이 생겨 의심하거나 꺼리는 것이 없게 된다.

▶ 호연지기를 잘 기르는 방법은 곧은 마음을 계속해서 유지하고, 의를 지속적으로 실천하는 것이다.

2. 以力服人者는 非心服也라 力不贍也요
(이력복지인자 비심복야 력불섬야)

以德服人者는 中心悅而誠服也니
(이덕복인자 중심열이성복야)

如七十者之服孔子也라
(여칠십자지복공자야)

힘으로 남을 굴복시키는 자는,
(굴복하는 자가)마음마저 굴복하는 것이 아니라 힘이 부족해서이고, 덕으로 남을 굴복시키는 자는 (굴복하는 자가) 마음속으로 기뻐해서 진실로 굴복하는 것이니, 70명의 제자가 공자에게 굴복하는 것과 같은 것이다.

【 字解 】

① 服: 굴복할, 복종할 복

② 贍: 많을, 넉넉할 섬

③ 悅: 기쁠 열

④ 誠: 진실, 참으로 성

【 문장의 의의 】

▶ 힘으로 남을 굴복시키는 자는 남을 굴복시키는 것에만 뜻을 두어서 사람들이 감히 굴복하지 않을 수 없는 것이고, 덕으로 남을 굴복시키는 자는 남을 굴복시키고자 하는 뜻은 없지만 사람들이 스스로 복종하는 것이다.

화복 무불자기구지자
3. 禍福이 無不自己求之者니라

재앙과 복은 자기가 불러들이지 않는 것이 없다.

【 字解 】

① 禍: 재앙 화

② 福: 복 복

【 문장의 의의 】

▶ 재앙과 복은 모두 자기가 만들어 내는 것이다.

서경 태갑 왈 천작얼 유가위
3.1. 書經 太甲에 曰, 天作孼은 猶可違어니와

자작얼 불가활
自作孼은 不可活이라

『서경』〈태갑편〉에 이르기를,

하늘이 지은 재앙은 오히려 피할 수 있으나,

자기 스스로 지은 재앙은 (피하여)살 길이 없다.

【 字解 】

① 太甲: 서경의 편명 중 하나

② 孼: 재앙 얼

③ 猶: 오히려 유

④ 違: 피할, 어긋날 위

⑤ 活: 살, 생존할 활피한다는 의미를 내포

【 문장의 의의 】

▶ 이는 禍화와 福복은 모두 스스로 자초한 것임을 말한 것이다.

맹자왈 존현사능 준걸
4. 孟子曰, 尊賢使能하야 俊傑이
재위즉천하지사 개열이원립어기조의
在位則天下之士 皆悅而願立於其朝矣리라

어진 사람을 높이고, 능력 있는 자를 부리고, 재주와 지혜가 뛰어난 사람들이 그 자리에 있으면 천하의 선비가 모두 기뻐하여 그 조정정부에 서기를일하기를, 벼슬하기를 바랄 것이다.

【 字解 】

① 尊: 높일, 공경할 존

② 俊傑준걸: 재주와 지혜가 매우 뛰어난 사람

③ 悅: 기쁠 열

④ 願: 원할, 바랄 원

맹자왈 인개유불인인지심
5. 孟子曰, 人皆有不忍人之心하니라
이불인인지심 행불인인지정
以不忍人之心으로 行不忍人之政이면
치천하 가운지장상
治天下는 可運之掌上이니라

사람은 모두 차마 해치지 못하는 마음을 가지고 있다. 이 차마 해치지 못하는 마음으로 정치를 한다면 천하를 다스리는 것은 손바닥 위에 올려놓고 움직일 수 있는 것처럼 쉬울 것이다.

5.1. 사람들이 모두 차마 하지 못하는 사람의 마음을 가지고 있다고 말하는 까닭은, 어린아이가 지금 막 갑자기 우물로 들어가려는 것을 보고는 사람들이 모두 깜짝 놀라고 딱하고 가엾게 여기는 마음측은지심(惻隱之心)을 가지니, 이는 이것을 계기로 어린아이의 부모와 친분을 맺으려고 해서도 아니고, 마을과 친구들로부터 명예를 구하고자 해서도 아니며 악명을 싫어해서 그런 것도 아니기 때문이다. 이것으로 미루어 보면 측은지심惻隱之心, 수오지심羞惡之心, 사양지심辭讓之心, 시비지심是非之心이 없으면 사람이 아니다.

【 字解 】

① 惻: 가엾게 여길 측

② 隱: 가엾어할 은

③ 羞부끄러울 수 : 자신의 不善불선을 부끄러워함

④ 惡미워할 오: 남의 불선을 미워하는 것

⑤ 辭: 사양할 사

⑥ 讓: 사양할 양밀어서 남에게 주는 것

⑦ 是옳을 시: 그 선을 알아서 옳게 여김

⑧ 非: 그를, 아닐 비그 악을 알아서 그르게 여기는 것

측 은 지 심 인 지 단 야
5.2. ① 惻隱之心은 仁之端也요,

수 오 지 심 의 지 단 야
② 羞惡之心은 義之端也요,

사 양 지 심 예 지 단 야
③ 辭讓之心은 禮之端也요,

시 비 지 심 지 지 단 야
④ 是非之心은 知之端也니라.

① 측은해하는 마음은 仁인의 실마리요,

② 부끄러워하고 미워하는 마음은 義의의 실마리요

③ 서로 양보하는 마음은 禮예의 실마리요

④ 옳고 그름을 분별할 줄 아는 마음은 知≒智(지)의 실마리이다.

【 字解 】

① 知지=智지혜 지

② 端: 실마리, 단서, 원인 단

③ 惻隱, 羞惡, 辭讓, 是非측은, 수오, 사양, 시비는 情정이고, 仁義禮智인의예지는 性성이다.

【 문장의 의의 】

▶ 仁義禮智인의예지는 밖에서 들어오는 것이 아니고, 내가 본래부터 가지고 있는 것인데도 사람들이 생각하지 못할 뿐이다. 그러므로 구하

면 얻고 버리면 잃는다求則得之(구즉득지)하고 舍則失之(사즉실지)라고 하는 것이다.

5.3. 사람이 이 사단四端을 가지고 있는 것은 사체四體, 즉 사지四肢를 가지고 있는 것과 같은데, 사단을 가지고 있으면서도 스스로 인의仁義를 행할 수 없다고 말하는 자는 자신을 해치는 자이고, 자기의 군주가 인의仁義를 행할 수 없다고 말하는 자는 군주를 해치는 자이다.

맹자왈 시인 기불인어함인재
6. 孟子曰, 矢人이 豈不仁於函人哉리오마는
시인 유공불상인 함인 유공상인
矢人은 惟恐不傷人하고 函人은 惟恐傷人하나니
무장 역연 고 술불가불신야
巫匠도 亦然하니 故로 術不可不愼也니라

화살 만드는 사람이 어찌 갑옷 만드는 사람보다 인하지 못하다고 하겠는가마는, 화살 만드는 사람은 오직 사람을 상하게 하지 못할까 걱정하고, 갑옷 만드는 사람은 사람이 혹시 상하지 않을까 걱정하니, 무당과 관을 만드는 목수도 그렇다. 그러므로 직업기술을 (택할 때) 신중히 하지 않을 수 없다.

【 字解 】

① 矢: 화살 시弓: 활 궁

② 豈: 어찌 기

③ 函: 갑옷 함

④ 哉: 어조사 재

⑤ 恐: 두려울 공

⑥ 傷: 다칠 상

⑦ 巫: 무당 무

⑧ 匠: 장인, 기술장 장

⑨ 術: 재주, 기예 술

⑩ 愼: 삼갈 신

【 저자의 멘트 】

- 이는 마치 우산 만드는 사람은 비는 안 오고 해가 비출까 걱정하고, 양산 만드는 사람은 해는 안 비추고 비가 올까 걱정하는 것과 같다.

인 천지존작야 인지안택야

6.1. 仁은 天之尊爵也며 人之安宅也라

仁인은, 하늘이 내려준 높은 벼슬이며
사람의 편안한 집이다.

【 字解 】

① 尊: 높을 존

② 爵: 벼슬 작

무례무의 인역야
6.2. 無禮無義면 人役也라

예가 없고 의가 없으면 남의 노예나 다름없다.

6.3. 인仁은 전체를 아우르니 인仁을 행하면 나머지 세 가지 의義 · 예禮 · 지智는 그 속에 있다.

인자 여사 사자
6.4. 仁者는 如射하니 射者는

정기이후 발 발이불중
正己而後에 發하야 發而不中이라도

불원승기자 반구저기이이의
不怨勝己者요 反求諸己而已矣니라

仁인은 활쏘기와 같으니, 활을 쏘는 자는 자신의 마음과 정신을 바르게 한 후에 쏘며, 쏜 것이 비록 과녁에 맞지 않더라도 자기를 이긴 자를 원망하지 않고 돌이켜 자신에게서 그 이유를 찾을 뿐이다.

【 字解 】

① 射: 쏠 사

② 發발: 발사

③ 怨: 원망할 원

④ 勝: 이길 승

⑤ 反: 돌이킬 반

⑥ 而已矣이이의: ~뿐이다.

【 문장의 의의 】

▶ 인을 행함은 남에게 달려있는 것이 아니라 바로 나 자신에게 있다.

이 위 이　아 위 아
爾爲爾, 我爲我
너는 너, 나는 나

【 字解 】

① 爾: 너 이

② 我: 나 아

★ 사람이 예의가 있으면 편안하고 안전하며, 예의가 없으면 위태롭다. 그러므로 예는 배우지 않으면 안 된다.

公孫丑(공손추) 下

맹자왈 천시 불여지리 지리 불여인화

1. 孟子曰, 天時 不如地利요 地利 不如人和니라

천시는 지리만 못하고 지리는 인화만 못하다

⇨ 천시〈지리〈인화

【 字解 】

① 天時천시: 하늘이 도와주는 시기

② 地利지리: 지형, 지세의 장점(험난함)

③ 人和인화: 인심이 서로 화합함

【 문장의 의의 】

▶ 3리의 성과 7리의 곽즉, 견고한 작은 성곽을 포위해서 공격해도 이기지 못하는 경우가 있는데 이 경우는 天時천시가 地利지리만 못한 것이다

※ 城郭성곽: 원래 성은 내성이고, 곽은 외성인데 성과 곽을 합쳐 성곽이라 한다.

▶ 성도 높고, 연못도 깊고, 무기도 예리하고 갑옷도 견고하며, 군수물자가 넉넉한데도 이것들을 버리고 떠나가는 것은 地利지리가 人和인화만 못한 것이다.

▶ 이 말은 결국 민심을 얻지 못하면 백성들이 군주를 지켜주지 않고, 화합하지 못하면 나라를 잃게 된다는 것을 말해주는 것이다.

2. 天下에 有達尊이 三이니 爵,齒,德이라.
(천하 유달존 삼 작 치 덕)

朝廷엔 莫如爵이요 鄕黨엔 莫如齒요
(조정 막여작 향당 막여치)

輔世長民엔 莫如德이니라
(보세장민 막여덕)

천하 사람들이 공통적으로 존경하는 것이 셋이 있는데, 爵작과 齒치와 德덕이다. 조정공무원, 직장 등에서는 지위계급이고, 시골에서는 나이이고, 세상을 돕고 백성을 자라게발전시키는 하는 데에는 덕만한 것이 없다.

【字解】

① 達달=通통할 통

② 爵: 벼슬 작

③ 齒: 이, 나이 치

2.1. 군주는 장차 크게 쓰고 훌륭한 일을 할 만한 신하는 함부로 부르지 않는다. 그러므로 의논할 일이 있으면 불러서 오게 하지 않고 찾아갔으니, 이는 덕을 높이고 도를 즐거워함이 이와 같지 않으면 함께 훌륭한 일을 할 수 없기 때문이다.

군자지사수취여 유당어리이이
3. 君子之辭受取予를 唯當於理而已라

군자는 사양하고,

받고 취하고 주는 것을 오직 도리에 마땅하게 할 뿐이다.

【 字解 】

① 辭: 사양할 사

② 受; 줄 수

③ 取: 취할 취

④ 予: 줄 여

⑤ 唯: 오직 유

【 문장의 의의 】

▶ 도리에 어긋나고 의에 어긋나는 것이면 그것이 많든 적든, 크건 작건 받지도 않고 취하지도 않고 주지도 않는다.

【 저자의 멘트 】

• 그런데 군자처럼 이러지 않아서 도리에 어긋난 행위들이 온통 사회에 만연하고, 또 이런 것을 지극히 당연한 것으로 여겨 거리낌이 없으며 강력한 처벌도 하지 않아 죄의식을 못 느껴 반복되는 것이다.

맹 자 왈　고 지 군 자　　과 즉 개 지
4. 孟子曰, 古之君子는 過則改之러니

금 지 군 자　　과 즉 순 지
今之君子는 過則順之로다.

고 지 군 자　　기 과 야　여 일 월 지 식
古之君子는 其過也 如日月之食이라

민 개 견 지　　　급 기 경 야　　　　민 개 앙 지
民皆見之하고 及其更也하야난 民皆仰之러니

금 지 군 자　　기 도 순 지
今之君子는 豈徒順之리오

옛날의 군자는 허물이 있으면 고쳤는데, 지금의 군자는 허물이 있어도 (고치지 않고) 그것을 따른다. 옛날의 군자는 그 허물이 마치 일식, 월식과 같아서 백성들이 모두 그것을 보고, 허물을 고치고 나면 백성들이 모두 우러러보았는데 지금의 군자는 다만 고치지 않고 따르기만 한다.

【 字解 】

① 更: 고칠 경

② 仰: 우러러볼 앙

③ 豈: 어찌 기

④ 徒: 다만 도

불 감 청 이　　　　고 소 원 야
5. 不敢請耳언정 固所願也니이다

감히 청하지는 못할지언정 진실로 바라던 바입니다.

【 字解 】

① 敢: 감히 감

② 請: 청할 청

③ 耳: 뿐 이'못할 뿐, 못하지만'으로 해석해도 된다

④ 固: 진실로, 참으로 고

6. 君子(군자)는 不怨天(불원천)하며 不尤人(불우인)이라 하시다

군자는 하늘을 원망하지 않으며 남을 탓하지 않는다.

【 字解 】

① 怨: 원망할 원

② 尤: 탓할, 원망할 우

★ 부모님의 자식 된 자로서의 예는, 겨울에는 따뜻하게, 여름에는 시원하게 해드리며, 저녁에는 잠자리를 정해드리고 아침에는 안부를 살피며 동료들과 싸우지 않는 것이다. 冬溫而夏凊, 昏定而晨省 동온이하청, 혼정이신성

滕文公(등문공) 上

춘추전국시대 등 나라의 임금이며 명군名君이었다. 태자로 있을 때 일찍이 송나라에서 맹자를 만났었는데, 맹자가 그에게 가르침을 베풀었다.

맹자 도성선 언필칭요순

1. 孟子 道性善하사대 言必稱堯舜이러시다

맹자는 성선을 말할 때마다 반드시 요순을 일컬었다.

【 字解 】

① 道: 말할 도

② 稱: 일컬을 칭칭찬하다

③ 堯舜요임금, 순임금: 중국 고대의 덕망이 높은 천자였다.

【 문장의 의의 】

▶ 희로애락이 아직 겉으로 드러나지 않을 때에는 선하지 않음이 없으나, 밖으로 드러나 절도에 맞으면 선하고, 절도에 맞지 않은 뒤에야 선하지 않음악을 알게 된다. 그러므로 무릇 선악을 말할 때마다 선을 먼저 하고 악을 뒤에 하며, 길흉을 말할 때에는 길을 먼저 하고 흉을 뒤에 하며, 시비를 말할 때는 시를 먼저 하고 비를 뒤에 하는 것이다.

▶ 맹자가 성선을 말한 것은 이 부분이 처음이다. 맹자 7편이 모두 이 이치가 아닌 것이 없는데, 이는 이전의 성인들이 미처 말을 못 했거나 생각하지 못한 것이었으니 맹자의 공이 참으로 지대하다.

2. 曾子曰, 生事之以禮하며 死葬之以禮하며
증자왈 생사지이례 사장지이례

祭之以禮면 可謂孝矣라
제지이례 가위효의

증자가 말하기를, (부모님께서)살아 계실 때나, 돌아가셨을 때나 제사지낼 때 모두 예를 다하면 효도한다고 할 수 있다.

【 문장의 의의 】

▶ 3년 상을 하는 이유는, 자식이 태어나서 3년이 지나야 비로소 부모의 품과 무릎을 벗어나기 때문이다. 喪禮상례에 부모가 돌아가신 후 3일이 지나서야 죽을 먹고, 장례를 지내고 나서야 거친 밥을 먹었으니 이는 예나 지금이나 귀하거나 천하거나 모두 통하는 예이다.

민 지 위 도　　유 항 산 자　　유 항 심
3. 民之爲道야 有恒産者는 有恒心이요

무 항 산 자　　무 항 심
無恒産者는 無恒心이니

구 무 항 심　　　방 벽 사 치　　무 불 위 이
苟無恒心이면 放辟邪侈를 無不爲已니

급 함 호 죄 연 후　　종 이 형 지　　시　　망 민 야
及陷乎罪然後에 從而刑之면 是는 罔民也라

백성들이 살아가는 방법은,
떳떳한 재산이 있는 자는 떳떳한 마음을 가지고,
떳떳한 재산이 없는 자는 떳떳한 마음이 없는 것이니,
만일 떳떳한 마음이 없으면 방자하면서 간사하고 사치함을 하지 않음이 없을 것이다. 이미 죄에 빠진 뒤에 벌을 주면 이는 백성을 그물질 하는 것이다.

【 字解 】

① 道: 방법 도
② 恒: 떳떳할 항=常
③ 産: 생산할, 재산 산생업
④ 恒心항심: 사람들이 늘 지니고 있어 변함이 없는 떳떳한 마음
⑤ 放: 방자할 방
⑥ 辟: 간사할 벽
⑦ 侈: 사치할 치
⑧ 陷: 빠질 함
⑨ 刑: 형벌 형
⑩ 罔: 그물질할 망

3.1. 是故로 賢君이 必恭儉하야 禮下하며 取於民이 有制니이다

시고 현군 필공검 / 예하 취어민 유제

이런 까닭에 어진 군주는 반드시 공손하고 검소하여 아랫사람을 예로써 대하며 백성들에게서 취함에 제한이 있는 것이다.

【 字解 】

① 恭: 공손할 공

② 儉: 검소할 검

③ 制: 절제할, 억제할 제

【 문장의 의의 】

▶ 공손하면 예로써 아랫사람을 대하고, 검소하면 백성들에게서 취함(재물이나 세금)을 제한한다.

3.2. 陽虎曰, 爲富면 不仁矣요 爲仁이면 不富矣라하니이다

양호왈 위부 불인의 / 위인 불부의

양호가 말하기를, 부자가 되려면 인하지 못하고 인을 하고자 하면 부자가 못 된다.

【 字解 】

① 陽: 볕 양

② 虎: 범 호

③ 陽虎양호는 양화로 노나라 계씨의 가신이다.

【 문장의 의의 】

▶ 맹자가 이 말을 인용한 것은 부자가 되는 것이 인에 해가 될까 두렵기 때문이다.

3.3 先公而後私(선공이후사) → 先公後私(선공후사)

유래는 井田法정전법인데 공적인 것을 먼저 하고 사적인 것은 뒤에 한다

【 문장의 의의 】

▶ 옛날 중국에서는 세금을 거둬들이기 위해 백성들에게 국가소유의 토지를 나누어 주었는데 토지를 우물정井자 형태의 구역으로 나누어 맨 가운데 "口"부분을 둘러싼 외곽의 8개 구역은 개인私田에게 주어 경작하여 각자 소득을 가져가게 하고, 가운데口公田 구획은 공동으로 경작하여 국가에 세금으로 납부토록 하였다. 이때 날이 가물다가 그 토지에 단비라도 내리면 사전보다 공전 경작하기를 먼저 하므로 선공후사란 말이 나오게 되었다.

4. 勞心者는 治人하고 勞力者는 治於人이라 하니
治於人者는 食人하고
治人者는 食於人이 天下之通義也니라

두뇌心,심로 일하는 자는 남을 다스리고,
힘육체으로 일하는 자는 남에게 다스려진다 하였으니,
남에게 다스려지는 자는 남을 먹여주고,
남을 다스리는 자는 남에게 얻어먹는 것이
천하의 공통된 도리이다.

【 字解 】

① 勞: 일할 노

② 人인: 남나 아닌 다른 사람

③ 治人치인: 남을 다스림

④ 治於人치어인: 남에게 다스려지는피동적

⑤ 通: 통할 통

【 문장의 의의 】

▶ 군자는 소인이 없으면 굶주리고, 소인은 군자가 없으면 혼란하다. 다스리는 자는 잘 다스리는 데에만 전념하고, 밭을 가는 자는 밭을 가는 데 전념하라는 것이다.

4.2. 사람에게는 도리라는 게 있는데, 배부르게 먹고 옷을 따뜻하게 입어 편하게 살더라도 가르치지 않으면 금수짐승에 가까워지므로 성인이 이를 염려하여 契설로 하여금 사도스승로 삼아 인륜을 가르치게 하였는데, 부자유친, 군신유의, 부부유별, 장유유서, 붕우유신이 그것이다.

※ 방향별 오랑캐 명칭오랑캐(兀良哈: 올량합)의 한자어

5. 상고시대에, 일찍이 그 아버지가 죽자 시신을 들어다가 구덩이에 버리고 흙으로 덮지도 않고 장사지내지 않은 자가 있었다. 훗날 그곳을 지나가면서 보니 여우와 살쾡이가 시체를 파먹으며 파리와 등에가 모여서 빨아 먹는 것을 보자 이마가 땀에 흥건히 젖어 차마 똑바로 쳐다보지 못하였다. 이에 그는 (양심의 가책을 느껴)집으로 돌아와 삼태기와 들 것을 가지고 가서 흙을 퍼다 날라 시신을 덮었으니, 이것이 매장하는 예가 일어난 동기가 된 것이다.

滕文公(등문공) 下

왕기자 미유능직인자야
1. 枉己者 未有能直人者也니라
자기지조를 굽히고서 남을 곧게 할 수 있는 자는 없다.

【 字解 】

① 枉: 굽을, 굽힐 왕

② 直: 곧을, 바를 직

【 문장의 의의 】

▶ 옛 사람들은 차라리 도가 행해지지 못할지언정 거취를 가벼이 하지 않았다.

장 부 지 관 야 　 부 명 지
2. 丈夫之冠也에 父命之하고

여 자 지 가 야 　 모 명 지 　 　 왕 　 송 지 문
女子之嫁也에 母命之하나니 往에 送之門할새

계 지 왈 　 왕 지 여 가 　 　 필 경 필 계
戒之曰 往之女家하여 必敬必戒하여

무 위 부 자 　 　 이 순 위 정 자 　 첩 부 지 도 야
無違夫子라하나니 以順爲正者는 妾婦之道也니라

남자가 관례를 할 때는 아버지가 명훈계하고, 여자가 시집 갈 때는 어머니가 명하니, 시집가면서 문에서 전송할 때 경계하기를 네 집남편 집에 가거든 반드시 공경하고 경계하여 남편을 어기지 말라고 하니 순종을 정도로 삼는 것이 부인의 도이다.

【 字解 】

① 冠: 갓 관관례, 머리에 관을 쓰는 것

② 命: 분부, 명령할 명

③ 嫁: 시집갈 가

④ 往: 갈 왕

⑤ 戒: 경계할 계조심하고 주의하다

⑥ 違: 어길 위

증 자 왈 　 협 견 첨 소 　 　 병 우 하 휴
3. 曾子曰, 脅肩諂笑이 病于夏畦라

증자가 말하기를, "어깨를 움츠리고 아첨하며 웃는 것이 여름에 밭에서 일하는 것보다 괴롭다."

【字解】

① 脅: 움츠릴 협

② 肩: 어깨 견

③ 諂: 아첨할 첨

④ 笑: 웃을 소

⑤ 病: 괴로울 병

⑥ 于: ~에서 우 장소를 말함

⑦ 畦: 밭두둑 휴

4. 대영지가 말하기를, "세금을 10분의 1로 거두는 것과, 장사꾼에게 부과하는 세금을, 올해는 어려우니 내년부터 그만두는 것이 어떻습니까?" 하자, 맹자가 말하기를, "그러면 그것은 비유하자면 지금 어떤 사람이 날마다 이웃집 닭을 훔치자, 또 다른 자가 그에게 이런 행위는 군자로서 행할 도리가 아니라고 하자, 닭을 훔친 사람이 대답하기를, 그럼 그 수를 줄여 달마다 닭 한 마리만 훔치다가 내년부터 그만두겠다고 하는 것과 같은 것이니, 만일 이러한 행위가 義의가 아닌 것을 알면 당장 그만둘 일이다." 하였다.

4.1. 楊朱양주와 墨翟묵적 ⇨ 양묵

양주는 오직 자기 자신만을 위하니爲我, 위아 이는 군주가 없는 것이나 다름없고, 묵적은 자신의 부모나 남의 부모나 똑같이 사랑兼愛, 겸애하니, 아버지가 없고 군주가 없는 것이니 짐승이나 다를 바 없다.

【 문장의 의의 】

▶ 양주는 오직 자기만 아낄 줄 알고 남을 배려하는 의리가 없었다. 그러므로 군주가 없다고 하는 것이고, 묵적은 자기를 낳아 길러준 어버이를 사랑함에 일반 사람과 차등이 없이 똑같이 대하였다. 그러므로 아버지가 없다고 한 것이다.

▶ 양주의 위아는 仁인을 해치고 묵적의 겸애는 義의를 해친다.

4.2. 양묵의 도가 종식되지 않으면 공자의 도가 드러나지 않을 것이다. 이는 사악한 학설로 백성을 혹세무민하여 인의를 꽉 막는 것이니, 인의가 꽉 막히면 짐승을 몰아 사람을 잡아먹게 하다가 결국 사람들이 서로 잡아먹게 될 것이다.

4.3. 우왕이 홍수를 다스리니 천하가 다스려졌고, 주공이 오

랑캐를 물리치고 맹수를 쫓아내자 백성이 편안해졌고, 공자가 춘추를 완성하자 난신적자들이 두려워하였는데, 나는맹자 부정한 학설을 주장하여 백성들을 혹세무민하는 양주묵적과 같은 자들을 시비를 분별하여 이들을 추방함으로써 더 이상 부정한 학설을 주장하는 자가 나오지 못하게 함은 물론 성인들의 도를 보호 계승하고자 하였다.

【 字解 】

① 三聖삼성, 세 사람의 성인: 우왕, 주공, 공자를 말한다.

【 문장의 의의 】

▶ 맹자가 비록 그 당시에 뜻정치을 얻지는 못하였지만 양주묵적의 폐해가 이로부터 소멸되어 군신과 부자의 도가 실추되지 않았다.

5. 하늘이 만물을 소생시키고 땅이 길러주기는 하지만 그래도 오직 사람이 위대하니, 사람이 위대하다고 하는 까닭은 바로 인륜이 있기 때문이다.

★ 부귀하면서도 예를 좋아할 줄 알면 교만하거나 음탕하지 않을 것이고, 빈천하면서 예를 좋아할 줄 알면 겁먹을 것이 없다.

離婁(이루) 上

'이루'는 중국 고대 때 살았던 사람으로, 눈이 아주 밝아서 백 보 밖에서 도 능히 털끝을 살필 수 있다고 전해지는 전설상의 인물이다.

1. 맹자가 말하기를,
   ① 이루의 밝은 눈과 공수자 같은 솜씨 좋은 장인도 규구規矩를 쓰지 않으면 사각형과 원형을 만들지 못하고,
   ② 밝은 귀를 가진 사광師曠도 육률六律을 쓰지 않으면 오음五音을 바로잡을 수 없고,
   ③ 요순의 도道로도 인정仁政을 쓰지 않으면 천하를 평정하여 다스릴 수 없다.

【 字解 】

① 規矩규구 規: 동그라미 규원형을 만드는 도구

② 矩: 네모, 사각형 구사각형을 만드는 도구, 규구는 마치 나침반과 같은 것이다.

③ 六律육률: 대나무를 잘라 대통을 만들어 오음의 높낮이를 조절하는 것

④ 五音오음: 궁상각치우의 중국 음계로 가야금이나 거문고 연주 시 사용된다.

⑤ 공수자 : 노나라의 사람으로 무엇이든지 잘 만드는 솜씨가 있었다고 한다.

⑥ 사광 : 진나라의 악사로 음률을 잘 알았다.

【 문장의 의의 】

▶ 천하를 올바르게 다스리기 위해서는 仁政인정이라는 도구법도가 있어야 함을 말한 것이다.

1.1. 徒善도선이 不足以爲政부족이위정이요
徒法도법이 不能以自行불능이자행이라하니라

한갓 선심만으로 정치할 수 없고,
한갓 법만으로 스스로 행동을 통제할 수는 없다.

【 字解 】

① 徒: 한갓, 다만, 단지 도

② 徒善도선: 선심만 있고 선정은 없는 것

③ 徒法도법: 선정만 있고 선심은 없는 것

【 저자의 멘트 】

• 선거와 정권 연장만을 위한 인기 영합적 선심정책은 국민의 세금과 예산만 낭비하여 오래도록 국민에게 고통만을 안겨줄 뿐만 아니라 국민을 게으르게 하고 도탄에 빠지게 하는 범죄이며, 그 효과도 오래가지 못한다. 지금 당장의 행복보다는 오래 지속되는 행복과 미래를 위해서는 극히 삼가야 한다. 또한, 법만으로 사회질서를 바로잡고 국민들을 교화시키는 데는 한계가 있으니 인정을 동시에 베풀어야 한다.

1.2. 惟仁者아 宜在高位니 不仁而在高位면 是는 播其惡於衆也니라

오직 인한 자만이 마땅히 높은 자리에 있어야 하며, 不仁불인하고도 높은 자리에 있는 것은 그 악화을 여러 사람들에게 퍼뜨리는 것이다.

【 字解 】

① 惟: 오직 유

② 宜: 마땅할 의

③ 播: 퍼뜨릴, 뿌릴 파

④ 於어: ~에게

⑤ 衆: 무리 중여러 사람

1.3. ①上無道揆也하며 ②下無法守也하야 ③朝不信道하며 ④工不信度하야 ⑤君子犯義요 ⑥小人이 犯刑이면 國之所存者幸也니라

① 위에서는 의리道도를 헤아림이 없으며,

② 아래서는 법을 지키지 않고

③ 조정에서는 道도를 믿지 않으며

④ 관원공무원은 법을 믿지 않으며

⑤ 군자는 義의를 어기고

⑥ 소인들이 법을 어기는데도 나라가 보존되는 것은 요행이다.

【 字解 】

① 揆: 헤아릴 규

② 工: 벼슬아치, 관리 공

③ 度=법

④ 犯: 거스를, 어길, 무시할 범

【 문장의 의의 】

▶ 군자와 소인은 지위를 가지고 말한 것이다.

▶ 이 여섯 가지는 나라를 망하게 하는 주요 요인으로 이러고도 망하지 않으면 요행일 뿐이다.

성 곽 불 완　　병 갑 불 다 비 국 지 재 야
1.4. 城郭不完하며 兵甲不多 非國之災也며

전 야 불 벽　　화 재 불 취 비 국 지 해 야
田野不辟하며 貨財不聚非國之害也라

상 무 례　　하 무 학　　천 민　흥
上無禮하며 下無學이면 賤民이 興하야

상 무 일 의
喪無日矣라하니라

城郭성곽이 완벽히 정비되지 않고 병사와 무기가 많지 않은 것은 나라의 재앙이 아니며, 논밭과 들이 개간되지 못하고, 재화를 모으지 못한 것도 나라의 해가 아니다. 윗사람이 예의가 없고 아랫사람이 배우지 못하면 천민들이 일어나서 얼마 지나지 않아서 망한다.

【 字解 】

① 城: 성 성

② 郭: 둘레 곽

③ 災: 재앙 재

④ 辟: 개간할, 다스릴 벽

⑤ 興: 일어날 흥

⑥ 喪: 망할, 잃을 상

⑦ 無日무일: 날시간이 없음, 곧 촉박함, 가까운 시일 내에

맹자

2. 孟子曰, 規矩는 方員之至也요 聖人은 人倫之至也니라

맹자왈 규구 방원지지야 성인 인륜지지야

규구는 방형과 원형의 최고요, 성인은 인륜의 최고이다.

【字解】

① 規矩규구: 목수가 사용하는 컴퍼스, 자 등의 도구

② 方: 모, 네모 방사각형

③ 員: 둥글, 동그라미 원=圓(원)

④ 聖: 성인 성

⑤ 倫: 인륜, 윤리, 도리 륜

2.1. 欲爲君인댄 盡君道요 欲爲臣인댄 盡臣道니 二者를 皆法堯舜而已矣라

욕위군 진군도 욕위신 진신도 이자 개법요순이이의

군주가 되려면 군주의 도리를 다해야 하고,
신하가 되려면 신하의 도리를 다해야 하는데
이 두 가지를 모두 본받은 분은 요순뿐이다.

【字解】

① 盡: 다할 진

② 皆: 모두 개

③ 法: 본받을 법

④ 而已矣이이의: ~뿐이다

【 문장의 의의 】

▶ 요순을 본받아 군신의 도리를 다하는 것은 규구를 써서 方圓방원의 지극함을 다하는 것과 같으니 이는 맹자가 성선을 말하면서 요순을 일컫는 이유이다.

공 자 왈 도 이 인 여 불 인 이 이 의

2.2. 孔子曰, 道二니 仁與不仁而已矣라 하시니라

길은 둘이니 仁인과 不仁불인뿐이다.

【 字解 】

① 與여: ~와, 과, 및

【 문장의 의의 】

▶ 요순을 본받으면 군신의 도리를 다하여 인하고, 요순을 본받지 않으면 군주에게 거만하고 백성을 해쳐 불인하니, 이 두 가지 말고 다른 길은 없다. 그러므로 이쪽 아니면 저쪽이니 삼가야 한다.

폭 기 민 심 즉 신 시 국 망

2.3. 暴其民이 甚則身弑國亡하고

불 심 즉 신 위 국 삭 명 지 왈

不甚則身危國削하나니 名之曰,

유려 수효자자손 백세 불능개야
幽厲면 雖孝子慈孫이라도 百世에 不能改也니라

백성국민에게 포학하게 함이 심하면 몸이 시해를 당하고 나라가 망하며, 심하지 않더라도 몸이 위태롭고 나라가 줄어든다. (따라서) 시호에 幽,厲유,려라는 글자가 들어가면 (후대에 아무리) 효자와 자손이 있더라도 백세토록 고치지 못한다.

【 字解 】

① 暴: 난폭하게 할, 모질 포
② 甚: 심할 심
③ 弑: 죽일 시
④ 危: 위태로울 위
⑤ 削: 약해질, 작아질 삭
⑥ 雖: 비록 수
⑦ 慈: 인자할 자
⑧ 幽: 어두울 유 꽉 막혀 통하지 않는 것
⑨ 厲: 사나울 려 죽이는 데 막힘이 없음. 그러므로 유려는 아주 나쁜 시호이다.

【 문장의 의의 】

▶ 불인의 禍화가 반드시 이것에까지 미치니 크게 두려워해야 함을 말한 것이다.

3. 天子不仁이면 不保四海하고
諸侯不仁이면 不保社稷하고
卿大夫不仁이면 不保宗廟하고
士庶人이 不仁이면 不保四體니라

천자가 인하지 않으면 四海사해, 천하를 보전하지 못하고, 제후가 인하지 못하면 사직을 보전하지 못하고, 경대부고위직 공무원가 인하지 못하면 종묘를 보전하지 못하고, 사서인평민이 인하지 못하면 사체몸를 보전하지 못한다.

【 字解 】

① 保: 지킬, 보전할 보

② 社稷사직: 토지신과 곡식신으로 국가를 말함

③ 卿: 벼슬 경지금의 장관급

④ 宗廟종묘: 역대 임금과 왕비의 위패를 모신 왕실의 사당

⑤ 士庶人: 일반백성, 평민, 국민

【 문장의 의의 】

▶ 불인하면 반드시 죽고 망한다는 것을 말한 것이다.

4. 孟子曰, ①愛人不親이어든 反其仁하고

치인불치 반기지
②治人不治어든 反其智하고

예인부답 반기경
③禮人不答이어든 反其敬이니라

① 사랑하기는 하지만 친해지지 않으면,
자신의 인이 부족해서 그런 것은 아닌지 돌이켜보고,
② 다스리고자 해도 다스려지지 않으면,
그 지혜를 돌이켜보고,
③ 예로써 대하는데도 반응이 없거든,
공경함을 돌이켜 보아야 한다.

【 字解 】

① 反: 돌이킬, 돌아볼 반

【 문장의 의의 】

▶ 내가 남을 사랑하더라도 남이 나를 친하게 해주지 않으면 자신에게 돌이켜 찾아야 하니, 이것은 나의 인이 지극하지 못해서일까인데 智지와 敬경도 이와 같다.

맹자왈 천하지본 재국
5. 孟子曰, 天下之本은 在國하고

국지본 재가 가지본 재신
國之本은 在家하고 家之本은 在身하니라

천하의 근본은 나라에 있고, 나라의 근본은 집에 있고,
집의 근본은 몸에 있다.

【 문장의 의의 】

▶ 『대학』에서 말한 "천자로부터 서인에 이르기까지 하나같이 모두 수신을 근본으로 삼는다."고 한 것은 이 때문이다. 『대학』 맨 앞부분 "經경" 부분에 이 내용이 있다.

6. 군자는 인심이 복종하지 않음을 걱정하지 않고,
자신의 몸이 닦여지지 않음을 걱정한다.
자신의 몸이 닦여지면 인심이 자연히 복종하여
한 사람도 복종하지 않는 자가 없을 것이다.

7. 孟子曰(맹자왈), 天下有道(천하유도)엔 小德(소덕)이 役大德(역대덕)하며
小賢(소현)이 役大賢(역대현)하고,
天下無道(천하무도)엔 小役大(소역대)하며 弱役强(약역강)하나니
斯二者(사이자)는 天(천)也(야)니 順天者(순천자)는 存(존)하고
逆天者(역천자)는 亡(망)하나니라

천하에 도가 행해질 때에는 소덕이 대덕에게,
소현이 대현에게 부림을 당하며,
천하에 도가 행해지지 않을 때에는 작은 것이 큰 것에게,
약한 것이 강한 것에게 부림을 당한다.

이 두 가지는 하늘의 이치이니 하늘의 뜻에 따르는 자는 보전되고 하늘을 거스르는 자는 망한다.

맹자

【 字解 】

① 小德소덕: 힘으로 남을 제압하는 사람

② 大德대덕: 학문이나 지혜로 남을 다스리는 사람

③ 役: 일을 시킬, 부릴 역~에게 부림을 당하다는 뜻이 내포되어 있다

④ 大賢대현: 아주 뛰어난 현인

⑤ 斯: 이이것 사

⑥ 逆: 거스를 거역할 역

【 문장의 의의 】

▶ 도가 행해지는 세상에서는 사람들이 모두 덕을 닦아 지위가 그 덕의 크고 작음에 따라 부려지고, 천하에 도가 행해지지 않을 때에는 사람들이 덕을 닦지 않고 힘으로 서로 부릴 뿐이다.

7.1. 孔子曰공자왈, 國君국군이 好人호인이면 天下無敵천하무적이라

군주임금, 왕가 인을 좋아하면 천하에 대적할 자가 없다

【 字解 】

① 敵: 대적할 적

【 문장의 의의 】

▶ 仁者인자가 있으면 비록 십만의 무리가 있더라도 당해내지 못하므로

군주가 인을 좋아하면 반드시 천하에 대적할 자가 없는 것이다.

⇒ 仁者無敵인자무적과 통한다.

8. 夫人必自侮然後에 人侮之하며 家必自毁而後에 人毁之하며 國必自伐而後에 人伐之하나니라

(부인필자모연후 인모자 가필자훼이후 인훼지 국필자벌이후 인벌지)

무릇 사람이 자기 스스로를 업신여기면 남이 그를 업신여기며, 자기 집안을 스스로 헐뜯으면 남이 그 집을 헐뜯으며, 나라가 스스로 공격하면 다른 나라가 그 나라를 공격한다.

【 字解 】

① 夫: 대저대체로 부발어사

② 侮: 업신여길 모

③ 毁: 헐, 훼손할, 헐뜯을 훼

④ 伐: 칠, 벨 벌

【 문장의 의의 】

▶ 自侮자모, 스스로 업신여김, 自毁자훼, 스스로 헐뜯음, 自伐자벌, 스스로 공격함, 비평함도 같은 뜻이다.

9. 孟子曰, ① 得天下有道하니 得其民이면

(맹자왈 득천하유도 득기민)

사득천하의
斯得天下矣리라

득기민 유도 득기심 사득민의
② 得其民이 有道하니 得其心이면 斯得民矣리라

득기심 유도 소욕 여지취지
③ 得其心이 有道하니 所欲을 與之聚之요

소오 물시이야
所惡를 勿施爾也니라

① 천하를 얻는 데 방법이 있으니 백성을 얻는 것이요,

② 백성을 얻는 데 방법이 있으니 백성의 마음을 얻는 것이다.

③ 백성의 마음을 얻는 데 방법이 있으니 백성이 원하는 것을 모아 주고 백성이 싫어하는 것을 하지 않는 것이다.

【 字解 】

① 道: 길, 방법 도

② 得: 얻을, 손에 넣을 득

③ 聚: 모을 취, 함께할 취

④ 勿: 말 물금지

⑤ 施: 베풀, 영향 미칠 시

⑥ 爾: 뿐, 그러할 이

【 문장의 의의 】

▶ 백성이 원하는 것을 모두 지극히 하기를 재물을 모으듯이(취렴) 하고 백성이 싫어하는 것은 억지로 시키지 말아야 한다.

• 己所不欲 勿施於人기소불욕 물시어인과 같은 뜻이다.
내가 하기 싫은 것은 남에게도 시키지 말라.

민지귀인야 유수지취하
9.1. 民之歸仁也 猶水之就下며

수지주광야
獸之走壙也니라

백성이 仁인으로 돌아오는 것은, 마치 물이 아래로 내려가며, 짐승이 넓은 들판으로 달려 나가는 것과 같다.

【 字解 】

① 歸: 돌아갈, 돌아올 귀

② 猶: 같을 유

③ 就: 나아갈 취

④ 獸: 짐승 수

⑤ 壙: 들판 광廣野, 넓은 들

【 문장의 의의 】

▶ 백성이 인이 있는 곳으로 돌아오는 것은 그들이 원하는 것이 그곳에 있기 때문이다.

구부지어인 종신우욕 이함어사망
9.2. 苟不志於仁이면 終身憂辱하야 以陷於死亡하리라

진실로 인에 뜻을 두지 않으면,
종신토록 근심하고 치욕을 당하여 죽음에 이를 것이다.

【 字解 】

① 苟: 진실로 구

② 憂: 근심할 우

③ 辱: 욕보일, 욕될 욕

④ 陷: 빠질 함

맹자

10. 자기 스스로를 해치는 자自暴者,자포자와는 함께 말할 수 없고, 스스로 버리는 자自棄者,자기자와는 함께할 수 없으니, 말할 때 예의를 비방하는 것을 자포自暴라 하고, 자신은 인에 거처하면서 의를 따를 수 없다고 체념하는 것을 자기自棄라 한다. ⇨ 自暴自棄자포자기

【字解】

① 暴: 해칠 포

② 棄: 버릴, 그만둘 기

③ 由: 좇을, 따를 유

10.1. 仁(인)은 人之安宅也(인지안택야)요,
義(의)는 人之正路也(인지정로야)라

인은 사람이 사는 편안한 집이요,
의는 사람이 가야 할 바른 길이다.

【 문장의 의의 】

▶ 義의는 마땅함宜,의이니 바로 天理천리, 하늘의 도리로서 마땅히 행해야 하는 것이어서 도리에 맞지 않음이 없다. 그러므로 正路정로,=正道(정도)라 한 것이다.

광 안 택 이 불 거
10.2. 曠安宅而弗居하며
사 정 로 이 불 유　　　애 재
舍正路而不由하나니 哀哉라

편안한 집을 비워두고 살지 않으며,
바른 길을 버려두고 가지 않으니 (참으로) 안타깝다.

【 字解 】

① 曠: 빌, 비워둘, 밝을 광

② 舍: 버릴, 내버려둘 사

③ 哀: 슬플, 애처로울 애

맹 자 왈　도 재 이 이 구 저 원
11. 孟子曰, 道在爾而求諸遠하며
사 재 이 이 구 저 난
事在易而求諸難하나니
인 인　친 기 친　장 기 장　이 천 하 평
人人이 親其親하며 長其長이면 而天下平하리라

도는 가까운 곳에 있는데 굳이 먼 데서 구하며, 쉽게 할 수 있는 일은 굳이 어렵게 한다. 사람마다 어버이와 친히 하고 어른을 어른으로 섬기면 천하가 평정되어 다스려질 것이다.

【 字解 】

① 爾: 가까울 이=邇,가까울 이

② 遠: 멀 원

③ 易: 쉬울 이

④ 難: 어려울 난

⑤ 親其親친기친: 앞의 친은 친할 친이고 뒤의 친은 어버이 친이다.

⑥ 長其長장기장: 앞의 장은 어른으로 여겨 섬기는 것이고 뒤의 장은 어른이다

⑦ 平평: 평정하여 다스린다다스려진다는 뜻이다.

【 문장의 의의 】

▶ 親친, 어버이과 長장, 어른은 사람에게 아주 가까운 사이이고, 친히 하고 어른으로 여겨 섬기는 것은 사람에게 아주 쉬운 일로, 도리를 지키는 것은 여기에서 크게 벗어나지 않는다.

▶ 그런데도 가까이 있고 쉬운 것을 놔두고 다른 데서 구하면 멀고 어려워서 모두 잃게 되니 사람마다 그 어버이를 친히 하고 어른을 어른으로 섬기면 천하가 저절로 평정되어 다스려질 것이다.

맹 자 왈
12. 孟子曰,

거 하 위 이 불 획 어 상　　민 불 가 득 이 치 야
①居下位而不獲於上이면 民不可得而治也리라

획 어 상　유 도　불 신 어 우　불 획 어 상 의
②獲於上이 有道하니 不信於友면 弗獲於上矣리라

신 어 우　유 도　사 친 불 열　불 신 어 우 의
③信於友 有道하니 事親弗悅이면 弗信於友矣리라

열 친　유 도　반 신 불 성　불 열 어 친 의
④悅親이 有道하니 反身不誠이면 不悅於親矣리라

성 신　유 도　불 명 호 선　불 성 기 신 의
⑤誠身이 有道하니 不明乎善이면 不誠其身矣리라

① 낮은 지위에 있으면서 윗사람의 신임을 얻지 못하면 백성을 다스리지 못할 것이다.

② 윗사람의 신임을 얻는 데 방법이 있으니, 친구의 믿음을 얻지 못하면 윗사람의 신임을 얻지 못할 것이다.

③ 친구로부터 믿음을 얻는 데 방법이 있으니, 어버이 섬길 때 기뻐하지 않으면 친구로부터 믿음을 얻지 못할 것이다.

④ 어버이를 기쁘게 하는데 방법이 있으니, 자기 몸을 돌이켜 보아 성실하지 못하면 어버이가 기뻐하지 않을 것이다.

⑤ 몸을 성실히 하는 것에 방법이 있으니, 善선에 밝지 못하면 그 몸을 성실히 하지 못할 것이다.

【字解】

① 獲: 얻을 획 신임을 얻다

② 獲於上획어상: 윗사람의 신임을 얻는 것

③ 弗: 아니 불

④ 悅: 기쁠 열

⑤ 誠성: 성실

【 문장의 의의 】

▶ 학문을 통해서 몸을 성실히 하는 경지에 이르면 어디를 가도 그 지극함을 다할 것이다. 이렇게 하면, 안으로는 어버이에게 순종하고, 밖으로는 친구에게 믿음을 주고, 위로는 군주로부터 신임을 얻고, 아래로는 백성들로부터 민심을 얻을 수 있을 것이다.

지성이부동자 미지유야
12.1. 至誠而不動者 未之有也니
불성 미유능동자야
不誠이면 未有能動者也니라

지극히 성실하면 감동하지 않을 자가 없으니,
성실하지 않으면 감동시킬 수 없다.

【 字解 】

① 至: 지극할 도이를지

【 문장의 의의 】

▶ 動동은 효험이 나타나는 것으로, 앞에서 말한 獲於上획어상, 信於友신어우, 悅於親열어친 등을 말한다.

▶ 思誠사성: 항상 정성스러울 것만 생각함. 이것은 중용에 있는 공자의 말을 기술한 것으로, 자사는 증자로부터 들었고 맹자는 자사로부터 전수받은 것이며, 思誠사성이 수신의 근본이 됨을 말한 것이다.

맹 자 왈　존 호 인 자　막 양 어 모 자
13. 孟子曰, 存乎人者 莫良於眸子하니

모 자 불 능 엄 기 악　　　흉 중　　정 즉 모 자 료 언
眸子不能掩其惡하나니 胸中이 正則眸子瞭焉하고

흉 중　　불 정 즉 모 자 모 언
胸中이 不正則眸子眊焉이니라

사람에게 있는 것 중에 눈동자보다 더 좋은 것은 없으니,
눈동자는 (사람의 내면에 있는)그의 악을 가리지 못한다.
마음이 바르면 눈동자가 밝고,
마음이 바르지 못하면 눈동자가 흐리다.

【 字解 】

① 莫: 없을 막
② 良: 좋을 량
③ 於: ~보다비교
④ 眸:눈동자 모
⑤ 眸子모자: 눈동자
⑥ 掩: 가릴 엄
⑦ 惡: 악 악
⑧ 胸: 가슴, 마음 흉
⑨ 瞭: 밝을 료
⑩ 眊: 눈 흐릴 모

【 문장의 의의 】

▶ 사람이 사물과 만날 때 그 神신이 눈에 있다. 때문에 마음이 바르면 신이 깨끗하여 밝고, 바르지 못하면 신이 흩어져서 흐리다.

14. 孟子曰, 恭者는 不侮人하고 儉者는 不奪人하나니 侮奪人之君은 惟恐不順焉이어니 惡得爲恭儉이리오 恭儉은 豈可以聲音笑貌爲哉리오

(맹자왈 공자 불모인 검자 불탈인 모탈인지군 유공불순언 오득위공검 공검 기가이성음소모위재)

공손한 자는 남을 업신여기지 않고, 검소한 자는 남의 것을 빼앗지 않으니, 남을 업신여기고 남의 것을 빼앗는 군주는 오직 사람들이 순종하지 않을까 두려워하니 어찌 공손하고 검소하겠는가? 공손함과 검소함을 어찌 목소리와 웃는 모양으로써 (대신)할 수 있겠는가?

【 字解 】

① 恭: 공손할 공

② 侮: 업신여길 모

③ 人: 남 인

④ 儉: 검소할 검

⑤ 奪: 빼앗을 탈

⑥ 惟: 오직 유

⑦ 恐: 두려울 공

⑧ 惡: 어찌 오

⑨ 豈: 어찌 기

⑩ 聲: 소리, 음성 성

⑪ 笑: 웃을 소

⑫ 貌: 모양 모

맹자

【 문장의 의의 】

▶ 惟恐不順유공불순은 사람들이 자신에게 순종하지 않을까 두려워함을 말하고, 聲音笑貌성음소모는 외면을 거짓으로 꾸미는 것이다.

15. 순우곤 : 남녀 간에 직접 주고받지 않는 것이 예입니까?
맹 자 : 예이다.
순우곤 : 제수씨가 우물에 빠지면 손을 잡아 구조해야 합니까?
맹 자 : 제수씨가 물에 빠졌는데도 구조하지 않으면 이는 승냥이이니 남녀 간에 직접 주고받지 않는 것은 예이고, 제수씨가 물에 빠졌으면 손으로 구조하는 것이 당연한 도리요 권도權道이다.

【 字解 】

① 승냥이: 늑대와 여우를 합쳐놓은 것과 비슷한 동물로 멸종위기동물이다.

② 權: 저울, 저울추 권양팔저울을 떠올리면 이해하기 쉽다

③ 權道권도: 그때그때의 상황에 따라 일을 처리하는 방식

15.1. 순우곤: 지금 천하가 도탄에 빠져있는데 스승맹자께서는 어찌하여 구원하지 않으십니까?

맹 자: 천하가 도탄에 빠지면 도道로써 구원하면 되고, 제수가 물에 빠지면 손으로 구원하면 되는 것이니, 자네는 손으로 천하를 구원하고자 하는가?

【 문장의 의의 】

▶ 이 장은 자신을 곧게 하고 도를 지키는 것이 세상을 구원하는 것이니, 도를 굽혀서 남을 따르는 것은 자신의 지조를 잃는 것이라고 한 것이다.

16. 공손추: 군자는 왜 자기 자식을 직접 가르치지 않는 것입니까?

맹 자: 올바른 기운이 전달되지 않기 때문이다. 가르치는 자는 반드시 올바름으로 가르치고자 하는데, 가르쳐도 행해지지 않으면 노여움이 뒤따르고, 노여움이 뒤따르면 도리어 (자식의 마음을)상하게 한다. (자식이 생각하기를)아버지께서는 나를 바름으로써 가르치신다고는 하지만 아버지도 (행실이)바름에서 나오지 못하신다고 하면, 이는 부자간에 의를 상하게 하는 것이니 부자간에 서로 의를 상함은 나쁜 것이다.

⇒ 易子而敎之역자이교지 : 자식은 바꾸어 가르친다.

【 字解 】

① 易: 바꿀 역

【 문장의 의의 】

▶ 자식을 바꾸어 가르치는 이유는, 부자간의 은혜를 온전히 하고 또 한 가르침을 잃지 않게 하는 것이다.

16.1. 父子之間은 不責善이니 責善則離하나니 離則不祥이 莫大焉이니라

(부자지간 불책선 책선즉리 리즉불상 막대언)

부자간에는 선할 것을 요구하지 않으니,
선을 요구하면 갈라지게 된다. 갈라지게 되면
상서롭지 못함이 이보다 더 큰 것은 없다.

【 字解 】

① 責: 책망할, 요구할, 권할 책

② 責善책선: 일을 옳게 하도록 서로 권함

③ 離: 떠날 리

④ 祥:상서로울 상경사롭고 길하다

⑤ 莫: 없을 막

⑥ 莫大막대: 더 큰 것이 없다.

【 문장의 의의 】

▶ 責善책선은 친구사이에나 하는 것이며, 부자간에는 불의를 당하거나 잘못을 하면 경계할 뿐이다.

17. 孟子曰(맹자왈), 事(사)는 事親(사친)이 爲大(위대)하고
守(수)는 守身(수신)이 爲大(위대)하니라
不失其身而能事其親者(불실기신이능사기친자)를 吾聞之矣(오문지의)요
失其身而能事其親者(실기신이능사기친자)를 吾未之聞也(오미지문야)로라

섬기는 것은 어버이를 섬기는 것이 가장 중요하고,
지키는 것은 몸을 지키는 것이 가장 중요하다.
그 몸을 잃지 않고서 그 어버이를 잘 섬기는 자는
내가 들었으나, 그 몸을 잃고서 그 어버이를 잘 섬기는
자가 있다는 말은 듣지 못하였다.

【 字解 】

① 事: 섬길 사
② 守: 지킬 수
③ 而: 말 이을 이, 그리고and
④ 吾: 나 오

【 문장의 의의 】

▶ 수신은 그 몸을 잘 지켜 불의에 빠지지 않게 하는 것이다. 한번 그 몸을 잃으면 몸을 훼손하고 어버이를 욕되게 하니, 비록 하루에 三牲삼생, 세 종류 의 짐승 제물, 소, 양, 돼지의 고기를 바쳐 봉양하더라도 효라 하기에는 부족하다.

숙불위사 사친 사지본
17.1. 孰不爲事리오마는 事親이 事之本야요
숙불위수 수신 수지본야
孰不爲守리오마는 守身이 守之本也니라

누구인들 섬기지 않겠는가마는 어버이를 섬기는 것이 섬기는 것의 근본이요, 어느 것을 지키지 않겠는가마는 몸을 지키는 것이 지키는 것의 근본이다.

【 字解 】

① 孰: 누구, 어느 숙

② 事: 섬길 사

③ 本: 근본, 바탕, 主주가 되는 것

【 문장의 의의 】

▶ 어버이 섬기기를 효로써 하면 충성을 군주에게 미칠 수 있고, 순종함을 어른상사에게 미칠 수 있으며, 몸을 바르게 하면 집안이 가지런해지고 나라가 다스려져 천하가 평안해질 것이다.

17.2. 〈효에 대한 증석, 증자, 증원의 일화〉

증자가 아버지 증석을 봉양할 때엔 밥상에는 항상 술과 고기가 있었는데, 식사를 마치고 상을 치울 때쯤 증자에게 남은 것이 있는지 물어보면 증자는 아버지가 남에게 주고자 하는 뜻을 헤아려서 있다고 했다. 그러나 증자의 아들인 증원이 아버지인 증자를 봉양할 때에는 남에게 주려고 하는 아버지의 마음보다는 남은 것을 다시 다음 번 밥상에 다시 올리고자 해서 없다고 하였다.
어버이를 섬기는 것은 모름지기 증자같이 하여야 하고, 효도는 입과 몸을 봉양하는 것보다는 부모의 뜻을 잘 받드는 것이 더 중요하다는 것을 말한 것이다.
※ 증석: 증자의 아버지

18. 孟子(맹자)曰(왈), ①君仁(군인)이면 莫不仁(막불인)이요
②君義(군의)면 莫不義(막불의)요
③君正(군정)이면 莫不正(막부정)이니 一正君而國定矣(일정군이국정의)니라

① 군주가 인하면 인하지 않음이 없고
② 군주가 의로우면 의롭지 않음이 없고
③ 군주가 바르면 바르지 않음이 없으니
한번 군주의 마음을 바르게 하면 나라가 안정된다.

【 字解 】

① 莫: 없을 막

② 定: 정할 정안정

【 문장의 의의 】

▶ 천하가 다스려지고 혼란한 것은 군주가 마음이 인한지 아닌지에 달

려 있을 뿐이다. 군주의 나쁜 마음을 바로잡기 위해서는 대인의 덕이 아니면 할 수 없다.

맹 자 왈 　유 불 우 지 예 　　유 구 전 지 훼
19. 孟子曰, 有不虞之譽하며 有求全之毁하니라
생각지도 못한 칭찬이 있으며,
완전하기를 구하다가 받는 비방이 있다

【 字解 】

① 虞: 헤아릴 우

② 譽: 칭찬 예

③ 毁: 비방 훼

【 문장의 의의 】

▶ 행실이 칭찬을 받을 만하지 못한데도 우연히 칭찬을 받는 것을 불우지예라 하고, 비방을 면하려고 하다가 도리어 비방을 받는 것을 구전지훼라 한다.

▶ 비방하며 칭찬한다고 말이 반드시 진실된 것은 아니니 몸을 닦는 자는 이것으로 일희일비해서는 안 된다는 것을 말한 것이다.

맹 자 왈 　인 지 역 기 언 야 　　무 책 이 의
20. 孟子曰, 人之易其言也는 無責耳矣니라
사람이 말을 쉽게 하는 것은, 꾸짖음을 받지 않기 때문이다.

【 문장의 의의 】

▶ 사람이 그 말을 가볍고 쉽게 하는 까닭은 평소 실언을 해도 꾸짖음을 당하지 않았기 때문이다.

▶ 無責무책을 무책임으로 해석해도 무방할 것 같다.

【 저자의 멘트 】

• 아니면 말고 식으로 말을 쉽게 바꾸는 것은 야비하고 비겁한 행위이다. 진정한 군자라면 말을 함부로 하지도 않고, 일단 한번 하면 끝까지 책임져야 한다.

21. 孟子曰, 人之患이 在好爲人師니라

맹자왈 인지환 재호위인사

사람들의 병은 남의 스승이 되기를 좋아하는 데 있다.

【 字解 】

① 患: 근심, 병 환

② 師: 스승 사

【 문장의 의의 】

▶ 학문의 수준이 높아 남들이 자기에게 도움을 요청하면 부득이 응하는 것은 옳지만, 만일 남의 스승이 되기를 좋아한다면 스스로 만족하게 여겨 발전이 없을 것이다. 잘난 체하지 말아야 한다.

22. 악정자가 맹자를 뵙자,

맹 자 : 그대도 나를 찾아왔는가?

악정자 : 선생께서는 어찌 그런 말씀을 하십니까?

맹 자 : 그대는 여기에 언제 왔는가?

악정자 : 어제께 왔습니다.

맹 자 : 어제께면 내가 이렇게 말하는 것이 당연하지 않은가?

악정자 : 머무를 객사를 정하지 못해서였습니다.

맹 자 : 그대는 들었는가? (스승이나 어른보다 먼저)객사를 정한 뒤에 어른을 찾아본단 말인가.

악정자 : (죄송합니다) 제가 잘못했습니다.

【 저자의 멘트 】

- 스승이나 현인의 가르침을 받기 위해 찾아가면 반드시 그 스승을 먼저 찾아뵙고 인사를 드리는 것이 도리인데 그러지 않은 것은 잘못이다.

맹자왈 불효 유삼 무후위대

23. 孟子曰, 不孝 有三하니 無後爲大하니라

불효가 세 가지 있는데, 그중 후손이 없는 것이 제일 크다.

【 문장의 의의 】

▶ 禮예에 불효라고 하는 것이 세 가지가 있으니,

① 장가를 가지 않아 자식이 없어서 조상의 제사를 끊는 것,
② 집이 가난하고 부모님이 늙었는데도 벼슬하지취직 않는 것,
③ 부모의 뜻에 아첨하고 뜻을 굽혀 부모를 불의에 빠트리는 것 등이다.

24. 孟子曰(맹자왈), 仁之實(인지실)은 事親(사친)이 是也(시야)요 義之實(의지실)은 從兄(종형)이 是也(시야)니라

仁인의 참됨은 어버이를 섬기는 것이요,
義의의 참됨은 형에게 순종하는 것이다.

【 字解 】

① 實: 참됨, 실제 실

② 從: 따를 종순종함

【 문장의 의의 】

▶ 仁인은 부모에 대한 사랑을 주로 하고, 義의는 형에 대한 공경을 주로 한다

【 저자의 멘트 】

• 인과 의는 결코 우리를 떠나 저 멀리 아득한 곳에 있는 것이 아니다. 어버이를 사랑하고 형을 공경하고 웃어른을 잘 모시는 것이 바로 仁義인의인 것이다.

지 지 실　　지 사 이 자　　불 거 시 야
24.1. 智之實은 知斯二者하야 弗去是也요
예 지 실　　절 문 사 이 자 시 야　　락 지 실
禮之實은 節文斯二者是也요 樂之實은
락 사 이 자　　락 즉 생 의　　생 즉 오 가 이 야
樂斯二者니 樂則生矣니 生則惡可已也리오

지혜의 참됨은 이 두 가지어버이를 섬기는 것과 형에게 순종하는 것를 알아서 버리지 않는 것이고, 예의 참됨은 이 두 가지를 예절로 규정하는 것이고, 즐기는 것의 참됨은 이 두 가지를 즐겨하는 것이다. 즐겨하면 (이 마음이)생겨나니 생겨나면 어찌 이것을 그만둘 수 있으리요.

맹 자 왈　부 득 호 친　　불 가 이 위 인
25. 孟子曰, 不得乎親이면 不可以爲人이요
불 순 호 친　　불 가 이 위 자
不順乎親이면 不可以爲子러시다

어버이로부터 (기쁨을) 얻지 못하면 사람이라 할 수 없고, 어버이를 순하게 하지 못하면 자식이라 할 수 없다.

離婁(이루) 下

1. 군주가 신하 보기를 자신의 손발처럼 소중히 대하면 신하는 군주 보기를 복심배(가슴)와 심장과 같이 귀하게 여길 것이고, 군주가 신하 보기를 개나 말처럼 하면 신하는 군주 보기를 일반 백성國人국인과 똑같이 여기고, 군주가 신하 보기를 토개흙과 쓰레기, 즉 하잘것없는와 같이 여기면 신하는 군주 보기를 원수같이 한다.

【 字解 】

① 복심배(가슴) 복, 마음 심

② 國人국인: 그냥 평범한 그 나라 사람

③ 토개土芥: 흙과 풀. 즉, 하잘것없는 사람

2. 孟子曰, 言人之不善하다가 當如後患에 何오
(맹자왈 언인지불선 / 당여후환 / 하)

남의 좋지 않은 것을 말하다가 후환을 어찌 감당하랴

【 字解 】

① 如: 만일, 이에

② 何: 어찌 하

【 문장의 의의 】

▶ 함부로 남의 불선함을 말해서는 안 된다.

맹 자 왈　중 니　불 위 이 심 자
3. 孟子曰, 仲尼는 不爲已甚者러시다

공자는 너무 심한 것을 하지 않았다.

【 字解 】

① 仲尼중니=공자

② 已: 너무 이

③ 甚: 심할 심

【 문장의 의의 】

▶ 성인은 본분 밖을 벗어나는 것은 털끝만큼도 하지 않았다.

【 저자의 멘트 】

• 무슨 일이든 심하면 화를 부른다.

맹 자 왈　대 인 자　언 불 필 신
4. 孟子曰, 大人者는 言不必信이며

행 불 필 과　유 의 소 재
行不必果요 惟義所在니라

대인은 말은 꼭 믿게 하기를 기약하지 않으며,
행동은 결과가 있기를 기약하지 않고,
오직 의에 부합되면 따른다.

【 字解 】

① 必=기약함과 같다

② 果: 과감할 과

【 문장의 의의 】

▶ 대인은 말과 행실을 먼저 믿게 하고 결과가 있기를 미리 단정해 기약하지 않는다. 다만 의에 부합되면 반드시 따르니 미덥지 않다고 결과가 없는 것은 아니다.

맹 자 왈 대 인 자 불 실 기 적 자 지 심 자 야
5. 孟子曰, 大人者는 不失其赤子之心者也니라
대인은 세속에 물들지 않는 순수한 마음을 잃지 않는다.

【 字解 】

① 赤子적자: 갓난 아이

② 赤子之心적자지심: 갓난아이와 같은 마음

③ 赤: 어린애, 갓난아이 적

【 문장의 의의 】

▶ 대인은 외적인 영향에 유인되지 않아 순수하여 거짓이 없는 본연의 마음을 유지하기 때문에 대인이 될 수 있는 것이다.

맹 자 왈 양 생 자 부 족 이 당 대 사
6. 孟子曰, 養生者 不足以當大事요
유 송 사 가 이 당 대 사
惟送死라야 可以當大事니라
살아 있는 자를 봉양하는 것은 대사라 할 수 없고, 오직 죽은 자를 보내드리는 것장사지내는 것 이라야 대사라 할 수 있다.

【 字解 】

① 養: 기를 양

② 當: 마땅 당

③ 送: 보낼 송

④ 大事대사: 중요하게 섬기는 것

맹자왈 이선복인자 미유능복인자야
7. 孟子曰, 以善服人者는 未有能服人者也니

이선양인연후 능복천하
以善養人然後에 能服天下하나니

천하불심복이왕자 미지유야
天下不心服而王者 未之有也니라

(무턱대고) 善선으로 남을 굴복시키려고 하는 자는 남을 굴복시킬 수 없으니, 먼저 선을 길러준 뒤에야 천하를 굴복시킬 수 있다. 천하를 마음으로 굴복시키지 못하면서 왕노릇한 자는 없다.

【 字解 】

① 服: 굴복복종할 복

② 王: 왕노릇 할 왕

맹자왈 원천 혼혼 불사주야
8. 孟子曰, 原泉이 混混하여 不舍晝夜하여

영과이후 진 방호사해 유본자여시
盈科而後에 進하여 放乎四海하나니 有本者如是라

근원이 좋은 샘물이 용솟음쳐 밤낮을 그치지 않고 흘러 구덩이가 가득 찬 뒤에 나아가 사해에 이르니, 근본이 있는 자는 이와 같다.

【 字解 】

① 泉: 샘 천

② 混: 용솟음칠, 마구 혼

③ 舍: 쉴, 휴식할 사

④ 晝: 낮 주

⑤ 盈: 찰 영

⑥ 科: 구덩이, 구멍 과

⑦ 放: 이를, 다다를 방

⑧ 乎: ~에(장소)

【 문장의 의의 】

▶ 이 말은 공자가 자주 한 말로, 흘러가는 물을 일컬었는데 맹자가 그 이유를 말한 것이다.

▶ 사람이 일단 한번 시작하면 그치지 않고 점차 나아가 지극한 경지에 이르는 것을 말한 것이다.

군자 성문과정 치지
8.1. 君子는 聲聞過情을 恥之니라
군자는 명성이 실제보다 지나침을 부끄러워한다.

【 字解 】

① 聲: 말할, 소리 성

② 聞: 들을, 들릴, 알려질 문

③ 過: 지나칠 과

④ 恥: 부끄러울 치

【 저자의 멘트 】

- 잘난 체하는 사람, 소문난 잔치에 먹을 것 없다는 속담 등이 이것이다.

名實相符명실상부! 이름과 실제가 서로 부합함

맹자 왈
9. 孟子 曰,

순 명어서물 찰어인륜
① 舜은 明於庶物하시며 察於人倫하시니
유인의행
由仁義行이라.

우 오지주이호선언
② 禹는 惡旨酒而好善言이러시다.

탕 집중 입현무방
③ 湯은 執中하시며 立賢無方이러시다.

문왕 시민여상 망도이미지견
④ 文王은 視民如傷하시며 望道而未之見이러시다.

무왕 불설이 불망원
⑤ 武王은 不泄邇하시며 不忘遠이러시다.

주공 사겸삼왕 이시사사
⑥ 周公은 思兼三王하사 以施四事하사대
기유불합자 양이사지 야이계일
其有不合者어든 仰而思之하사 夜以繼日하사
행이득지 좌이대단
幸而得之어시든 坐以待旦이러시다.

맹자가 말하기를,

① 순임금은 여러 사물에 밝았으며,
인륜을 살피고 인의를 쫓아 행하였고

② 우왕은 맛있는 술은 싫어하고,
교훈이 될 만한 말을 좋아하였다.

③ 탕왕은 중도를 잡으시며,
어진 이를 등용하되 일정한 제한조건을 두지 않았다.

④ 문왕은 백성이 다치지 않을까 걱정하고 도를 보고도 못 본 듯이아직 도가 부족하듯 하였다.

⑤ 무왕은 가까운 자를 업신여기지 않았으며 멀리 있는 자를 잊지 않았다.

⑥ 주공은 세 왕을 겸하여 네 가지 일을 베풀되 부합되지 않으면 우러러 생각하여 밤을 새우고, 다행히 깨달으면 앉아서 기다렸다.

【 字解 】

① 庶物서물: 여러 가지 사물

② 察: 살필 찰밝고 자세하다

③ 由: 따를, 쫓을 유

④ 惡: 싫어할 오

⑤ 善言선언: 교훈이 될 만한 좋은 말, 충고, 조언

⑥ 旨: 맛있을 지

⑦ 立립: 출사벼슬을시키다, 등용하다

⑧ 方방: 법, 규정조건, 제한

⑨ 泄: 업신여길 설버릇없다

⑩ 邇: 가까울 이

⑪ 忘: 잊을 망

【 문장의 의의 】

▶ 우왕은 술로써 나라를 망칠 것을 우려하고

▶ 무왕은 사람이 친해지면 무례하게 행동하기 쉬운데 그러지 않았고, 비록 먼 곳에 있다고 해서 그 사람을 잊지 않았다.

▶ 이처럼 여러 성인의 개개인의 특성을 들어 설명한 것으로, 성인들께서 걱정하고 부지런히 힘쓰며 두려워한 뜻을 나타낸 것이다.

맹 자 왈 군 자 지 택 오 세 이 참
10. 孟子曰, 君子之澤도 五世而斬이요

소 인 지 택 오 세 이 참
小人之澤도 五世而斬이니라

군자의 은덕도 5세가 지나면 끊어지고,
소인의 은덕도 5세면 끊어진다.

【 字解 】

① 은혜, 은덕, 덕택 택

② 斬: 끊을, 끊길 참=絕: 끊을 절

【 문장의 의의 】

▶ 五世오세: 30년 정도를 1세로 보는데 5세면 대략 150년 정도가 된다.

▶ 四世사세, 고조할아버지가 지나면 복이 다하고 5세가 되면 동성인으로 내려지고 그 음덕이 다한다. 六세면 친속관계가 다한다.

【 저자의 멘트 】

• 그러나 몇 백 년이 흘러도 우리 몸속에는 수백 년 전의 조상의 DNA가 흐르고 있다.

맹 자 왈
11. 孟子曰,

가 이 취 가 이 무 취 취 상 렴
①可以取며 可以無取에 取면 傷廉이요

가 이 여 가 이 무 여 여 상 혜
②可以與며 可以無與에 與면 傷惠요

가 이 사 가 이 무 사 사 상 용
③可以死며 可以無死에 死면 傷勇이니라

① 얼핏 보면 가질 만하고, 자세히 보면 가지지 말아야 할 경우에 가지면 청렴을 손상하는 것이고,

② 얼핏 보면 줄 만하고, 자세히 보면 주지 말아야 할 경우에 주면 은혜를 손상하는 것이며,

③ 얼핏 보면 죽을 만하고, 자세히 보면 죽지 말아야 할 경우에 죽으면 용기를 손상하는 것이다.

【 字解 】

① 可以가이: 대충, 얼핏 봄

② 廉: 청렴할 렴

③ 與: 줄 여

④ 惠; 은혜 혜

⑤ 勇: 용기 용

【 문장의 의의 】

▶ 지나치게 갖는 것은 청렴이 손상되나, 지나치게 주는 것도 도리어 은혜를 손상하고, 죽음을 불사하는 것도 용기를 손상하니 과함은 불급함과 같다과유불급는 뜻이다.

맹 자 왈 수 유 악 인
12. 孟子曰, 雖有惡人이라도

재 계 목 욕 즉 가 이 사 상 제
齋戒沐浴이면 則可以祀上帝니라

비록 더러워 보이는 사람도 목욕재계하면
상제하늘을 다스리는 신에게 제사지낼 수 있다.

【 字解 】

① 雖: 비록 수

② 惡: 더러울, 추악할 악

③ 齋戒沐浴재계목욕=목욕재계: 제사를 지내거나 신성한 일 등을 하기 전에 목욕해서 몸을 깨끗이 하고 마음을 가다듬어 부정을 피함

④ 祀: 제사지낼 사

⑤ 上帝상제: 하늘을 다스리는 신황천상제, 땅을 다스리는 신은 황지기. 황천상제, 황지기는 환구대제 때 최고의 神신이다.

13. 孟子曰(맹자왈),

君子(군자)는 以仁存心(이인존심)하며 以禮存心(이례존심)이니라.

仁者(인자)는 愛人(애인)하고 有禮者(유례자)는 敬人(경인)하나니

愛人者(애인자)는 人恒愛之(인항애지)하고 敬人者(경인자)는 人恒敬之(인항경지)니라

군자는 인을 마음에 두고 예를 마음에 둔다. 인한 자는 남을 사랑하고 예의가 있는 자는 남을 공경하니, 남을 사랑하는 자는 남이 항상 나를 사랑해 주고, 남을 공경하는 자는 남이 항상 나를 공경해 준다.

【 字解 】

① 恒: 항상 항

【 문장의 의의 】

▶ 이는, 인과 예를 실천할 때 나타나는 효과다.

13.1. 君子所患則亡矣니라
(군 자 소 환 즉 망 의)

非仁無爲也며 非禮無行也라.
(비 인 무 위 야 비 례 무 행 야)

군자는 근심하는 것이 없다. 인이 아니면 하지 않고 예가 아니면 행하지 않기 때문이다.

【 字解 】

① 患: 근심할 환

14. 세속에서 말하기를, 불효라고 하는 것이 다섯이 있으니,

① 그 몸을 게을리하여 부모를 봉양하지 않는 것이 첫째요,

② 장기 두고 바둑 두며 술 마시기를 좋아하여 부모 봉양을 게을리하는 것이 둘째요,

③ 재물과 처자식만을 좋아하여 부모를 봉양하지 않는 것이 셋째요,

④ 듣고 보는 것을 마음대로 하여 부모를 욕되게 하는 것이 넷째요,

⑤ 용맹을 좋아하고 싸우기를 좋아하여 부모를 위태롭게 하는 것이 다섯째다.

책선 붕우지도야
14.1. 責善은 朋友之道也니

부자책선 적은지대자
父子責善은 賊恩之大者니라

서로 옳은 일을 하도록 권하는 것은 친구간의 도리이니,
부자간에 선을 권하는 것은 은혜를 크게 해치는 일이다.

【 문장의 의의 】

▶ 責善책선: 친구 사이에 옳은 일을 하도록 서로 권하는 것

친구는 마땅히 선하기를 권해야 하지만, 부자간에 이를 행하면 하늘이 부여한 천성의 은혜를 해치게 된다.

山水歌(산수가)

– 한순계(韓舜繼, 조선 중기)

水綠山無厭(수록산무염) / 물이 푸르러 산이 좋아하고
山靑水自親(산청수자친) / 산이 푸르러 물이 좋아라네
浩然山水裡(호연산수리) / 시원스러운 산과 물 사이를
來往一閑人(내왕일한인) / 한가한 나그네 홀로 걸어가네

萬章(만장) 上

춘추전국시대 제나라 사람으로 맹자의 제자다. 이 편에서는 주로 요·순·우·탕 임금과 이윤 등 성현에 관한 일화들을 기록하였다.

1. 사람들이 어려서는 부모를 사모하다가, 여색을 좋아할 줄 알게 되면서부터는 젊고 예쁜 소녀를 사모하고, (결혼하여) 처자가 있으면 처자를 사모하고, 벼슬하면 군주를 사모하고 군주에게 실망해서 조급한 마음에 속에 열이 난다. 대효지극한 효자는 종신토록 부모를 사모하니 50이 되도록 부모를 사모한 자는 순임금이었다.

【 문장의 의의 】

▶ 보통 사람들의 정은 상대방에 따라 변하지만, 오직 성인은 그 본심을 잃지 않았음을 말한 것이다.

1.1. 전설에 따르면 순의 부모이름: 고수가 순으로 하여금 창고를 손질하도록 지붕으로 올라가게 해놓고는 내려오지 못하게 사다리를 치운 뒤 창고에 불을 지르거나, 순에게 우물을 파게 하고 이복동생으로 하여금 흙을 퍼붓게 하여 순이 못 나오게 하는 등의 악행을 저질렀지만 전혀 그 부모를

원망하지 않고 오히려 자신의 덕이 부족함을 탓하였다.

인 사 즉 혼 승 이 백 강
1.2. 人死則魂升而魄降이라

사람이 죽으면 혼은 올라가고 넋은 내려간다.

【 저자의 멘트 】

- 우리 몸은 눈으로 볼 수 있는 육체와 생각하는 정신영혼, 마음으로 이루어져 있다. 그래서 죽었어도 완전체로서의 신을 제사상에 모시기 위해, 제사지낼 때 향을 피워 하늘에 있는 혼영혼을 불러오고, 술을 모사기술그릇에 부어 땅산소에 있는 육체의 신인 백을 불러오는 것이다.

맹 자 왈 하 능 천 인 어 상
2. 孟子曰, 下能薦人於上이언정

불 능 영 상 필 용 지
不能令上必用之라

아랫사람이 윗사람에게 사람을 추천할 수는 있으나
윗사람으로 하여금 쓰게 할 수는 없다

【 字解 】

① 薦: 천거할 천추천하다

③ 令: 하여금 령, ~하게 하다. 명령하다

【 문장의 의의 】

▶ 천거해준 사람을 쓰고 안 쓰고는 윗사람의 재량이다.

맹자왈 이윤 비기의야 비기도야
3. 孟子曰, 伊尹은 非其義也며 非其道也어든

일개 불이여인 일개 불이취저인
一介를 不以與人하며 一介를 不以取諸人하니라

이윤은 의와 도에 맞지 않으면 지푸라기 하나라도 남에게 주거나 남으로부터 받지도 않았다.

【 字解 】

① 介개=芥초개, 지푸라기

② 一介일개: 한낱 보잘 것 없는

③ 諸저: ~로부터

【 문장의 의의 】

▶ 사양하고, 받고, 취하고 주는 것을, 크고 작은 것 할 것 없이 한결같이 도의로써 하고 구차하게 하지 않았음을 말한 것이다.

4. 예는 사양하는 것을 주체로 삼기 때문에 나아가기를 예로써 하고, 의는 결단하고 절제하는 것을 주체로 삼기 때문에 물러나기를 의로써 하는 것이니, 나아가는 것을 어렵게

여기고 물러나는 것을 쉽게 여긴다.

【 저자의 멘트 】

- 잘못이 이미 드러났는데도 물러나지 않고 구차하게 버티는 것은 군자의 도리가 아니다. 또한, 그런 사람을 옹호하고 감싸주는 것은 더 나쁜 행위이다.

★ 禮記예기에, 세 번 사양한다는 말이 있는데, 처음 사양하는 것을 禮辭예사, 예의상 사양하는 것, 두 번째 사양하는 것을 固辭고사, 세 번째 사양하는 것을 終辭종사라 한다.

萬章(만장) 下

성현의 사람됨을 평함.

1. 伯夷(백이): 군주가 섬길 만하면 섬기고 백성이 부릴 만하면 부리고, 세상이 다스려지면 나아가고 어지러워지면 물러가는 사람은 백이였고,

伊尹(이윤): 나의 군주가 어떠한들 내 백성이 어떠한들, 다스려지거나 그렇지 않거나 상관없이 벼슬을 하는 사람은 이윤이었고,

柳下惠(유하혜): 더러운 군주 (섬기는 것을)를 부끄러워하지 않으며, 작은 벼슬도 사양하지 않으며, 나아가면 어질다는 것을 숨기지 아니하여 반드시 그 도리대로 하며, 버려져도 원망하지 않고 곤궁함에 처해도 걱정하지 않으며, 시골사람들과 더불어 거처하되 유유자적하여 차마 떠나가지 못한 사람은 유하혜였다.

孔子(공자): 벼슬할 만하면 벼슬하고, 그만둘 만하면 그만두며, 오래 머물 만하면 오래 머물고, 빨리 떠날 만하면 빨리 떠나간 사람은 孔子였으니, 내가맹자가 바라는 것은 공자를 배우는 일이다.

※ 백이와 숙제는 孤竹國고죽국 임금의 두 아들이었다.

【 문장의 의의 】

▶ 집대성은 많은 훌륭한 것을 모아서 하나의 완전한 것으로 만들어 내는 것을 말하는데, 이 용어의 유래는 앞에서 말한, 공자를 제외한 세 성인백이, 이윤, 유하혜의 훌륭한 행실만을 모아놓은 성인이라 하여 비롯된 것이다.

▶ 공자를 제외한 세 분의 행실은 각기 어느 한쪽으로만 지극한 반면, 공자는 모든 이치를 겸하여 온전하였고, 또 세 분은 춘하추동 중 각각 한 계절만 가지고 있다고 보면, 공자는 마치 사계절이 다 있는 것과 같다. "그러므로 集大成 집대성은 공자를 말한다."

▶ 주나라 왕실의 작위의 반열차례은 공후백자남天子는 제외의 5등급인데, 이때 사용하던 반열이 현재 영국에서 사용하는 작위제도와 같다. ※ 주나라 : BC1046년~BC770년에 있었던 중국 고대 왕조

★ 禮書예서는 儀禮의례, 周禮주례, 禮記예기의 삼례를 말한다.

2. 萬章(만장)이 問曰(문왈), 敢問友(감문우)하노이다. 孟子曰(맹자왈),

不挾長(불협장)하며 不挾貴(불협귀)하며 不挾兄弟而友(불협형제이우)니

友也者(우야자)는 友其德也(우기덕야)니 不可以有挾也(불가이유협야)니라

만장이 벗에 대해 묻자, "(상대방이)나이가 많음을 생각하지 말고, 지위가 귀함을 생각하지 말고, 형제간을 생각하지 말고 벗하는 것이니, 벗은 단지 그 덕을 벗하는 것이니 다른 생각이 있어서는 안 된다."

【 字解 】

① 挾: 생각할, 믿을 협

3. 萬章(만장)이 問曰(문왈), 敢問交際(감문교제)는 何心也(하심야)잇고

孟子曰(맹자왈), 恭也(공야)니라

만장이 묻기를, "교제는 어떤 마음으로 해야 합니까?" 하니, "공경으로 하여야 한다." 하였다.

【 字解 】

① 際: 사귈 제 벗과 사귀는 것

3.1. 높은 분이 물건을 주면, 그 물건이 의義에 맞아서 주는 것인지를 생각한 후에 받는데 이것을 불공不恭이라 한다.

맹자

맹 자 왈 사 비 위 빈 야 이 유 시 호 위 빈
4. 孟子曰, 仕非爲貧也 而有時乎爲貧하며
취 처 비 위 양 야 이 유 시 호 위 양
娶妻非爲養也 而有時乎爲養이니라

벼슬공무원하는 것이 가난을 면하기 위해 하는 것은 아니지만 때로는 가난에서 벗어나기 위해 하는 경우가 있으며, 장가들어 아내를 얻는 것은 부모를 봉양하기 위한 것은 아니지만 때로는 봉양을 위한 경우도 있다.

【 字解 】

① 仕: 벼슬 사
② 貧: 가난할 빈
③ 娶: 장가들 취
④ 妻: 아내로 삼을 처

【 문장의 의의 】

▶ 벼슬하는 것은 본래 도를 실현하기 위한 것이지만, 간혹 도를 할 때가 아니어서 단지 생계유지를 위해 벼슬하는 자가 있으며, 아내를 데려오는 것이 원래 후사를 잇기 위해서라지만, 차마 우물에서 물 긷고

절구실하는 일을 할 수 없을 뿐만 아니라 부모봉양을 의지하고자 하는 자도 있다는 것을 말한 것이다.

4.1. 爲貧者(위빈자)는 辭尊居卑(사존거비)하며 辭富居貧(사부거빈)이니라.

가난생계유지 때문에 벼슬하는 자는, 높은 자리를 사양하고 낮은 자리에 처하며, 녹봉이 많은 것을 사양하고 적은 것에 만족해야 한다.

【 字解 】

① 辭: 사양할 사

② 尊: 높을, 존귀할 존

③ 卑: 낮을 비

④ 富: 부유할 부

⑤ 貧: 가난할, 부족할 빈

⑥ 富貧부빈: 녹봉의 많고 적음

【 문장의 의의 】

▶ 만일 이렇게 하지 않으면 이는 지위를 탐하고 녹을 탐하는 것이다.

★ 조선시대 충무공은 아홉 분이셨는데 조영무, 남이, 이준귀성군, 이순신, 이수일, 김시민, 정충신, 구인후, 김응하로, 이 중 이순신, 이수일, 김시민 장군은 임진왜란 때 공을 세우신 분들이다.

告子(고자) 上

춘추전국시대 제나라 사람으로, 성은 고이고 이름은 불해로, 맹자와 동시대의 사람이다.

1. 고자 : 성性이란 것은 여울물과 같다. 물길을 동쪽으로 터놓으면 동쪽으로 흐르고 서쪽으로 터놓으면 서쪽으로 흐르니 인성의 선과 불선에 구분이 없는 것은 마치 물이 동서에 분별이 없는 것과 같다.

맹자 : 물이 동서에 구별이 없는 것은 맞지만 상하에도 분별이 없단 말인가? 인성이 선한 것은 마치 물이 아래로 내려가는 것과 같으니, 사람은 불선한 사람이 없으며, 물은 아래로 내려가지 않는 것이 없다.

2. 고자 : 삶生之: 생지을 성性이라 한다.

맹자 : 삶을 성이라고 한다면 백색을 백색이라고 하는 것과 같은 것인가?

고자 : 그렇다.

맹자 : 그럼 새의 흰 깃털 색이 흰 눈의 백색과 같으며, 흰 눈의 백색이 백옥의 백색과 같은 것인가? ※ 눈: snow

고자 : 그렇다.

맹자 : 그럼 개의 성이 소의 성과 같으며, 소의 성이 사람의 성과 같다는 말인가?

고자 : ……

3. 풍년에는 옷과 음식이 풍족하기 때문에 믿고 의지하는 것이 있어서 선행을 하고, 흉년에는 이것들이 부족하기 때문에 그 마음을 잃어버려 포악한 짓을 많이 한다.

3.1. 理義之悅我心이 猶芻豢之悅我口니라
(리 의 지 열 아 심 / 유 추 환 지 열 아 구)

理리와 義의가 우리 마음을 기쁘게 하는 것은,
고기가 우리 입을 즐겁게 하는 것과 같다.

【字解】

① 悅: 기쁠 열

② 猶: 같을 유

③ 芻: 꼴 추 소, 말, 양 등 풀을 먹는 짐승

④ 豢: 가축 환 개, 돼지 등 곡식을 먹는 짐승

4. 혁추는 전국에서 바둑을 제일 잘 두는 사람인데, 이 사람을 시켜서 두 사람에게 바둑을 가르치게 하였는데, 그중 한 사람은 전심전력으로 혁추의 말을 잘 들어 배우고, 한 사람은 비록 배우기는 하지만 마음 한구석엔 온통 활로 기러기와 큰 새를 잡을 생각만으로 가득하여 건성으로 배운다면, 두 사람이 같이 배운다 한들 전심전력으로 배우는 자만 못할 것이다.

※ 혁추: 중국 전국시대 바둑의 고수였다.

맹자왈 생역아소욕야 의역아소욕야

5. 孟子曰, 生亦我所欲也며 義亦我所欲也언마는

이자 불가득겸 사생이취의자야

二者를 不可得兼인댄 舍生而取義者也로리다

生생과 義의는 모두 내가 하고자 하는 것이건만 두 가지를 함께 얻을 수 없다면 나는 生생을 버리고 義의를 취하겠다.

【 字解 】

① 生: 살 생

② 兼: 겸할 겸

③ 舍: 버릴 사

④ 取: 취할, 가질 취

【 문장의 의의 】

▶ 의롭지 못한 삶은 그 의미가 없다는 것을 말한 것이다.

일단사 일두갱 득지즉생 불득즉사
5.1. 一簞食와 一豆羹을 得之則生하고 弗得則死라도
호이이여지 행도지인 불수
嘑爾而與之면 行道之人도 弗受하며
축이이여지 걸인 불설
蹴爾而與之면 乞人도 不屑야니라

한 소쿠리의 밥과 한 그릇의 국을 얻으면 살고 얻지 못하면 죽더라도, 혀를 끌끌 차면서 주면 길을 가는 사람도 받지 않으며, 발로 차서 주면 거지도 달갑게 여기지 않는다.

【 字解 】

① 簞: 밥그릇, 소쿠리 단대나무로 만든

② 食: 밥 사

③ 豆: 나무그릇 두

④ 羹: 국 갱

⑤ 嘑: 꾸짖을 호혀를 차고 꾸짖는 모양

⑥ 與: 줄 여

⑦ 蹴: 찰 축

⑧ 乞: 빌 걸

⑨ 屑: 달갑게 여길 설

6. 孟子曰(맹자왈), 仁(인)은 人心也(인심야)요 義(의)는 人路也(인로야)니라

仁인은 사람의 마음이요, 義의는 사람의 길이다.

【 문장의 의의 】

▶ 仁인을 사람의 마음이라고 한 것은 단순히 仁이라고만 하면 사람들이 자신에게 간절히 할 줄 모르기 때문이며, 義의는 일을 하는 데 있어서의 마땅함으로 이를 사람의 길이라고 한 것이다. 그러므로 인의는 잠시라도 잃어서도 버려서도 안 된다.

6.1. 人(인)이 有鷄犬(유계견)이 放則知求之(방즉지구지)호대

有放心而不知求(유방심이부지구)하나니

學問之道(학문지도)는 無他(무타)라 求其放心而已矣(구기방심이이의)니라

사람들은 개와 닭이 도망가면 찾을 줄은 알면서, (인한) 마음이 달아나면 찾을 줄 모르니, 학문하는 길은 다른 것은 없고 잃어버린 마음을 찾는 것이다.

【 字解 】

① 鷄: 닭 계

② 放: 달아날, 떠나갈 방

③ 求: 부르다, 불러들일 구

【 문장의 의의 】

▶ 마음은 지극히 중요한 것이고, 개와 닭은 지극히 가벼운 것인데 어찌 그 지극히 가벼운 것만을 사랑하고 지극히 중요한 것은 잊는단 말인가. 이것은 생각하지 않기 때문이다.

▶ 잃어버린 마음放心,방심을 찾으면 仁인이 자기로부터 떠나지 않아서 義의가 그 속에 있다.

7. 지금 여기에 무명지無名指가 굽혀져서 펴지지 않는 사람이 있는데, 그 손가락이 펴지지 않아 아프거나 일을 하는 데 불편함은 없지만, 만일 이것을 펴주는 자가 있다면 천리가 멀다 하지 않고 찾아가니, 이것은 손가락이 남들과 같지 않기 때문이다. 손가락이 남들과 다르면 싫어할 줄 알면서 마음이 다르면 싫어할 줄 모른다.

【 字解 】

① 無名指무명지, 가운데 손가락과 새끼손가락 사이의 손가락, 약지라고도 함

8. 맹자가 말하기를, 한두 뼘 정도 크기의 오동나무와 가래나무는 사람들이 키우는 방법을 잘 알지만, 몸을 기르는 방법은 잘 알지 못하니, 어찌 몸을 사랑함이 오동나무와 가래나무만 못해서야 되겠는가? 이는 생각하지 않음이 심하기 때문이다.

맹자왈 체유귀천 유소대
9. 孟子曰, 體有貴賤하며 有小大하니

무이소해대 무이천해귀
無以小害大하며 無以賤害貴니

양기소자 위소인 양기대자 위대인
養其小者 爲小人이요 養其大者 爲大人이니라

사람의 몸은 귀하고 천함, 크고 작음이 있으니 작은 것으로 큰 것을 해치지 말며, 천한 것으로 귀한 것을 해치지 말아야 하니, 작은 것을 기르는 자는 소인이 되고 큰 것을 기르는 자는 대인이 된다.

【 字解 】

① 體: 몸 체

② 貴賤귀천: 귀하고 천함

③ 無: 말 무

④ 害: 해칠 해

⑤ 養: 기를 양

【 문장의 의의 】

▶ 賤小천소, 천하고 작은 것 ⇨ 口腹구복: 몸, 육체, 貴大귀대, 귀하고 큰 것 ⇨ 心志마음과 뜻

9.1. 飮食之人음식지인을 則人賤之矣즉인천지의나니
爲其養小以失大也위기양소이실대야니라

음식을 밝히는 사람을 사람들이 천히 여기니,
작은 것을 기르고 큰 것을 잃기 때문이다.

【 字解 】

① 飮食之人음식지인: 오로지 입과 배만을 기르는 자, 즉 음식을 밝히고 탐하는 자이다.

② 賤: 천히 여길 천

【 문장의 의의 】

▶ 입과 배口腹:구복를 기르는 것은 사람의 몸과 생명유지에 필요하므로 기르지 않을 수는 없으나, 한 자 한 치의 살을 기르는 것에 불과하다. 작은 것을 기르는 자는 큰 것을 잃지 않는 자가 없다. 그러므로 마땅히 구복을 기르지 않을 수 없지만 끝내 작은 것으로 큰 것을 해치고 천한 것으로 귀한 것을 해쳐서는 안 된다는 것을 말한 것이다.

【 저자의 멘트 】

• 입과 혀와 육체를 위해 달고 맛있고 기름진 음식의 유혹을 뿌리치지 못하면 당장은 즐겁겠지만, 세월이 흘러감에 따라 서서히 그에

따르는 육체적 고통만 나타나고 마음정신은 점차 황폐해진다. 생존을 위해 먹지 않을 수 없지만 마음과 정신을 풍족하게 하는 것도 중요하다. 그럼에도 불구하고 맛있는 음식의 유혹에서 벗어나기는 참 힘들다.

10. 인仁이 불인不仁을 이기는 것은 마치 물이 불을 이기는 것과 같으니, 지금의 인을 행하는 자들은 겨우 한 잔의 물로 한 수레의 섶에 붙은 불을 끄는 것과 같다. 그러고도 꺼지지 않으면 물이 불을 이기지 못한다고 말하니 이는 불인을 돕는 것이 심한 것이다.

맹자왈 오곡자 종지미자야 구위불숙

11. 孟子曰, 五穀者는 種之美者也나 苟爲不熟이면

불여제패 부인 역재호숙지이이의

不如荑稗니 夫仁도 亦在乎熟之而已矣니라

오곡이 아름다운 종자이기는 하지만 덜 익으면 오히려 피만도 못하니 仁인도 익숙히 하여야 한다.

【 字解 】

① 熟: 익을, 익힐 숙

② 荑: 피 제 ※피: 볏과의 한해살이풀

③ 稗: 피 패

【 문장의 의의 】

▶ 인을 하되 익숙히 하지 않으면 오히려 다른 것을 해서 이룸이 있는 것만 못하다. 이 때문에 인을 행하는 것은 반드시 익숙히 하는 것을 귀하게 여긴다. 날마다 새롭게 하고 그침이 없으면 익숙해진다.

맹 자 왈 예 지 교 인 사 필 지 어 구
12. 孟子曰, 羿之教人射에 必志於彀하나니

학 자 역 필 지 어 구
學者도 亦必志於彀니라

羿예가 사람들에게 활쏘기를 처음 가르칠 때에는,
반드시 활을 끝까지 잡아당기는 데에 뜻을 두도록 하니,
(학문을)배우는 자도 반드시 똑같이 하여야 한다.

【 字解 】

① 羿: 사람이름 예하나라 때의 제후로 활의 명인

② 射: 쏠 사

③ 彀: 활 당길 구

【 문장의 의의 】

▶ 활을 끝까지 당긴 뒤에 발사하는 것이 활을 쏘는 법이다.

대 장 회 인 필 이 규 구
12.1. 大匠이 誨人에 必以規矩하나니

학 자 역 필 이 규 구
學者도 亦必以規矩니라

대장 목수가 사람을 가르칠 때에는 반드시 규구라는 도구를
이용하여 가르치니 배우는 자도 규구를 가지고 배운다.

【 字解 】

① 匠: 장인 장기술자

② 誨: 가르칠 회

③ 規矩규구: 원과 사각형을 그릴 수 있는 도구

【 문장의 의의 】

▶ 모든 일은 반드시 도구나 법이 있은 뒤에야 이룰 수 있으니, 스승은 이것이 없으면 가르칠 수 없고, 제자도 이것이 없으면 배울 수 없다는 점을 말한 것이다. 작은 기술을 배울 때도 그럴진대 하물며 성인의 도에 있어서는 어떠하겠는가?

告子(고자) 下

1. 임 인 : 禮예와 밥 중에서 어느 것이 더 중요한가?

거려자 : 예가 더 중요하다.

임 인 : 色색, 여색과 예는 어느 것이 더 중요한가?

거려자 : 예가 중요하다.

임 인 : 예의대로 하면 굶어죽고, 예의대로 하지 않으면 밥을 얻어먹을 수 있다 해도 반드시 예대로 해야 하는가? 신랑이 신부 집에 가서 신부를 직접 맞이하면親迎, 친영 아내를 얻지 못하고, 친영을 하지 않아야 아내를 얻을 수 있다 해도 친영을 해야 하는가?

(이에 거려자가 대답을 못 하고 다음날 맹자에게 이런 말을 고하니)

맹 자 : 아니 이것을 답하는데 무슨 어려움이 있는가? 그 근본은 생각하지 않고 한쪽 끝만 가지고 얘기하면 손가락 한 마디밖에 안 되는 나무도 높고 뾰족한 누각보다 높게 할 수 있다. 쇠가 깃털보다 무겁다는 것은 어찌 한 갈고리의 쇠와 한 수레의 깃털을 말하는 것이겠는가. 밥의 중요한 것과 예의 가벼운 것만 가지고 비교하면 어찌 밥이 중요하지 않겠으며, 색의 중요한 것과 예의 가벼운 것을 가지고 비교하면 어찌 색이 중요하지 않겠는가.

※ 여기에 나오는 임인은 임나라 사람이고, 거려자는 맹자의 제자다.

【 저자의 멘트 】

- 열 가지 중에서 한 가지 잘못한 것을 가지고 매도하거나, 전체 중에서 앞뒤를 싹둑 자르고 극히 일부만을 가지고 왜곡해서 말하면 안 된다.

맹자

2. 어른보다 천천히 걸어서 뒤에 가는 것을 공경한다 하고, 어른보다 빨리 걸어서 앞서가는 것을 공경하지 않는다고 하니, 천천히 걸어가는 것을 어찌 할 수 없겠는가. 자신이 하지 않는 것뿐이니, 요임금 순임금의 道도, 도리는 孝弟효제, 효도와 공경뿐이다.

【 문장의 의의 】

▶ 요순의 도가 비록 크다 하지만 그것을 행하는 것은 바로 가고 멈춤을 빨리 하고 천천히 하는 작은 것에 있는 것이요, 매우 높아서 행하기 어려운 일은 아니건만 백성들이 날마다 쓰면서도 모를 뿐이다.

【 저자의 멘트 】

- 봉래 양사언의 시 「泰山歌태산가」

泰山雖高是亦山태산수고시역산 / 태산이 높다 하되 하늘 아래 뫼이로다.
登登不已有何難등등불이유하난 / 오르고 또 오르면 못 오를 리 없건마는
世人不肯勞身力세인불긍노신력 / 오르고 또 오르면 못 오를 리 없건마는
只道山高不可攀지도산고불가반 / 뫼만 높다 하더라.

※ 양사언: 경기 포천출신의 문신이며 서예가

3. 신하 된 자가 利益이익을 생각하여 그 군주를 섬기며, 자식 된 자가 이익을 생각하여 그 부모를 섬기며, 아우 된 자가 이익을 생각하여 그 형을 섬기면, 이는 군신과 부자와 형제가 인의를 버리고 이익을 생각하여 서로 대하는 것이니 이렇게 하고도 망하지 않는 자는 없다.

신하 된 자가 仁義인의를 생각하여 그 군주를 섬기며, 자식 된 자가 인의를 생각하여 그 부모를 섬기며, 아우 된 자가 인의를 생각하여 그 형을 섬기면, 이는 군신과 부자와 형제가 이익을 버리고 인의를 생각하여 서로 대하는 것이니 이렇게 하고도 왕 노릇 하지 못하는 자는 없다.

장군지악　기죄소　봉군지악　기죄대
4. 長君之惡은 其罪小하고 逢君之惡은 其罪大하니

금지대부개봉군지악
今之大夫皆逢君之惡하나니

고　왈 금지대부　금지제후지죄인야
故로 曰 今之大夫는 今之諸侯之罪人也니라

군주의 악을 키워주는 것은 그 죄가 작고, 군주의 악과 영합함은 그 죄가 크다. 그런데 지금의 대부는 모두 군주의 악과 영합하니, 모두 제후의 죄인들이다.

【 字解 】

① 長: 키울, 자랄 장

② 君: 군주임금

③ 逢: 만날, 맞이할, 영합할 봉相逢: 상봉

【 문장의 의의 】

▶ 군주에게 과실이 있어도 간하지 않고 그대로 순종함은 군주의 악을 조장하는 것이고, 군주의 과실이 아직 싹트지 않았는데도 뜻에 앞서서 인도하는 것은 군주의 악과 영합하는 것이다.

맹자왈 불교민이용지 위지앙민
5. 孟子曰, 不敎民而用之를 謂之殃民이라니

앙민자 불용어요순지세
殃民者는 不容於堯舜之世니라

백성을 가르치지 않고 싸우게 하는 것을 백성에게 재앙을 입힌다고 하니, 백성에게 재앙을 입히는 자는 요순의 세상에서는 용납되지 못하였다.

【 字解 】

① 敎民교민: 예의를 가르침

② 用之용지: 使之戰사지전: 싸우게 하는 것

③ 殃: 재앙 앙

④ 容: 용납할, 받아들일, 용서할 용

【 문장의 의의 】

▶ 백성을 가르친다는 것은, 예의를 가르쳐서 집에 들어가면 아버지와 형을 섬기고, 집을 나오면 장상지위가 높거나 나이가 많은 사람을 섬기는 것이다.

군 자 지 사 군 야 무 인 기 군 이 당 도
5.1. 君子之事君也는 務引其君以當道하야
지 어 인 이 이
志於仁而已니라

군자가 군주를 섬기는 것은 그 군주를 인도하여 학문을 닦도록 하는 데 힘써 인에 뜻을 두게 할 뿐이다.

【 字解 】

① 務: 힘쓸 무

② 當道당도: 일이 이치에 합당함을 말하고

③ 志於仁지어인은 마음이 인에 있음을 말한다.

십 일 이 세 요 순 지 도 야
6. 什一而稅는 堯舜之道也라

10분의 1 10%로 세금을 거두는 것은 요순이 쓰던 제도이다.

【 字解 】

① 什: 열 십

② 堯舜요순: 요임금 요, 순임금 순

③ 道: 방법 도

맹 자 왈 군 자 불 량 오 호 집
7. 孟子曰, 君子不亮이면 惡乎執이리오

군자가 성실하지 않으면

어찌 일을 맡아서 처리할 수 있으리오.

【 字解 】

① 亮: 성실할, 진실로, 참으로 량

② 惡: 어찌 오

③ 執: 맡아 다스릴, 처리할 집 집사

여 참 첨 면 유 지 인 거

8. 與讒諂面諛之人居면

국 욕 치 가 득 호

國欲治인들 可得乎아

참소하고 아첨하고 면전에서 비위를 맞추는 사람과

함께한다면 나라를 다스리고자 한들 될 수 있겠는가.

【 字解 】

① 讒: 참소할, 헐뜯을 참 남을 헐뜯어서 죄가 있는 것처럼 꾸며 윗사람에게 고하여 바치다

② 諂: 아첨할, 아양 떨, 비위맞출 첨

③ 諛: 아첨할, 비위 맞출 유

9. 하늘이 장차 큰 임무大任: 대임를 맡기려 할 때에는, 반드시 먼저 그 사람의 마음과 의지를 수고롭게 하고, 그 육체를 수고롭게 하며, 그 몸을 굶주리게 하며, 그 몸을 궁핍하게 하여 그가 하는 것들을 어지럽게 하니, 이는 마음을 분발시키고 성질을 참게 하여 잘하지 못하는 것을 잘할 수 있게 하려는 것이다.

인항과연후 능개
9.1. 人恒過然後에 能改하나니

곤어심 형어려이후 작 징어색
困於心하며 衡於慮而後에 作하며 徵於色하며

발어성이후 유
發於聲而後에 喩니라

사람은 항상 허물이 있음을 알고 나서야 고치며,
마음이 괴롭고 생각이 막힌 뒤에야 분발하여 일어나며,
얼굴빛에 그 징조가 보이고 목소리에 드러난 뒤에
비로소 깨닫는다.

【 字解 】

① 恒: 항상 항

② 過: 과실, 잘못, 허물 과

③ 困: 괴로움, 시달릴 곤

④ 衡: 가로막힐 형

⑤ 慮: 생각할 려

⑥ 徵: 징조, 조짐 징

⑦ 發: 드러날, 나타날 발

⑧ 喩: 깨달을 유

【 문장의 의의 】

▶ 이것은 보통사람들의 품성이 항상 이렇다는 것을 말한 것으로, 평소에 늘 허물이 생기지 않도록 삼가야 한다.

【 저자의 멘트 】

- 사후 약방문! 망우보뢰亡牛補牢: 소 잃고 외양간 고친다!

맹자왈 교역다술의
10. 孟子曰, 敎亦多術矣니

여불설지교회야자 시역교회지이이의
予不屑之敎誨也者는 是亦敎誨之而已矣니라

(사람을)가르치는 데는 여러 가지 방법이 있으니,
그 사람을 달갑게 여기지 않아 거절하는 것도
그를 가르치는 방법 중 하나이다.

【 字解 】

① 術: 방법, 수단 술

② 屑: 달갑게 여길 설

③ 不屑불설에는 거절의 의미도 있음.

④ 誨: 가르칠 회

【 문장의 의의 】

▶ 그 사람이 만일 이에 감동되어 물러가 스스로 자신의 과오를 깨닫고 살핀다면 이 또한 그를 가르치는 것이다.

▶ 사람의 자질에 따라 어떤 사람은 억제하고, 어떤 사람은 분발토록 하고, 어떤 사람은 인정해주고, 또 어떤 사람은 인정해 주지 않음으로써 가르치니 가르침이 아닌 것이 없다.

★ 황해도의 옛 이름은 풍해도이다.

★ 경회루가 명명된 경위태종 12년(1412년 음 5월16일)

태종이 지신사도승지: 비서실장인 김여지로 하여금 '경회慶會 · 납량納涼 · 승운乘雲 · 과학跨鶴 · 소선召仙 · 척진滌塵 · 기룡騎竜'의 7개 후보를 가지고 하윤에게 가서 물어본 후 경회루라고 정하였다.

盡心(진심) 上

마음과 정성을 다함.

맹자왈 진기심자 지기성야
1. 孟子曰, 盡其心者는 知其性也니

지기성즉지천의
知其性則知天矣니라

그 마음과 정성을 다하는 자는 그 性성을 아는 자이니,
그 성을 알면 하늘을 아는 자이다.

【 字解 】

① 性: 성품 성타고난 사람의 天性(천성), 사람과 사물의 본바탕.

② 盡: 다할 진극치에 달하다, 최고에 달하다, 다 없어지다

③ 天천: 하늘의 도리나 이치

맹자왈 구즉득지 사즉실지
2. 孟子曰, 求則得之하고 舍則失之니라

(인의예지를)구하면 얻고 버리면 잃는다.

【 字解 】

① 求: 구할 구

② 則: 곧 즉

③ 得: 얻을 득

④ 舍: 버릴, 집 사

맹자왈 인불가이무치 무치지치 무치의

3. 孟子曰, 人不可以無恥니 無恥之恥면 無恥矣니라

사람은 부끄러워할 것이 없을 수 없으니, 부끄러워할 것이 없음을 부끄러워하면 부끄러워할 일이 없을 것이다.

【 字解 】

① 恥: 부끄러울, 부끄러워할 치

【 문장의 의의 】

▶ 세상 어디에도 완벽한 사람은 한 사람도 없다. 그러므로 자신이 부끄러워할 것이 없음을 부끄러워하면, 이는 나쁜 행실을 고쳐 선을 따르는 사람이니 종신토록 치욕이 반복될 일이 없을 것이다.

【 저자의 멘트 】

- 부끄러워할 것이 없다는 것은 그만큼 완벽하고 마음이 떳떳하다는 말로서 교만한 마음이 싹틀 수 있다.
- 죽는 날까지 하늘을 우러러 한 점 부끄럼이 없기를…. 윤동주 시인의 서시 첫머리에 나오는 글귀이다.

맹자왈 치지어인 대의

4. 孟子曰, 恥之於人에 大矣라

부끄러워하는 것은 사람에게 있어 매우 중요하다.

【 字解 】

① 恥之치지: 부끄러워하다.

② 於어: ~에게

③ 大: 클, 중히 여길, 중요시할 대

【 저자의 멘트 】

- 사람이 禮義廉恥예의염치만 알아도 된 사람이라 할 수 있다.

※ 예의염치: 예절과 의리와 청렴한 마음과 부끄러워하는 태도

맹자왈 사 궁불실의 달불리도
4.1. 孟子曰, 士는 窮不失義하며 達不離道니라.

궁불실의고 사득기언
窮不失義故로 士得己焉하고

달불리도고 민불실망언
達不離道故로 民不失望焉이니라

선비는 궁핍해도 義의를 잃지 않으며, 지위가 높아지고 귀하게 되어도 道도에서 벗어나지 않는다. 궁핍해도 의를 잃지 않기 때문에 자기 몸을 잃지 않고, 영달하여도 도에서 벗어나지 않기 때문에 백성들이 실망하지 않는다.희망을 잃지 않는다

【 字解 】

① 窮: 궁할 궁가난하고 어렵다

② 達달=영달: 지위가 높고 귀하게 됨

③ 故: 연고 고이유, 사유, 까닭

④ 得己득기: 자기의 지조를 잃지 않음

⑤ 望: 기대, 바랄 망

【 문장의 의의 】

▶ 선비는 가난하고 천하다고 해서 지조를 버리지 않으며, 부유하고 귀하게 되었다고 해서 사치하거나 방탕하지 않는 것을 말한 것으로, 이는 덕을 높이고 의를 즐겨하는 것이다.

맹 자 왈 　이 일 도 사 민
5. 孟子曰, 以佚道使民이면

수 노 　불 원
雖勞나 不怨하고

이 생 도 살 민 　수 사 　불 원 살 자
以生道殺民이면 雖死나 不怨殺者니라

백성을 편안하게 해주는 것들로 부리면, 비록 수고로워도 원망하지 않고, 백성을 살리고자 하는 마음으로 죽이면, 비록 죽더라도 원망하지 않고 죽는다.

【 字解 】

① 佚: 편안할 일

② 道: 방법 도

【 문장의 의의 】

▶ 편안하게 해주는 것으로길을 넓히고, 다리를 놓는 등 백성을 부린다는 것은 본래 백성을 편안히 해주고자 하는 것이고, 살리고자 마음으로 백성을 죽인다는 것은 본래 백성을 살려주고자 하는 것을해를 끼치는 자와 악을

행한 자를 제거하는 것 등 말하니. 부득이하게 해야 할 것을 한다면 비록 이를 어겨도 백성들이 원망하지 않는다.

맹자왈 선정 불여선교지득민야
6. 孟子曰, 善政이 不如善教之得民也니라

선정 민 외지
善政은 民이 畏之하고

선교 민 애지
善教는 民이 愛之하나니

선정 득민재 선교 득민심
善政은 得民財하고 善教는 得民心이니라

(아무리 좋은) 善政선정, 바르고 착하게 다스리는 정치이라도 좋은 가르침을 통해 백성을 얻는 것만 못하다. 선정은 백성들이 두려워하지만 선교좋은 가르침는 백성들이 사랑하니, 선정은 백성의 재물을 얻고 선교는 백성의 마음을 얻는다.

【 字解 】

① 畏: 두려워할 외

② 善: 착할, 좋을, 훌륭한, 잘하는, 옳게 여길 선

【 문장의 의의 】

▶ 백성의 재물을 얻는다 함은 백성이 풍족하면 군주도 풍족한 것이고, 백성의 마음을 얻는다는 것은 그 어버이를 버리지 않고 그 군주를 뒤로하지 않는 것이다.

해 제 지 동　　무 부 지 애 기 친 야
7. 孩提之童이 無不知愛其親也며
급 기 장 야　　　무 부 지 경 기 형 야
及其長也하야 無不知敬其兄也니라

어린아이로서 그 어버이를 사랑할 줄 모르는 자는 없으며,
커서도 그 형을 공경할 줄 모르는 자는 없다.

【 字解 】

① 孩: 어린아이 해

② 提: 끌 제

③ 童: 아이 동

④ 孩提之童해제지동: 어린아이

⑤ 長: 자랄, 어른 장

【 문장의 의의 】

▶ 어버이를 사랑하고, 어른을 공경하는 것은 깊은 생각을 하지 않고도 알 수 있고, 배우지 않고도 실천할 수 있다.

친 친　　인 야　　경 장　　의 야
7.1. 親親은 仁也요 敬長은 義也니
무 타　　달 지 천 하 야
無他라 達之天下也니라

어버이와 친히 하는 것은 仁인이요,
어른을 공경하는 것은 義의이니
이는 천하에 통하는 이치다.

【 字解 】

① 親親친친: 앞의 친은 친히 함이고 뒤의 친은 어버이이다.

② 敬: 공경할 경

③ 長: 어른 장

④ 他: 다를 타

⑤ 達: 통할, 통용될 달

맹 자 왈　인 지 유 덕 혜 술 지 자　항 존 호 진 질

8. 孟子曰, 人之有德慧術知者는 恒存乎疢疾이니라

사람 중에 덕의 지혜와 기술에 대한 지식을 가진 자는 항상 근심과 걱정 속에 산다.

【 字解 】

① 德慧덕혜: 덕의 지혜

② 術知술지: 기술 지식

③ 疢疾진질: 아파서 괴로워함, 곤궁함=근심 걱정

④ 疢: 열병 진

⑤ 疾: 병 질

【 문장의 의의 】

▶ 왜냐하면, 이와 같은 사람들은 지혜가 상당한 경지에 도달했음에도, 혹시 부족하고 능하지 못한 점은 없을까 걱정하여 더욱 마음을 움직이고 성질을 참아서, 능하지 못한 것을 더 발전시키고자 하기 때문이다.

9. 孟子曰, 君子有三樂이니

맹자왈 군자유삼락

①父母俱存하며 兄弟無故 一樂也요

부모구존 형제무고 일락야

②仰不愧於天하며 俯不怍於人이 二樂也요

앙불괴어천 부불작어인 이락야

③得天下英才而教育之 三樂也니

득천하영재이교육지 삼락야

王天下不與存焉이니라

왕천하불여존언

군자에게는 세 가지 즐거움이 있으니,

① 부모가 모두 살아 계시고 형제가 무고한 것이 하나이고,

② 우러러 하늘에 부끄럽지 않고, 굽어보아 사람들에게 부끄럽지 않은 것이 둘이고,

③ 천하에 영재를 만나서 가르쳐 기르는 것이 셋이다.

그러나 천하에 왕노릇 하는 것은 거기에 들어있지 않다.

【 字解 】

① 俱: 모두, 함께, 전부 구

② 仰: 우러러볼 앙

③ 愧: 부끄러울 괴

④ 俯: 굽힐 부 고개를 숙이다

⑤ 怍: 부끄러워할 작

【 문장의 의의 】

▶ ①은 하늘에 달려있고, ②는 나에게 달려있고, ③은 남에게 달려있다. 그러나 천하에 왕 노릇 하는 것은 여기에 포함되지 않는다.

10. 食之以時하며 用之以禮면 財不可勝用也니라

식지이시 용지이례 재불가승용야

때에 맞춰 먹고, 禮예, 규정대로 쓰면 재물을 다 쓰지 못한다.

【 字解 】

① 勝: 이길, 모두 승

【 문장의 의의 】

▶ 백성들에게 절약과 검소함을 가르치면 재물의 씀씀이가 풍족할 것이다.

10.1. 사람은 물과 불이 아니면 생활할 수 없으나, 어두운 저녁에 남의 집 문을 두드려 물과 불을 구하면 주지 않는 이가 없는 것은 지극히 풍족하기 때문이다. 성인이 천하를 다스림에 백성들로 하여금 콩과 곡식을 물과 불처럼 흔하게 가질 수 있도록 하니, 콩과 곡식이 물과 불처럼 흔하면 사람들이 어찌 仁인하지 못한 자가 있겠는가.

【 문장의 의의 】

▶ 예의는 부유하고 풍족한 데서 생겨나니 백성들이 떳떳하게 살 수 있는 재산이나 생업직업 없으면 떳떳한 마음이 없어짐을 말한 것이다.

【 저자의 멘트 】

• 우리는 그동안 일제강점기와 6.25전쟁, IMF외환위기를 겪으면서 정신적인 황폐화와 경제적인 어려움 등으로 예의가 심히 희박해졌다.

10.2. 觀水(관수)에 有術(유술)하니 必觀其瀾(필관기란)이니라
日月(일월)이 有明(유명)하니 容光(용광)에 必照焉(필조언)이니라

물을 관찰하는 데에는 방법이 있으니 반드시 그 물결을 보아야 한다. 해와 달은 빛이 있으니 빛이 허락하는 곳에는 반드시 비춘다.

【 字解 】

① 觀: 볼 관
② 術: 방법, 수단 술
③ 瀾: 물결 란
④ 照: 비출 조

【 문장의 의의 】

▶ 물결이 이는 것을 보면 그 근원이 있음을 알 수 있고, 햇빛이 비추는 것을 보면 그 밝음에 근본이 있음을 알 수 있는 것이다.

▶ 따라서 道도에도 그 근본이 있음을 말한 것이다.

11. 굶주린 자는 밥을 달게 먹고, 목마른 자는 물을 달게 마시니, 이는 굶주리고 목마른 것이 음식의 올바른 맛을 방해하기 때문인데, 이것이 어찌 입과 배에만 굶주림과 목마름에만 해로움이 있겠는가. 마음에도 해로움이 있다.

【 문장의 의의 】

▶ 입과 배가 굶주림과 목마름에 해로움을 받기 때문에 맛이 있는지 없는지 가릴 겨를이 없어 그 올바른 맛을 잃는 것이요, 인심은 가난과 천함에 방해를 받기 때문에 부귀에 대하여 가릴 겨를이 없어 그 올바른 이치를 잃는다.

12. 王子(왕자)점 : 선비는 무엇에 힘을 씁니까?
맹 자 : 뜻을 고상히 하는데 힘쓴다尚志, 상지
王子점 : 뜻을 고상히 한다는 것이 무슨 말입니까?
맹 자 : 仁義인의를 행하는 것이다. 한 사람이라도 죄 없는 사람을 죽이는 것은 仁인이 아니며, 자신의 소유가 아닌데 취하는 것은 義의가 아니다.

【 문장의 의의 】

▶ 이 말은, 위로는 공경대부가 있고 아래로는 농업 · 공업 · 상업에 종사하는 사람이 있는데, 그 사이에 있는 선비는 하는 일이 없어 보였기에 왕자인 점의 물음에 맹자가 대답한 것이다.

▶ 인이 아니고 의가 아니면 비록 아무리 작은 일이더라도 하지 않으며, 일상생활 하는 것에 인이 아닌 것이 없으니 이는 선비가 그 뜻을 고상히 하는 것이다. 그런데 선비가 인의를 하는 것은 대인 즉, 공경대부가 하는 것과 마찬가지다.

▶ 선비가 비록 공경대부나 농민, 상인 등과 같이 직접적으로 종사하는 일은 없어 보이지만 선비가 인의를 하는 것이 어떤 면에서는 더

나을 수도 있다는 것을 에둘러 표현한 것이다.

맹자왈 사이불애 시교지야
13. 孟子曰, 食而弗愛면 豕交之也요
애이불경 수휵지야
愛而不敬이면 獸畜之也니라

먹이기만 하고 사랑하지 않으면 돼지로 키우는 것이요,

사랑하기만 하고 공경하지 않으면 짐승으로 기르는 것이다.

【 字解 】

① 食: 먹일 사

② 弗: 아니 불

③ 豕: 돼지 시

④ 獸: 짐승 수 개나 말 같은 짐승

⑤ 畜: 기를 휵

【 문장의 의의 】

▶ 사람 대하기를 예와 공경으로 하라는 것이다. 부모 모실 때도 또한 같다.

맹자왈 군자지소이교자 오
14. 孟子曰, 君子之所以教者 五니,

군자가 (제자를)가르치는 방법이 다섯 가지가 있다.

① 초목이 막 자랄 때 파종하고 북돋아주며 時雨 시우, 단비를

내려 감응하듯이 하는 방법 : 공자의 제자인 안자, 증자

② 덕을 증진시키는 방법 : 공자의 제자인 염백우와 민자건

③ 자질을 통달하게 하는 방법 : 공자의 제자인 자로와 자공

④ 질문에 답하는 방법 : 공자의 제자인 번지와 맹자의 제자인 만장

⑤ 남으로부터 들어서 가르침을 터득하는 방법 : 공자의 제자인 진항과 맹자의 제자인 이지

【 문장의 의의 】

▶ 이 방법들은 성현이 제자들을 가르칠 때 각각 그들의 자질, 인품의 고하, 거리의 원근, 선후 등을 헤아려 작은 사람은 작게, 큰 사람은 크게 이루게 하여 한 사람도 버리는 사람이 없다는 것을 말한 것이다.

군자 인이불발
15. 君子 引而不發하야

약여야 중도이립 능자 종지
躍如也하야 中道而立이어든 能者 從之니라

군자는 (활시위를)당기기만 하고 발사하지 않으며, 뛰어오르게 하여 어느 쪽으로도 치우치지 않은 바른 길에 서거든 능한 자를 따르는 것이다.

【 字解 】

① 引: 끌어당길 인

② 發: 화살을 발사하는 것

③ 躍: 뛸, 뛰어오를 약

【 문장의 의의 】

▶ 이는 군자가 사람을 가르칠 때, 배우는 법요령만 가르쳐주고 이해하고 터득하는 것은 배우는 자가 스스로 해야 하는 것임을 말한 것이다.

16. 맹자가 말하기를,

① 신분이 귀한 것에 의지해서 물으며,

② 어짊을 믿고 의지해서 물으며,

③ 나이 많은 것에 의지해서 물으며,

④ 공로가 있음을 믿고 의지해서 물으며,

⑤ 저의를 가지고 묻는 경우에는 모두 대답하지 않는다.

【 문장의 의의 】

▶ 모두 불손하고 교만한 마음이 있는 것으로, 믿는 구석이 있으면 도를 받는 마음을 한곳에 집중하지 못하기 때문에 대답해 주지 않는 것이다. 군자가 비록 사람 가르치기를 게을리하지 않으나 뜻이 정성스럽지 못한 자는 미워한다.

맹 자 왈 어 불 가 이 이 이 자 무 소 불 이

17. 孟子曰, 於不可已而已者는 無所不已요

어소후자 박 무소불박야
於所厚者 薄이면 無所不薄也니라

그만두면 안 될 경우에 그만두는 자는 그만두지 않는 것이 없고, 후하게 하여야 할 경우에 야박하게 하면 야박하지 않은 것이 없다.

【 字解 】

① 已: 그칠, 그만둘 이

② 厚: 두터울, 후할 후

③ 薄: 박할, 야박할 박

【 문장의 의의 】

▶ 이는 不及불급한 자의 폐단을 말한 것이다.

기진 예자 기퇴속
17.1. 其進이 銳者는 其退速이니라

그 나아감이 빠른 자는,
그 물러나는 것중지, 포기도 빠르다.

【 字解 】

① 銳: 날랠, 빠를, 민첩할 예

② 退: 물러날 퇴

【 문장의 의의 】

▶ 나아감이 빠른 자는 마음을 씀이 지나쳐 그 기운이 쉽게 쇠약해진다. 그러므로 물러남도 빠른 것이다. 학습하는 자는 반드시 명심하여야 한다.

【 저자의 멘트 】

- Slow and steady wins the race! 페이스 조절이 중요!

맹자왈 군자지어물야 애지이불인
18. 孟子曰, 君子之於物也에 愛之而弗仁하고

어민야 인지이불친
於民也에 仁之而弗親하나니

친친이인민 인민이애물
親親而仁民하며 仁民而愛物이니라

군자는 (짐승, 초목 등과 같은)사물에 대해서는 소중히 하기만 하고 사랑하지 않으며, 백성사람에 대해서는 사랑하기만 하고 친하지 않으니, 어버이, 친척 등을 친히 하고 백성을 사랑하고 나서야 사물을 소중히애지중지해야 한다.

【 字解 】

① 物물: 짐승, 초목 등을 말함

② 親親친친: 어버이와 친척 등을 친히 함을 뜻한다.

③ 親: 친할, 가까울, 어버이, 친척, 몸소 친

【 문장의 의의 】

▶ 내 어버이를 어버이로 여긴 후에 남의 어버이에게 미치는 것이며, 사람을 사랑하고 나서야 물건을 아끼고 짐승을 좋아하는 것이다.

맹자왈 지자 무부지야 당무지위급
19. 孟子曰, 知者 無不知也나 當務之爲急이요

인자 무불애야 급친현지위무
仁者 無不愛也나 急親賢之爲務니라

知智者지자는 모르는 것이 없지만 마땅히 힘써야 할 일은 급하게 여기고, 仁者인자는 사랑하지 않는 것은 없지만 어진 이를 친히 하는 것은 급하게 여긴다.

【 字解 】

① 當: 마땅할, 당연할 당

② 急: 급할 급

③ 賢: 어질 현어진 사람

19.1. 삼년상은 잘하지 못하면서 시마복과 소공복은 살피며, 밥숟갈을 크게 뜨거나 국을 길게 마시지 말아야 하며, 마른고기를 이빨로 끊지 말아야 함을 따지는 것을 급선무를 모른다고 하는 것이다.

【 문장의 의의 】

▶ 삼년상: 부모의 喪상

- 시마복: 증조, 고조할아버지의 형제나 그 자손의 상사喪事에 석 달 동안 입는 상복
- 소공복: 할아버지의 형제와 그 자녀, 사촌형제 등의 상사에 5개월

동안 입는 상복

▶ 부모상을 당해 3년 복을 입는 것은 복 중에서 가장 중요한 것이요, 시마복3개월복, 소공복(5개월복)은 부모보다 먼 증조 · 고조의 형제와 자녀 등의 상사에 입는 복으로 덜 중요한 것이다.

▶ 또한, 밥을 많이 뜨고 국을 길게 후루룩 하고 마시는 것은 불경함이 큰 것이고, 마른고기를 이빨로 끊는 것은 작은 것이다(※젖은 고기를 이빨로 해야). 그럼에도 오히려 가볍고 작은 불경스러움을 중시하는 것은 선후와 경중을 모르는 것으로 이는 정신을 피폐하게 하는 것이다.

【 저자의 멘트 】

• 요즘 TV를 보다 보면 면으로 만든 음식을 먹을 때 끊지 않고 먹으려고 젓가락질을 빨리하여 먹는 장면을 자주 보는데 참으로 경박하기 그지없다.

★ 율곡 이이와 충무공 이순신 장군은 덕수 이씨로서 19촌 숙질 사이로 충무공이 아저씨뻘이다.

문성공 율곡 이이1536년 ~ 1584년

충무공 이순신 장군1545년 ~ 1598년

盡心(진심) 下

인인 무적어천하
1. 仁人은 無敵於天下니라

어진 사람은 천하에 대적할 적이 없다.

2. 맹자가 말하기를, 나는 이제야 비로소 남의 어버이를 죽이는 것이 매우 심한 일이라는 것을 알았다. 내가 만일 남의 아버지를 죽이면 남도 내 아버지를 죽일 것이고, 남의 형을 죽이면 남도 내 형을 죽일 것이다. 그러면, 이는 내가 직접 내 아버지와 형을 죽인 것은 아니지만 내가 죽인 것이나 다름없기 때문이다.

맹자왈 주우리자 흉년 불능살
3. 孟子曰, 周於利者는 凶年이 不能殺하고

주우덕자 사세 불능란
周於德者는 邪世 不能亂이니라

재물이 넉넉한 자는 흉년도 그를 죽이지 못하고,
덕이 풍족한 자는 사악한 세상이 그를 어지럽히지 못한다.

【 字解 】

① 周주=足족 : 넉넉함, 풍족함

② 殺: 죽일 살

③ 邪世사세: 사악한 세상즉, 나쁜 세상

④ 亂: 어지러울, 어지럽힐 난

【 문장의 의의 】

▶ 덕을 후하게 쌓으면 여유가 있다는 것을 말한 것이다.

맹 자 왈　불 신 인 현 즉 국　　공 허
4. 孟子曰, 不信仁賢則國이 空虛하고
무 예 의 즉 상 하 난　　　무 정 사 즉 재 용　　부 족
無禮義則上下亂하고 無政事則財用이 不足이니라

어질고 현명한 이를 믿지 않으면 나라가 텅 비게 되고,
예와 의가 없으면 위아래가 어지럽고,
정치가 없으면 재물을 넉넉하게 쓰지 못한다.

【 문장의 의의 】

▶ 재물을 넉넉하게 쓰지 못하는 이유는, 물건을 만들어 내는 것에 방법이 없고, 소유하는 것에 일정한 제한이 없고, 쓰는 것에 절도가 없기 때문이다.

▶ 위 세 가지는 仁인과 賢현을 근본으로 삼으니 인현이 없으면 예의와 정치를 행사하기를 모두 道도로써 하지 못할 것이다. 空虛공허는 사람이 없는 것과 같고 禮義예의는 상하를 구분해서 백성의 마음을 안정시키는 역할을 한다.

5. 孟子曰(맹자왈), 不仁而得國者(불인이득국자)는 有之矣(유지의)어니와

不仁而得天下(불인이득천하)는 未之有也(미지유야)니라

인하지 않고도 나라를 얻는 자는 있으나,

인하지 않으면서 천하를 얻는 자는 없다.

【 문장의 의의 】

▶ 천하를 얻으려면 인해야 한다.

6. 孟子曰(맹자왈), 民(민)이 爲貴(위귀)하고

社稷(사직)이 次之(차지)하고 君(군)이 爲輕(위경)이니라

백성이 가장 귀하고, 사직이 그 다음이고, 군주임금는 가장 가볍다.

【 字解 】

① 社稷사직: 社사는 토지신이고, 稷직은 곡식 신으로 곧 국가를 뜻한다.

【 문장의 의의 】

▶ 백성〉사직〉군임금, 왕

▶ 처음 나라를 세우면 사직단을 만들어 토지신과 곡식신에게 제사를 올린다. 나라는 백성을 근본으로 삼고, 사직도 백성을 위해 세우니 군주의 존귀함은 이 두 가지의 존망에 달려있다. 그러므로 경중이 이와 같은 것이다.

맹자왈 산경지혜간 개연용지이성로
7. 孟子曰, 山徑之蹊間이 介然用之而成路하고
위간불용즉모색지의
爲間不用則茅塞之矣니라

산에 나 있는 좁은 길을 사람들이 잠시 동안만이라도 이용하면 길을 이루고, 한동안 이용하지 않으면 띠풀이 막아버린다.

【 字解 】

① 徑: 지름길, 작은 길 경
② 蹊: 지름길 혜사람이 다니는 곳
③ 介然개연: 잠시간
④ 路: 길 로
⑤ 茅: 띠 모
⑥ 塞: 막힐 색

【 문장의 의의 】

▶ 사람으로서 지켜야 할 도리를 잠깐이라도 중단하면 안 된다는 말이다.

맹자왈 제후지보삼 토지 인민 정사
8. 孟子曰, 諸侯之寶三이니 土地와 人民과 政事니
보주옥자 앙필급신
寶珠玉者는 殃必及身이니라

제후의 보배가 세 가지인데, 토지와 백성과 정치이다. (그러나 이것보다) 금은보석 등 보물을 소중히 여기는 자는 재앙이 반드시 몸에 미친다.

【 字解 】

① 寶: 보배, 보물 보

② 珠: 구슬 주

③ 殃: 재앙 앙

④ 及: 미칠 급

【 문장의 의의 】

▶ 보배로 여길 만한 것을 잃는 자는 위태롭다는 것을 말한 것이다.

9. 분성괄이 제나라에서 벼슬하고 있었는데, 맹자가 "아무래도 분성괄이 죽을 것 같다" 하고 예언하였는데, 과연 분성괄이 죽자 제자가 물었다. "선생께서는 어떻게 그가 장차 죽을 것을 아셨습니까?" 하니, "그의 사람됨이, 재주가 약간 있기는 하나 군자로서 大道대도를 갖추었다는 말은 듣지 못했으니 그것으로 그 몸을 죽인 것이다." 하셨다.

【 字解 】

① 분성괄: 맹자의 제자로 제나라 사람

【 문장의 의의 】

▶ 이는 재주가 조금 있는 것을 믿고 잘난 체하고 함부로 행동하면 화를 당한다는 것을 말한 것이다.

왕자 불추 래자 불거
10. 往者를 不追하며 來者를 不拒니라

가는 자는 쫓지 않고, 오는 자는 막지 않는다.

【 字解 】

① 往: 갈 왕

② 追: 쫓을 추

③ 拒: 막을, 거절할 거

【 문장의 의의 】

▶ 배우는 자가 도를 배우고자 하는 마음으로 찾아오면 받아줄 뿐이다.

인능충무욕해인지심 이인 불가승용야
11. 人能充無欲害人之心이면 而仁을 不可勝用也며

인능충무천유지심 이의 불가승용야
人能充無穿踰之心이면 而義를 不可勝用也니라

사람이 남을 해치려고 하지 않는 마음을 채우면 仁인을 다 쓸 수 없으며, 사람이 담을 뚫거나 넘어가서 도둑질하지 않으려는 마음을 채우면 義의를 이루 다 쓸 수 없을 것이다.

【 字解 】

① 穿: 뚫을 천

② 踰: 넘을 유

③ 穿踰천유: 도둑질하는 것

인병 사기전이운인지전
12. 人病은 舍其田而芸人之田이니

소구어인자 중 이소이자임자 경
所求於人者 重이요 而所以自任者 輕이니라

사람들의 병통은 자기 밭은 놔두고 남의 밭을 김매는 것이니, 남에게 요구하는 것은 엄하게 하고 스스로 책임지는 것은 가볍게 한다.

【 字解 】

① 芸: 김맬 운김을 맨다는 것은 논밭에 있는 풀을 뽑는 것을 말한다

② 輕: 가벼울 경

【 문장의 의의 】

▶ 자기 일은 제대로 단속하지 못하면서 남의 일에는 간섭하기를 힘쓰는 병통을 말한 것이다.

맹자왈 설대인즉묘지 물시기외외연
13. 孟子曰, 說大人則藐之하야 勿視其巍巍然이니라

대인을 설득할 때에는, (그가 대인이라는 것을)대수롭지 않게 여겨 그의 지위가 높음을 보지 말아야 한다.

【 字解 】

① 藐: 가벼이 볼, 작을 묘

② 巍: 높고 클 외

③ 巍巍외외: 뛰어나게 높고 우뚝 솟은 모양, 인격이 높고 뛰어남

【 문장의 의의 】

▶ 상대방의 지위에 두려워하거나 주눅 들지 않으면 뜻이 펴져서 당당하게 말할 수 있을 것이다.

맹자왈 양심 막선어과욕

14. 孟子曰, 養心이 莫善於寡欲이라

마음을 수양하는 것은,
욕심을 적게 하는 것보다 더 좋은 것이 없다.

【 字解 】

① 寡: 적을 과

【 문장의 의의 】

▶ 欲욕심은 눈·코·입·귀와 사지의 욕망 같은 것으로 사람에게 꼭 있어야 하는 것이지만 절제하지 않으면 그 본심을 잃지 않는 자가 없을 것이다.

15. 비난할 것도 없고 풍자할 것도 없으며, 시류에 동화하고 더러운 세상에 영합하며, 평상시 거처할 때는 정성스럽고 믿음직한 것처럼 하며, 행하는 것은 청렴결백한 것처럼 보여 여러 사람들이 다 좋아하면 스스로 옳다고 여기므로 향원鄕原은 덕의 적이라 하는 것이다.

【 문장의 의의 】

※ 『논어』「양화」편에도 나왔으나 『맹자』 편에서 더 자세히 언급하였다.

맹자

15.1. 공자가 말하기를, 나는 似而非사이비를 미워하니,

① 피를 싫어하는 것은, 벼 싹을 어지럽힐까 두려워서이고,

② 말재주가 있는 자를 미워하는 것은,
義의를 어지럽힐까 두려워서이고,

③ 말 잘하는 입을 가진 자를 미워하는 것은,
信신을 어지럽힐까 두려워서이고,

④ 자주색을 미워하는 것은,
붉은색을 어지럽힐까 두려워서이고,

⑤ 鄕原향원을 미워하는 것은,
덕을 어지럽힐까 두려워서이다.

【 字解 】

① 似而非사이비: 같은 것 같지만 같지 않은 것

② 피: 벼가 자라는 논에 벼와 같이 자라는데 얼핏 보기에는 벼와 비슷해 보이지만 벼보다 키가 조금 더 크고 풍성하다. 생명력이 강해서 자주 뽑아주어야 한다.

【 문장의 의의 】

▶ 향원은 군자가 아니면서 군자인 것처럼 행동하는 사람을 말한다.

▶ 붉은색이 正정색이고 자주색은 서로 다른 색이 섞인 것이다.

3. 대학

大學

心不在焉이면 視而不見하며
聽而不聞하며 食而不知 其味니라
此謂 修身이 在正其心이니라

마음이 없으면 보아도 보이지 않으며,
들어도 들리지 않으며, 먹어도 그 맛을 모른다.
이것을 일러 몸을 닦는다는 것은
그 마음을 바르게 하는데 있다고 하는 것이다.

『大學(대학)』

■ 『대학』이 나오게 된 배경

- 사람이 태어나서 8세가 되면 소학교에서 『소학』을 배우고 15세지금의 중학교 2학년 정도가 되면 대학에 들어가서 사물의 이치를 궁구하고 마음을 바르게 하며 몸을 닦고 남을 다스리는 도를 배웠는데, 이때 배우는 것이 『대학』이었다.
- 『대학』은 『예기』49편 중 42번째에 있던 것을 『중용』과 함께 별도로 분리한 것이다.

■ **지은이**: 〈경經〉부분은 공자의 사상을 제자인 증자가 기술한 것이고, 〈전傳〉부분은 증자의 생각을 그의 문인이 기록한 것이라고 한다.

■ **구성**: 〈경문〉 1장과 〈전문〉 10장으로 구성되어 있다.

- 경문은 총론에 해당하고
- 전문은 각론에 해당한다.

■ **읽는 요령**

『대학』은 3강령 8조목으로 대표되는데, 〈경문〉을 읽으면 전체를 파악할 수 있다. 『논어』와 『맹자』는 그 내용이 케이스바이케이스인 경우라서 그 전체적인 요령을 파악하기가 어렵지만, 『대학』은 앞뒤가 서로 연결되고 일맥상통하여 이해하기 쉬운데, 특히 맨 앞부분의 〈경〉1장을 자세히 읽고 나면 뒤에 있는 〈전〉의 내용은 훨씬 이해가 쉽다.

『대학』을 먼저 보고 이해하면 『논어』, 『맹자』에서 말하는 내용들이 8조목과 어떻게 연결되는지를 알 수 있다. 따라서 『대학』을 『논어』, 『맹자』보다 먼저 보기를 권한다.

대학 각 장별 주요 키워드

순서		본문	발췌	주요 키워드	
경	1장	1	1	대학의 도 3강령 8조목격물치지 ~ 평천하 물유본말, 사유종시, 수신	
전	1장	1	1	명명덕	
	2장	1	1	신민, (일신·일일신·우일신)	
	3장	1	1	지어지선, (군자·소인)	
	4장	1		본말	내용생략
	5장	1		격물·치지	본문내용 없음
	6장	1	1	성의, 신독	
	7장	1	1	정심·수신	
	8장	1	1	수신·제가	
	9장	1	1	제가·치국	
	10장	1	1	치국·평천하혈구지도, 덕본재말, 재물을 만드는 도리	
계		11	9		

〈經(경)〉 1장

〈經경〉은 각각의 〈傳전〉에 대한 총론에 해당 한다.

경의 내용은 공자의 말을 증자가 기술한 것이다.

1. 大學之道(대학지도)는 在明明德(재명명덕)하며 在親民(재친민)하며 在止於至善(재지어지선)이니라

큰 학문을 하는 길은, 밝은 덕을 밝히는데 있으며,

백성을 새롭게 함에 있으며 최고의 선에 이르는데 있다.

⇨ 이를 三綱領삼강령 이라 한다.

【 字解 】

① 道: 길 도방법, 기능

② 止: 머무를, 다다를, 이를 지

③ 至: 지극할지최고

④ 綱領강령: 일을 하는데 있어 으뜸이 되는 큰 줄거리

【 문장의 의의 】

▶ 주석에서 親친은 新신으로 하여야 한다고 하였기에 '새롭게" 로 해석 하였다. 이하 모두 '신민' 으로 한다

지지이후 유정
1.1. 知止而後에 有定이니

정이후 능정 정이후 능안
定而後에 能靜하며 靜而後에 能安하며

안이후 능려 려이후 능득
安而後에 能慮하며 慮而後에 能得이니라.

머무를 곳을 안 뒤에 안정됨이 있으니 안정된 뒤에 평온할 수 있으며, 평온한 뒤에 편안할 수 있고, 편안한 뒤에 생각할 수 있고, 생각한 뒤에 깨달을 수 있다.

【 字解 】

① 止: 머무를, 다다를 지
② 靜: 고요할 정
③ 慮: 생각할 려
④ 得: 얻을, 깨달을 득

물유본말 사유종시
1.2. 物有本末하고 事有終始하니

지소선후 즉근도의
知所先後면 則近道矣리라

사물에는 주本,본가 되는 것과 지엽적인末,말것이 있고, 일에는 처음과 끝이 있으니 먼저 할 것과 나중에 할 것을 알면 道도에 가깝다고 할 수 있다.

【 字解 】

① 本末본말: 사물의 주가 되는 것과 지엽적인 것

② 終始종시: 마지막과 처음

【 문장의 의의 】

▶ 明德명덕은 本본이고, 新民신민은 末말, 知之지지는 始시, 能得능득은 終종이다. 즉, 명덕과 지지를 먼저하고, 신민과 능득은 뒤에 해야 함을 말한 것이다.

고 지 욕 명 명 덕 어 천 하 자　　선 치 기 국
1.3. ① 古之欲明明德於天下者는 先治其國하고,

욕 치 기 국 자　　선 제 기 가
② 欲治其國者는 先齊其家하고,

욕 제 기 가 자　　선 수 기 신
③ 欲齊其家者는 先修其身하고,

욕 수 기 신 자　　선 정 기 심
④ 欲修其身者는 先正其心하고,

욕 정 기 심 자　　선 성 기 의
⑤ 欲正其心者는 先誠其意하고,

욕 성 기 의 자　　선 치 기 지
⑥ 欲誠其意者는 先致其知하나니

치 지　　재 격 물
致知는 在格物이니라.

격 물　치 지　성 의　정 심　수 신　제 가
格物→ 致知→ 誠意→ 正心→ 修身→ 齊家

치 국　평 천 하
→ 治國→ 平天下 ※ 이것을 8조목이라 한다.

① 옛날에 밝은 덕을 천하에 밝히고자 하는 자는 먼저 그 나라를 다스리고치국,

② 그 나라를 다스리고자 하는 자는
먼저 그 집안을 단정히 하고제가,
③ 그 집안을 단정히 하고자 하는 자는
먼저 그 몸과 마음을 수양하고수신,
④ 그 몸과 마음을 수양하고자 하는 자는
먼저 그 마음을 바르게 하고정심,
⑤ 그 마음을 바르게 하고자 하는 자는 먼저
그 생각을 정성스럽게 하고성의,
⑥ 그 생각을 정성스럽게 하고자 하는 자는
먼저 그 지식지혜을 지극히 하였으니치지,
지식지혜을 지극히 하는 것은 사물의 이치를 깊이
연구하는데 있다격물.

【 字解 】

① 欲: 바랄, 하고자할 욕
② 齊: 가지런할, 단정할, 질서정연할, 다스릴 제
③ 修: 닦을 수수양
④ 致: 이를, 도달할 치
⑤ 格物격물: 사물의 이치를 극에 달할 때까지더 이상 나아가지 못할 때까지 연구함

【 문장의 의의 】

▶ 명덕밝은 덕을 천하에 밝힌다는 것은, 천하 사람들로 하여금 모두 그 밝은 덕을 밝힐 수 있도록 하는 것이다.

▶ 격물에서 수신까지는 모두 나 자신과 관련된 것으로, 수신을 하기까지에는 사물의 이치를 깊이 연구하고, 지식지혜을 지극히 하고, 생각을 정성스럽게 하고, 마음을 바르게 하는 보이지 않는 과정이 필요하다.

격물이후 지지 지지이후 의성
1.4. ①格物而後에 知至하고 ②知至而後에 意誠하고

의성이후 심정 심정 신수
③意誠而後에 心正하고 ④心正이후에 身修하고

신수이후 가제 가제이후 국치
⑤身修而後에 家齊하고 ⑥家齊而後에 國治하고

국치이후 천하평
⑦國治而後에 天下平이니라

① 사물의 이치를 연구한 뒤에 지식이 지극해지고,

② 지식이 지극해진 뒤에 뜻이 성실해지고,

③ 뜻이 성실해진 뒤에 마음이 바르게 되고,

④ 마음이 바른 뒤에 몸이 닦이고,

⑤ 몸이 닦인 뒤에 집안이 단정해 지고,

⑥ 집안이 단정해진 뒤에 나라가 다스려지고,

⑦ 나라가 다스려진 뒤에야 천하가 평정되어 다스려 진다.

【 문장의 의의 】

▶ 격물부터 수신까지는 명명덕의 일이고, 제가부터 평천하까지는 신민의 일이다.

자천자 이지어서인 일시개이수신위본
1.5. 自天子로 以至於庶人히 壹是皆以修身爲本이니라

【 字解 】

① 自자: ~부터, ~로부터from 至지: ~까지to

② 壹: 오직, 하나, 일체 일

③ 以이~爲위~: ~로써를 ~로 삼는다.

【 문장의 의의 】

▶ 천자로부터 서인에 이르기까지 하나 같이 모두 수신수양을 근본으로 삼는다.

대학

1.6. 其本이 亂而末治者 否矣며 其所厚者에 薄이요 而其所薄者에 厚는 未之有也니라
(기본 난이말치자 부의 기소후자 박 이기소박자 후 미지유야)

그 근본이 어지러운데 지엽이 다스려지는 일은 없으며,
후하게 하여야 할 것에 야박하게 하고,
야박하게 할 것에 후하게 하는 일은 없다.

【 字解 】

① 亂: 어지러울 난

② 否: 없을, 아닐 부

③ 厚: 후할 후

④ 薄: 야박할 박

〈傳(전)〉

〈傳전〉은 〈經경〉의 각론에 해당한다. 〈전〉은 증자의 뜻을 제자들이 기록한 것이다.

1. 〈傳1장〉 ⇨ 明明德명명덕을 해석

극 명 덕 고 시 천 지 명 명
克明德이라하며 顧諟天之明命이라하며

극 명 준 덕 개 자 명 야
克明峻德이라하며 皆自明也니라

능히 덕을 밝히고, 하늘의 밝은 명령뜻을 돌아보고,
능히 큰 덕을 밝힌다 하는 것은
모두 자기 스스로 밝히는 것으로부터 시작된다.

【 字解 】

① 克: 능할 극
② 顧: 돌아볼 고
③ 諟: 이, 이것 시
④ 峻: 높을, 클 준

2. 〈傳2장〉 ⇨ 新民신민을 해석

탕 지 반 명　　왈　구 일 신
湯之盤銘에 曰, 苟日新이어든

일 일 신　　　우 일 신
日日新하고 又日新이라

탕임금의 목욕통에 새겨져 있는 글에 이르기를,
"진실로 날로 새로워지려거든 나날이 새롭게 하고
또 날로 새롭게 하라" 고 하였다.

【 字解 】

① 湯탕: 중국고대의 은나라 왕조를 건설한 임금으로, 하나라 걸왕을 몰아내고 천자의 자리에 올랐다.

② 湯之盤탕지반: 탕임금의 목욕통

③ 銘: 새길 명

④ 苟: 진실로 구

【 문장의 의의 】

▶ 탕왕은 그 몸과 마음을 깨끗이 씻어서 악을 제거하는 것을 마치 그 몸을 목욕하여 때를 제거하는 것과 같다고 여겨 목욕통에 이글을 새겼다.

3. 〈傳3장〉 ⇨ 止於至善지어지선을 해석

시운 위인군 지어인 위인신
詩雲, 爲人君엔 止於仁하시고 爲人臣엔

지어경 위인자 지어효 위인부
止於敬하시고 爲人子엔 止於孝하시고 爲人父엔

지어자 여국인교 지어신
止於慈하시고 與國人交엔 止於信이러시다

시에 이르기를, (문왕이) 임금이 되어서는 仁인에 머물고, 신하일 때에는 恭敬공경함에 머물고, 자식이 되어서는 孝효에 머물고, 아버지가 되어서는 仁慈인자함에 머물고, 나라 사람들과 교제할 때에는 信신에 머물렀다.

【 字解 】

① 慈: 인자할, 사랑할 자

【 문장의 의의 】

▶ 이는 성인의 머무름이 지극한 善선이 아닌 곳이 없으나, 이 다섯 가지는 그 조목의 대략적인 것을 말한 것이다.

군자 현기현이친기친 소인
3.1. 君子는 賢其賢而親其親하고 小人은

락기락이리기리 차이몰세불망야
樂其樂而利其利하나니 此以沒世不忘也니라

군자는 그 전의 임금들문왕·무왕의 어진 점을 어질게 여기고, 그 친히 하는 점을 친하게 여기는 반면,

소인은 그 임금들의 즐거움을 즐거워하고 이롭게 해 준 것을 이롭게 여기니 이 때문에 이미 세상을 떠났는데도 잊지 못하는 것이다.

【 字解 】

① 沒: 죽을, 없을 몰

② 忘: 잊을 망

【 문장의 의의 】

▶ 군자와 소인이 그 선왕들에 대해 생각하는 바는 입장에 따라 다소 다르기는 하지만 후대에까지 좋은 영향을 미친 것이다.

4. 〈전4장〉 ⇨ 本末본말을 해석

내용이 한 구절에 불과하고 논어에 있는 내용인데

저자의 책에서는 생략 하였다.

※ 내용은 쟁송을 다스리는 것과 관련된 것이다.

5. 〈전5장〉 ⇨ 格物·致知격물·치지를 해석

지금은 내용이 전해지지 않아 생략한다.

대학

6. 〈전6장〉 ⇨ 誠意성의를 해석

소 위 성 기 의 자　　무 자 기 야　　여 오 악 취
所謂誠其意者는 毋自欺也니 如惡惡臭하며

여 호 호 색　　차 지 위 자 겸
如好好色이 此之謂自謙이니

고　　군 자　　필 신 기 독 야
故로 君子는 必愼其獨也니라

이른 바, 그 뜻을 정성스럽게 한다는 것은 자기를 속이지 않는다는 것이니, 악취를 싫어하고 여색을 좋아하듯이 하는 것을 스스로 자기를 겸손히 한다自謙, 자겸고 하는 것이다.

【 字解 】

① 毋: 말 무금지

② 欺: 속일 기

③ 惡惡臭오악취: 악취를 싫어함앞의 악은 싫어할 오

④ 好好色호호색: 앞의 호는 좋아함 뒤의 好色은 여색을 말함

⑤ 謙: 겸손할 겸여기에서는 만족을 뜻함

⑥ 自謙자겸: 선은 하되 악은 제거해야 하는 것은 알지만 마음은 그렇지 못하다고 생각하는 것

⑦ 愼: 삼갈 신

⑧ 獨: 홀로 독남은 알지 못하고 자신만 홀로 아는 것

⑨ 愼獨신독: 홀로 있을 때에도 도리에 어긋나지 않도록 삼가함.

【 문장의 의의 】

▶ 그러므로 군자는 반드시 홀로 있을 때에도 마음과 행동을 삼가야 한다.

▶ 성실한지, 성실하지 못한지는 남은 알지 못하고 자신만 홀로 안다.

【 저자의 멘트 】

• 광산김씨 조상 중에 조선 중기 때 문신인 '김집'의 호가 신독재이다. 김집은 김장생의 아들로 율곡 이이로부터 학문을 전수받고, 우암 송시열에게 학문을 전해주기도 하였으며, 아버지와 함께 성균관 문묘 묘정에 배향되었다.

6.1. 小人소인은 한가로이 있을 때 온갖 불선한 짓을 하되, 못하는 것이 없을 것처럼 하다가, 군자를 본 뒤에는 겸연쩍어서 그 불선함을 가리고 마치 아무 일도 안한 것처럼 한다. 그러나 남들이 자기 보기를 그의 폐부를 보듯이 할 것이니 그런들 무슨 소용 있겠는가. 이것을 일러 마음속이 성실하면 밖으로 나타난다고 하는 것이다. 그러므로 군자는 반드시 그 홀로 있을 때 더욱 삼가는 것이다.

⇨ 愼獨신독

【 字解 】

① 폐부: 폐와 오장육부. 즉, 깊은 속마음

【 문장의 의의 】

▶ 소인이 그 악을 가리고자 해도 끝내 가리지 못하고, 거짓으로 선을 하고자 해도 끝내 속일 수 없으니 그런들 무슨 유익함이 있겠는가.

【 저자의 멘트 】

• 대부분의 사람들이 홀로 있을 때에는 게을러지고 나태해지기 쉬운데, 군자는 이를 경계하고 두려워하는 것이다.

부윤옥 덕윤신 심광체반
6.2. 富潤屋이요 德潤身이라 心廣體胖하나니

고 군자 필성기의
故로 君子는 必誠其意니라

부유함은 집을 윤택하게 하고, 덕은 몸과 마음을 윤택하게 하여 마음이 넓어지고 몸이 편안해진다. 그러므로 군자는 반드시 그 뜻을 정성스럽게 하는 것이다.

【 字解 】

① 潤: 윤택할 윤물건이 풍부함, 넉넉함

② 屋: 집 옥

③ 廣: 넓을 광

④ 體: 몸 체

⑤ 胖: 편안할 반

【 문장의 의의 】

▶ 마음에 부끄러움이 없으면 넓고 크고 너그럽고 평탄하여 몸이 항상 편안하니, 덕이 몸을 윤택하게 하는 것이 이와 같음을 말한 것이다.

7. 〈傳7장〉 ⇨ 正心·修身정심·수신을 해석

소위 수신 재정기심자
所謂 修身이 在正其心者는,

심유소분치즉부득기정
①心有所忿懥則不得其正하고,

유 소 공 구 즉 부 득 기 정
②有所恐懼則不得其正하고,

유 소 호 락 즉 부 득 기 정
③有所好樂則不得其正하고,

유 소 우 환 즉 부 득 기 정
④有所憂患則不得其正이니라.

이른바, 몸을 닦는 것이 그 마음을 바르게 하는데 있다고 하는 것은,
① 마음이 성내는 것이 있으면 그 바름을 얻지 못하며,
② 두려워하는 것이 있으면 그 바름을 얻지 못하며,
③ 좋아하고 즐기는 것이 있으면 그 바름을 얻지 못하며,
④ 근심걱정이 있으면 그 바름을 얻지 못한다는 것을 말한 것이다.

【 字解 】

① 忿: 성낼, 화낼 분

② 懥: 성낼 치

③ 忿懥분치: 성내는 것

④ 恐懼공구: 몹시 두려워함두려워할 공, 두려워할 구

【 문장의 의의 】

▶ 이 네 가지는 모두 마음의 쓰임이니 사람들에게 없을 수 없지만, 그 중에 어느 하나라도 이것을 가지고 있으면서 살피지 못하면, 욕심이 생기고 정이 치우쳐 그 쓰임이 올바르지 않을 수 있을 것이다.

심부재언 시이불견 청이불문
7.1. 心不在焉이면 視而不見하며 聽而不聞하며
식이부지기미 차위 수신 재정기심
食而不知其味니라 此謂 修身이 在正其心이니라

마음이 없으면 보아도 보이지 않으며,
들어도 들리지 않으며, 먹어도 그 맛을 모른다.
이것을 일러 몸을 닦는다는 것은
그 마음을 바르게 하는데 있다고 하는 것이다.

【 字解 】

① 視: 볼 시약간 의도를 가지고 보는 것

② 見견: 자연스럽게 보이는 것

③ 聽: 들을 청약간 의도를 가지고 듣는 것

④ 聞문: 자연스럽게 들리는 것

【 문장의 의의 】

▶ 뜻이 정성스러우면 악은 없고 선이 있을 것이니, 이 때문에 마음을 보존하여 그 몸을 단속하는 것이다. 그러나 만일 성의만 알고 마음이 보존되고 보존되지 않음을 치밀하게 살피지 못하면 마음을 곧게 하여 몸을 닦을 수 없다.

8. 〈傳8장〉 ⇨ 修身·齊家수신·제가를 해석

齊其家 在修其身者제기가 재수기신자는
그 집안을 단정히 한다는 것이 그 몸을 닦는 것에 있다고 하는 것은

① 사람을 가까이하고 사랑하는 것에 치우치며,
② 천하게 여기고 미워하는 것에 치우치며,
③ 두려워하고 존경하는 것에 치우치며,
④ 가엾게 여기고 불쌍히 여기는 것에 치우치며,
⑤ 오만하고 태만히 하는 것에 치우친다.
그러므로 좋아하면서도 안 좋은 점을 알며,
미워하면서도 좋은 점을 아는 자가 천하에 적은 것이다.

【 문장의 의의 】

▶ 이 다섯 가지는 사람에게 있어 본래 당연한 것이다. 그러나 평범한 사람의 情정은 오직 향하는 바대로 하고 더 자세히 살피지 않으니 그러면 반드시 한쪽으로 빠져서 몸이 닦이지 않을 것이다.

9. 〈전9장〉 ⇨ 齊家·治國제가·치국을 해석

治國이 必先齊其家者치국이 필선제기가자는

나라를 다스리는 것은 반드시 먼저 그 집안을 단정하게 하는 것이라고 하는 것은, 그 집안을 가르치지 못하고서 남을 가르치는 자는 없으므로, 군자는 집을 나가지 않고도 나라에 가르침을 행할 수 있는 것이다. 孝효는 임금을 섬기는 것이고, 弟제는 상사를 섬기는 것이고, 慈자는 백성을 부리는 것이다.

【 字解 】

① 弟=悌: 공경할 제

② 慈: 사랑할 자

【 문장의 의의 】

▶ 몸이 닦이면 집안을 가르칠 수 있다. 효·제·자는 몸을 닦아 집안을 가르치는 것이다. 그러나 군주를 섬기고 상사를 섬기고 백성을 부리는 도가 여기에서 크게 벗어나지 않으니 이는 집안이 위에서 가지런해지면 가르침이 아래에서 이루어지는 것을 말한 것이다.

일가 인 일국 흥인
9.1. ①一家이 仁이면 一國이 興仁하고

일가 양 일국 흥양
②一家이 讓이면 一國이 興讓하고

일인 탐려 일국 작란 기기
③一人이 貪戾하면 一國이 作亂하나니 其機

여차 차위 일언 분사 일인 정국
如此하니 此謂 一言이 僨事며 一人이 定國이니라

① 한 집안이 인하면 한 나라가 인을 일으키고,

② 한 집안이 사양하면 한 나라가 사양함을 일으키고,

③ 한 사람이 욕심이 많아 바른길에서 벗어나면 한 나라가 난을 일으키니 그 구조가 이와 같다. 이것을 일러 한 마디 말이 일을 그르치며 한 사람이 나라를 안정시킨다고 하는 것이다.

【 字解 】

① 興: 일어날, 일으킬 흥

② 讓: 사양할, 양보할 양

③ 一人=임금

④ 貪: 탐낼 탐

⑤ 戾: 어그러질 려

⑥ 貪戾탐려: 욕심이 많아 바른길에서 벗어남

⑦ 僨: 실패할, 넘어질 분즉, 그르침

【 문장의 의의 】

▶ 이는 가르침이 나라에 이루어지는 효험을 말한 것이다.

군자 유저기이후 구저인
9.2. 君子는 有諸己而後에 求諸人하며
무저기이후 비저인 소장호신 불서
無諸己而後에 非諸人하나니 所藏乎身이 不恕요
이능유저인자 미지유야
而能喻諸人者 未之有也니라
고 치국 재제기가
故로 治國이 在齊其家니라

군자는 자기에게 (선이) 있은 뒤에 남에게 (선을) 요구할 수 있으며, 자기에게 (악이) 없어야 남을남의 악을 비난할 수 있다. 자기 몸에 간직하고 있는 것이 인자恕,서하지 못하면서 능히 남을 깨우치는 자는 없다. 그러므로 나라를 다스리는 것은 그 집안을 가지런히 하는데 있다.

【 字解 】

① 諸저: ~에, 에게, 에서

② 非: 비방할 비

③ 藏: 감출 장

④ 恕: 어질, 인자할 서

⑤ 喩: 깨우칠 유

【 문장의 의의 】

▶ 자기 몸에 선이 있어야 남의 불선을 책할 수 있고 자기 몸에 악이 없어야 남의 악을 바로 잡을 수 있다. 이는 모두 자기를 바르게 하여 남에게 미치는 것이니 이것을 恕서라 한다.

9.3. 宜其家人而后에 可以敎國人하고
(의기가인이후 가이교국인)
宜兄宜弟而后에 可以敎國人이니라
(의형의제이후 가이교국인)

그 집안사람에게 마땅한 뒤에야 그 나라 사람들을 가르칠 수 있고, 형에게 마땅하고 아우에게 마땅한 뒤에야 그 나라 사람들을 가르칠 수 있다.

【 字解 】

① 宜: 마땅, 화목할, 화순할 의=善(선, 좋음)과 같다

② 國人국인: 그 나라 사람

10. 〈전10장〉 ⇨ 治國·平天下치국·평천하를 해석

소위 평천하 재치기국자
所謂 平天下 在治其國者는

상노노이민 흥효 상장장이민 흥제
①上老老而民이 興孝하며 ②上長長而民이 興弟하며

상휼고이민 불배 시이 군자
③上恤孤而民이 不倍하나니 是以로 君子

유혈구지도야
有絜矩之道也니라

이른바 천하를 평정하는 것이 그 나라를 다스리는데 있다는 것은, ①윗사람이 노인을 노인으로 대우하면 백성들의 孝효를 불러일으키며 ②윗사람이 어른을 어른으로 대우하면 백성들이 弟제,공경함를 일으키며 ③윗사람이 고아를 구휼하면 백성들이 등을 돌리지 않는다. 그러므로 군자는 혈구의 도가 있다고 하는 것이다.

【字解】

① 恤: 불쌍할, 구휼할돌볼 휼

※ 휼=구휼: 빈민이나 이재민 등에게 금품을 나누어 주어 구조함

② 倍: 등질, 배반할 배

③ 絜: 헤아릴 혈

④ 矩: 규칙, 법도 구네모진 물건을 만드는 기구

⑤ 絜矩의 道혈구의 도 : 자기의 처지를 생각하여 남의 처지를 헤아리는 것

⑥ 道방법

⑦ 推己及人의 恕추기급인의 서 : 자신이 좋아하는 것은 남도 좋아하고 자신이 싫어하는 것은 남도 싫어함을 알아 자신이 싫은 것을 남에게 베풀지 않는 것.

소오어상 무이사하
10.1. ①所惡於上으로 毋以使下하며

소오어하 무이사상
②所惡於下로 毋以事上하며

소오어전 무이선후
③所惡於前으로 毋以先後하며

소오어후 무이종전
④所惡於後로 毋以從前하며

소오어우 무이교어좌
⑤所惡於右로 毋以交於左하며

소오어좌 무이교어우 차지위 혈구지도
⑥所惡於左로 毋以交於右가 此之謂 絜矩之道니라

① 윗사람이 싫어하는 것으로 아랫사람을 부리지 말며,

② 아랫사람이 싫어하는 것으로 윗사람을 섬기지 말며,

③ 앞사람이 싫어하는 것을 뒷사람이 먼저 하게 하지 말며,

④ 뒷사람이 싫어하는 것을 앞사람이 먼저 따르게 하지 말며,

⑤ 오른쪽이 싫어하는 것으로 왼쪽을 사귀지 말며,

⑥ 왼쪽이 싫어하는 것으로 오른쪽을 사귀지 말 것이니,
이것을 "혈구의 도"라 한다.

【 字解 】

① 惡: 싫어할 오

② 毋: 말 무금지하는 말

③ 使: 하여금, 부릴 사

④ 事: 섬길, 모실 사

⑤ 從: 따를 종

【 저자의 멘트 】

• 팀장이 부장한테 혼나고 와서 애꿎게 차장, 과장 등 부하직원을 혼내지 않고, 선생님께 혼나고 나서 약한 친구에게 화풀이하지 않고, 선배한테 혼나고 후배 벌주지 않고, 엄마한테 야단맞았어도 동생에게 화풀이 하지 않는 것 등을 '혈구의 도'가 있다고 하는 것이다.

민지소호 호지 민지소오 오지
10.2. 民之所好를 好之하며 民之所惡를 惡之이
차지위 민지부모
此之謂 民之父母니라

(임금이) 백성이 좋아하는 것을 좋아하며, 백성이 싫어하는 것을 싫어하는 것을 일러 "백성의 부모" 라 한다.

【 문장의 의의 】

▶ 백성의 마음을 자신의 마음으로 여기면 이는 백성 사랑하기를 자식과 같이 하는 것이어서 백성들이 임금 사랑하기를 부모와 같이 하는 것을 말한 것이다.

【 저자의 멘트 】

• 위정자들은 항상 백성들과 기쁨과 슬픔을 함께하고, 백성들이 겪고 있는 불편함과 어려움, 고통과 괴로움예, 취직, 주택마련, 각종 규제, 구조조정, 재난, 질병, 가난 등등을 잘 이해하고 적극 도와주도록 노력하여야 한다.

득중즉득국 실중즉실국 시고
10.3. 得衆則得國하고 失衆則失國이니라 是故로

군자 선신호덕 유덕 차유인
君子는 先愼乎德이니 ①有德이면 此有人이요

유인 차유토 유토 차유재
②有人이면 此有土요 ③有土면 此有財요

유재 차유용
④有財면 此有用이니라

백성을 얻으면 나라를 얻고 백성을 잃으면 나라를 잃는다. 그러므로 군자는 먼저 덕을 삼가는 것이니,

① 덕이 있으면 백성이 있고

② 백성이 있으면 토지가 있고

③ 토지가 있으면 재물이 있고

④ 재물이 있으면 쓸 수 있는 것이 있다.

【 字解 】

① 得: 얻을 득

② 愼: 삼갈 신

③ 有人유인: 백성을 얻음

④ 有土유토: 땅, 즉, 나라를 얻음

⑤ 有用유용: 이용할 데가 있음

덕자 본야 재자 말야
10.4. 德者는 本也요 財者는 末也니

외 본 내 말　　　쟁 민 시 탈
外本內末이면 爭民施奪이니라.

시 고　재 취 즉 민 산　　　재 산 즉 민 취
是故로 財聚則民散하고 財散則民聚니라.

시 고　언 패 이 출 자　　역 패 이 입
是故로 言悖而出者는 亦悖而入하고

화 패 이 입 자　　역 패 이 출
貨悖而入者는 亦悖而出이니라

덕은 본근본이요 재물은 말지엽이니, 이것을 반대로 하여 근본인 덕을 외면으로 하고 말인 재물을 내면으로 하면, 이는 백성을 다투게 하여 빼앗는 것이다. 그러므로 재물을 모으면 백성의 민심이 흩어지고 재물을 풀면 백성이 모인다. 말이 거칠게 나가면 또한 거칠게 들어오고, 재물이 비정상적으로 들어오면 나가는 것도 비정상적으로 나간다.

【 字解 】

① 奪: 빼앗을 탈탈취

② 聚; 모을 취

③ 散: 흩어질 산

④ 悖: 어그러질 패

【 문장의 의의 】

▶ 재물에 대한 욕심은 대부분의 사람들이 다 있는데, 나만 생각하고 다른 사람들을 헤아리지 못해 혼자 독차지하면 백성들이 다투어 빼앗을 것이다.

【 저자의 멘트 】

• ('말이 거칠게 나가면 또한 거칠게 들어오고'와 관련하여) 특히, 정치

인들이 말을 거칠고 사납게 하면 국민들이 불안해하므로 품위를 지켜 품격 있게 해야 한다.

- 가는 말이 고와야 오는 말이 곱다. 아주 오래전에 배운 노래가 생각난다. 「고운 마음속에서는 고운 말이 나오고, 나쁜 마음속에서는 나쁜 말이 나온대. 우리 모두 다 같이 상말하지 맙시다. 고운 말로 고운마음 키워 봅시다.」라는 노래다.
- Easy come, easy go! 의롭지 못하게 얻는 것은 자신을 망치는 지름길이다.

10.5. 만일 어떤 신하가 있는데, 비록 다른 뛰어난 재주는 없으나 마음이 착하여 남이 가지고 있는 재주를 자신이 가지고 있는 것처럼 여기며, 남의 훌륭하고 뛰어난 것을 마음으로 좋아한다면, 이는 남을 포용하는 것이어서 나의 자손과 백성을 보전할 수 있을 것이니 자기에게 이로움이 있을 것이다.
남이 가지고 있는 재주를 시기하고 질투하며, 남의 훌륭하고 뛰어난 것을 어기고 통하지 못하게 하면, 이는 포용하지 못하는 것이어서 나의 자손과 백성을 보전하지 못할 것이니 또한 위태로울 것이다.

10.6. 唯仁人(유인인)이야 爲能愛人(위능애인)하며 能惡人(능오인)이니라

오직 마음이 어진사람 이라야
남을 사랑하고 남을 미워할 수 있다.

【 문장의 의의 】

▶ 어진사람이 아니면서 남을 미워하는 것은 자격이 없으면서 미워하는 것이다.

10.7. 見賢而不能擧(견현이불능거)하며 擧而不能先(거이불능선)이 命也(명야)요
見不善而不能退(견불선이불능퇴)하며 退而不能遠(퇴이불능원)이 過也(과야)니라

어진 이를 보고도 등용하지 않고,
등용하더라도 높여주지 않는 것은 태만한 것이요,
선하지 않은 자를 보고도 물리치지 않으며
물리치더라도 멀리하지 않는 것은 잘못이다.

【 字解 】

① 擧: 추천할 거 추천, 영입, 추대 등

② 先선: 우대하다, 높여주다 존경의 뜻

③ 命명: 慢태만할 태 또는 怠게으를 태가 되어야 한다는 설이 있는데 모두 태만하다는 뜻이다.

10.8. 好人之所惡(호인지소오)하며 惡人之所好(오인지소호)를
是謂拂人之性(시위불인지성)이라 菑必逮夫身(재필체부신)이니라

남이 싫어하는 것은 좋아하고, 남이 좋아하는 것은 싫어하는 것을 사람의 본성을 거스른다고 하는데, 이러한 자는 반드시 재앙이 그 몸에 미칠 것이다.

【 字解 】

① 惡: 싫어할, 미워할 오

② 拂: 거스를 불, 본성을 거스른다 拂人之性, 불인지성

③ 菑: 재앙 재

④ 逮: 미칠, 이를 체

【 문장의 의의 】

▶ 선을 좋아하고 악을 미워하는 것은 사람의 본성인데, 사람의 본성을 거스르면 인하지 아니함이 심한 자이다.

10.9. 君子(군자) 有大道(유대도)하니 必忠信以得之(필충신이득지)하고
驕泰以失之(교태이실지)니라.

군자는 대도가 있으니, 반드시 충성과 믿음으로써 얻고 교만함과 나태함으로써 잃는다.

【 字解 】

① 道도: 지위에 처하여 먼저 자신을 수양하고 남을 다스리는 것修己治人, 수기치인

② 大道대도: 사람이 마땅히 행해야 할 바른 도

③ 信신: 사물에 순응하여 어김이 없는 것

④ 驕교: 자랑하고 높은체하는 것

⑤ 泰태: 사치하고 방자함

【 문장의 의의 】

▶ 여기에서 君子군자는 지위로서 말한 것이다.

10.10. 生財有大道(생재유대도)하니, ①生之者(생지자)가 衆(중)하고 ②食之者(식지자)가 寡(과)하며 ③爲之者(위지자)가 疾(질)하고 ④用之者(용지자)가 舒(서)하면 則財恒足矣(즉재항족의)리라

재물을 만드는 것에 大道대도, 즉, 正道정도가 있으니,

① 생산하는 자가 많고 ② 먹는 자가 적으며

③ 만드는 자가 빨리 만들되

④ 쓰는 자가 천천히 쓰면 재물이 늘 풍족할 것이다.

【 字解 】

① 生: 만들, 날 생

② 衆: 많을 중

③ 寡: 적을 과

④ 爲之위지: 만드는 것

⑤ 疾: 빠를 질

⑥ 舒: 느릴, 천천히 할 서

⑦ 恒: 늘, 항상 항

⑧ 足: 풍족할, 넉넉할 족

【 문장의 의의 】

▶ 나라에 놀고먹는 백성이 없으면 만드는 자가 많을 것이고, 조정정부에 요행으로 얻은 지위가 없으면 먹는 자가 적을 것이고, 농사철을 빼앗지 않으면 빨리 만들어 낼 수 있을 것이고, 수입을 헤아려 지출하면 쓰기를 느리게 할 것이다.

【 저자의 멘트 】

- 옛날 농경시대에는 수요가 공급보다 많아서 이러한 말이 있었으나 지금 현대 산업사회에서는 풍부한 자원과 기술의 발달, 자동화, 과학화 등으로 대량생산이 가능하여 물자가 풍부하여 그 반대가 되었다. 오히려 과소비와 낭비가 걱정되는 시대이다.
- 국회나 정부, 공공기관에서 놀고먹는 공무원, 규제만 일삼는 공무원들은 과감히 퇴출하고 예산을 아껴 쓰면 국민의 세금부담도 덜하고 일하기 편해질 것이다.

인자 이재발신 불인자 이신발재

10.11. 仁者는 以財發身하고 不仁者는 以身發財니라

어진 자는 재물로 몸을 일으키고,

어질지 못한 자는 몸으로 재물을 늘린다.

【 문장의 의의 】

▶ 즉, 仁者인자는 재물을 풀어서 백성을 얻고, 인하지 못한 자는 몸을 망쳐서 재물을 늘린다.

10.2. 한나라의 長장의 자리에 있으면서 재물을 모으는데 힘쓰는 자는 반드시 소인으로부터 비롯되니, 소인으로 하여금 나라를 다스리게 하면 재해가 아울러 나타난다. 비록 착한 자가 있더라도 어쩔 수 없을 것이니 이것을 일러, 나라는 이익을 이익으로 여기지 않고 의를 이익으로 여긴다는 것이다.

【 문장의 의의 】

▶ 이는 이익을 이익으로 삼는 폐해를 깊이 밝혀 말한 것이다.

4. 중용

中庸

남은 한 번에 되는데 나는 한 번에 안 되면
백번이라도 하고,
남은 열 번을 해서되었는데 나는 안 되면
천번이라도 하여야 한다.
결과적으로 이러한 방법을 통해서 하는 것이
비록 어리석어 보이지만 반드시 명석해지며
비록 연약하지만 반드시 강해진다.

子思자사

자사는 춘추시대 노나라 학자로 성은 孔공이고

이름은 伋급 字자는 子思자사이다

생몰연도: BC483년~BC402년(81세)

가족 관계: 공자는 할아버지이며 증자의 가르침을 받았다.

■ **중용의 의미**

- 中중은 어느 한쪽으로 치우치거나 지나치거나 過과,지나침와 不及불급,모자람이 없으며, 떳떳하고 알맞은 상태나 정도를 말하고,
- 庸용은 항상 일정하여 변치 않음을 말한다.

●중용이 나오게 된 배경

- "중용"이란 말은『논어』'요왈' 편 중 '윤집기중'과『서경』'대우모'의 '윤집궐중'에서 유래된 것으로 보며,
- 『예기』 49편 중 31번째에 수록되어 있었으며, 공자의 손자인 자사가 도학의 전해짐이 끊기게 될까봐 걱정하여 지은 것이다.

■ **지은이**: 공자, 맹자, 안자안회, 증자와 더불어 오대성인五大聖人 중 한사람으로 일컬어지는 자사가 지었다고 전해진다.

■ **구성**: 총 33장으로 되어 있다.

■ **읽는 요령**

『중용』은 형이상학과 상달의 내용이 많기 때문에 먼저 힘을 써서『대학』을 보고, 또 힘써『논어』를 보고, 또 힘써『맹자』를 보고, 그 후에『중용』을 보는데 마치 처음에는 집 주변을 둘러보고, 그 다음 집안을 둘러보고, 그 다음에는 방에 있는 것들을 보듯이 하여야 한다. 아무리 설명을 잘한다 해도 쉽게 이해시키는데 한계가 있다. 몸소 체득해야 한다.

중용 각 장별 주요 키워드

장	키워드	장	키워드
1장	性성·道도·敎교, 愼獨신독, 中和중화	18장	(내용생략)
2장	군자는 중용, 소인은 반중용	19장	효, 차례
3장	(내용생략)	20장	人道인도·地道지도·政정 예가 생겨난 이유, 학문의 조건, 아랫사람이 일을 대하는 자세
4장	과·불급, 음식의 참맛을 모름		
5장	(내용생략)	21장	性성, 敎교
6장	(내용생략)	22장	정성
7장	(내용생략)	23장	(내용생략)
8장	(내용생략)	24장	지극한 誠성은 신과 같다
9장	중용을 하기가 어려움	25장	人道인도, 정성, 性성의 덕
10장	군자는 화이불류	26장	하늘, 땅, 산, 물이 만들어진 단초
11장	(내용생략)	27장	군자의 덕성, 중용, 온고이지신
12장	군자의 도는 부부로부터 시작	28장	윗자리에 있을 때는 거만하지 않음
13장	충서, 군자의 도 네가지, 언행	29장	(내용생략)
14장	현재의 처지에 순응. 행험이요행	30장	小德소덕 大德대덕
15장	군자의 도, 금슬	31장	(내용생략)
16장	귀신의 덕	32장	(내용생략)
17장	하늘이 사물을 만들 때 하는 일	33장	(내용생략)

천 명 지 위 성 솔 성 지 위 도 수 도 지 위 교

1. 天命之謂性이요 率性之謂道요 修道之謂敎니라

하늘이 명부여한 것을 性성이라 하고, 그 성을 따르는 것을 道도라 하고, 도를 닦는 것을 敎교라 한다.

【 字解 】

① 率: 따를 솔

② 修: 닦을 수

【 문장의 의의 】

▶ 하늘이 음양·오행으로 만물을 만들어 낼 때 기氣로 형체를 이루고 이치理致도 부여한다. ※ 五行: 화수목금토

▶ 사람과 사물이 생겨날 때 각각 부여받은 이치를 얻어서 오상의 덕으로 삼으니 이것을 性성이라 한다.

※ 五常오상: 인의예지신으로 사람으로서 지켜야 할 다섯 가지 도리

▶ 사람과 사물이 각각 그 성의 자연스러움을 따르면 일상생활 중에 각각 마땅히 행하여야 할 길이 있으니 이것을 道도라 한다.

▶ 성과 도는 비록 같지만 기품이 다르기 때문에 지나치고 모자람의 차이가 없지 않다. 성인이 사람과 사물이 마땅히 행하여야 하는 것으로 등급과 제한을 두어 천하에 법이 되게 하였으니 이것을 敎교라 하는데, 예와 음악과 형벌, 정치 같은 것들이다.

도 야 자 불 가 수 유 리 야

1.1. 道也者는 不可須臾離也니

可離면 非道也라 是故로
(가리 / 비도야 / 시고)

君子는 戒愼乎其所不睹하며 恐懼乎其所不聞이니라
(군자 / 계신호기소불도 / 공구호기소불문)

도라고 하는 것은 모름지기 잠시도 떨어지면 안 되니,
만일 떨어질 수 있다면 이는 도가 아니다.
이런 까닭에 군자는 보지 못한 것을 경계 하고 삼가며,
듣지 못한 것을 몹시 두려워한다.

【 字解 】

① 須: 모름지기 수

② 臾: 잠깐 유

③ 戒愼계신: 경계하고 삼감

④ 睹: 볼 도

⑤ 恐懼공구: 몹시 두려워함

【 문장의 의의 】

▶ 도는 일생생활에서 마땅히 행하여야 할 도리이니, 모두 성의 덕으로서 마음에 갖추어져 있어서 모든 사물마다 있고 때마다 있으니 이 때문에 잠시도 떠날 수 없는 것이다. 만일 떨어질 수 있다면 어찌 率性솔성, 성을 따름을 말할 수 있겠는가. 이런 까닭에 군자의 마음은 항상 공경함과 두려워함을 두어 비록 보고 듣지 못하나 감히 소홀히 하지 않는 것이다.

막 현 호 은　　　막 현 호 미
1.2. 莫見乎隱이며 莫顯乎微니

고　군 자　신 기 독 야
故로 君子는 愼其獨也니라

숨은 것보다 더 잘 보이는 것은 없으며,

작은일 보다 더 잘 드러나는 것은 없다.

그러므로 군자는 홀로 있을 때에도 마음과 행동을 삼가 한다.

【 字解 】

① 莫: 없을 막

② 見: 드러날 현

③ 隱: 숨을 은

④ 顯: 나타날 현

⑤ 微: 작을 미

⑥ 愼: 삼갈 신

【 문장의 의의 】

▶ 이는 비록 아무리 어두운 곳에 숨고, 작은 일이라서 다른 사람들은 미처 알지 못하고 자신만이 혼자 알더라도 항상 경계하고 두려워하여 더욱 삼가 해야 함을 말한 것이다.

희 로 애 락 지 미 발　　위 지 중
1.3. 喜怒哀樂之未發을 謂之中이요

발 이 개 중 절　위 지 화　중 야 자　천 하 지 대 본 야
發而皆中節을 謂之和니 中也者는 天下之大本也요

화야자 천하지달도야
和也者는 天下之達道也니라

치중화 천지위언 만물육언
致中和면 天地位焉하며 萬物育焉이니라

기뻐하고, 화나고, 슬퍼하고, 즐거워하는 것들이 아직 겉으로 드러나지 않은 것을 中중이라 하고, 드러나서 모두 절도에 맞는 것을 和화라 하니 中은 천하의 큰 근본이요 和는 천하의 공통된 도이다. 中과 和가 지극하면 천지가 제자리를 잡아 편안하고 만물이 잘 자란다.

중용

【 字解 】

① 喜: 기쁠 희

② 怒: 성낼 노

③ 哀: 슬플 애

④ 發: 나타날, 드러날 발

⑤ 致치: 미루어 지극히 함

⑥ 位위: 그 자리가 편안함

【 문장의 의의 】

▶ 천지만물이 본래 나와 일체이다. 나의 마음이 바르면 천지의 마음도 바르고 나의 기운이 순하면 천지의 기운도 순하다. 그러므로 그 효과가 이와 같음에 이르는 것이니 이는 지극한 공을 들인 학문의 보람이요 성인이 잘하는 일이다.

중니왈 군자 중용 소인 반중용
2. 仲尼曰, 君子는 中庸이요 小人은 反中庸이니라

군자는 중용을 하고, 소인은 이와 반대로 한다.

【 字解 】

① 仲尼중니: 공자의 字자, 이름대신 부르는 명칭

② 庸: 떳떳할 용

③ 中庸중용: 어느 한쪽으로 치우치거나 의지하지 아니하여 과와 불급이 없는 보통의 이치로 天命천명은 당연히 정밀하고 자세함의 극치이다. 오직 군자만이 이를 몸소 행할 수 있는데 소인은 이와 반대로 한다.

자왈 도지불행야 아지지의
3. 子曰, 道之不行也를 我知之矣로니

지자 과지 우자 불급야
知者는 過之하고 愚者는 不及也니라

도지불명야 아지지의
道之不明也를 我知之矣로니

현자 과지 불초자 불급야
賢者는 過之하고 不肖者는 不及也니라

도가 행해지지 않는 이유를 나는 알고 있으니, 지혜로운 자는 지나치고 어리석은 자는 못 미치기不及,불급 때문이며, 도가 밝아지지 못하는 이유는 어진 자는 지나치고 어질지 못한 자는 못 미치기 때문이다.

【 字解 】

① 過: 지나칠 과

② 愚: 어리석을 우

③ 不肖불초: 못나고 어리석음닮지 않음, 자기 자신을 겸손하게 표현하는 뜻도 있다

④ 不及불급: 미치지 못함

⑤ 足脫不及족탈불급: 발 벗고 쫓아가도 못 따라감

【 문장의 의의 】

▶ 지혜로운 자는 이미 아는 것이 지나쳐 도를 행할 것이 없다 하고, 어리석은 자는 아는 것이 미치지 못해서 행할 바를 알지 못한다. 또한, 어진 자는 행하는 것이 지나쳐 이미 도를 알 것이 없다 하고, 어질지 못한 자는 행하는 것이 미치지 못하여 알아야 할 것도 구하지 않는다. 이것이 도가 행해지지 않고 밝아지지 않는 이유이다.

중용

3.1. 인막불음식야
人莫不飮食也언마는

선능지미야
鮮能知味也니라

사람들은 음식을 먹고 마시지 않음이 없지만
참 맛을 아는 자는 드물다.

【 字解 】

① 莫: 없을, 말 막

② 飮: 마실 음

③ 鮮: 드물 선

④ 味: 맛 미

【 문장의 의의 】

▶ 道도하고는 떨어질 수 없는 매우 가까운 사이인데도 스스로 살피지 않기 때문에 지나치고 미치지 못하는 폐단이 있는 것이다.

자왈 천하국가 가균야 작록 가사야
4. 子曰, 天下國家도 可均也며 爵祿도 可辭也며
백인 가도 중용 불가능야
白刃도 可蹈야로대 中庸은 不可能也니라

천하와 국가도 고르게 다스릴 수 있고, 작록벼슬도 사양할 수 있으며, 서슬 푸른 칼날도 밟을 수 있어도, 중용을 하는 것은 불가능하다.

【 字解 】

① 爵: 벼슬 작

② 祿: 녹 록봉급, 월급

③ 辭: 사양할 사

④ 刃: 칼날 인

⑤ 白刃백인: 서슬 푸른 칼날

⑥ 蹈: 밟을 도

【 문장의 의의 】

▶ 이 세 가지는 智仁勇지인용의 일로 세상에서 지극히 어려운 일인데 중용을 하는 것은 그보다도 훨씬 더 어렵다는 것을 말한 것이다

• 天下國家도 可均也며천하국가도 가균야며 : 智지혜

- 爵祿도 可辭也며작록도 가사야며 : 仁인
- 白刃도 可蹈也로대백인도 가도야로대 : 勇용기

5. 君子(군자)는 和而不流(화이불류)하며 中立而不倚(중립이불의)하며 國有道(국유도)에 不變塞焉(불변색언)하며 國無道(국무도)에 至死不變(지사불변)이라

군자는 화합하되 휘말리지 않고,
가운데서서 한쪽으로 치우치지 않고,
나라에 도가 있으면 궁핍할 때의 지조를 변치 않고,
도가 없으면 죽음에 이르러서도 지조를 변치 않는다.

【 字解 】

① 和화: 서로 뜻이 맞아 사이가 좋은 상태

② 流: 흐를, 떠돌, 방랑할 류

③ 倚: 의지할, 기댈 의

④ 變: 변할 변

⑤ 塞: 곤궁할, 막힐 색

【 문장의 의의 】

▶ 이 말은 자로가 공자에게 强강함에 대해 묻자, 공자가 자로의 혈기가 강한 것을 억제하여 사람으로서 마땅히 지켜야할 도덕상의 의리를 지니도록 하려고 해준 말이다.

군 자 지 도　　조 단 호 부 부
6. 君子之道는 造端乎夫婦니
급 기 지 야　　　　찰 호 천 지
及其至也하야는 察乎天地니라

군자의 도는 부부에게서 그 실마리를 만드니
그 지극함에 이르러서는 하늘과 땅에 드러난다.

【 字解 】

① 造: 만들 조

② 端: 처음, 시초, 일의 단서 단

③ 察: 드러날, 널리 알려질 찰

【 문장의 의의 】

▶ 이는 자사가 한 말로 서로 대립적인 요소를 지니고 있으면서도 또한 조화를 이루는 가장 전형적인 예는 부부간의 관계이다. 군자의 도 또한 이와 유사하다.

자 왈　도 불 원 인
7. 子曰 道不遠人하니
인 지 위 도 이 원 인　　불 가 이 위 도
人之爲道而遠人이면 不可以爲道니라

도는 사람과 멀리 있지 않으니, 사람이 도를 하면서
사람을 멀리하면 도를 한다고 할 수 없다.

【 문장의 의의 】

▶ 道도는 성을 따를 뿐이니 진실로 보통사람들도 알 수 있고 행할 수 있으므로 항상 사람들에게서 멀리 있지 않다.

충서 위도불원
7.1. 忠恕 違道不遠하니
시저기이불원 역물시어인
施諸己而不願을 亦勿施於人이니라

충서는 도와 거리가 멀지 않으니,
자기에게 먼저 시행해 보아 내키지 않으면
남에게도 시키지 말아야 한다.

【 字解 】

① 忠恕충서: 충실하고 인정이 많음

② 違: 멀리할, 떨어질 위=去(갈 거)

③ 施: 베풀 시시행 / 諸저: ~에어조사

④ 願: 원할, 바랄 원

⑤ 人: 남나 아닌 다른 사람

7.2. 君子군자의 道도가 네 가지 있는데,

① 자식에게 힘쓰는 것만큼 부모를 잘 섬기며

② 부하에게 힘쓰는 것만큼 임금을 잘 섬기며

③ 동생에게 하는 것만큼 형을 잘 섬기며

④ 친구에게 바라는 것만큼 내가 먼저 베푼다 는 것 등이다.

언 고 행 행 고 언

7.3. 言顧行하며 行顧言이니라

말은 행실을 돌아보고, 행실은 말을 돌아보아야 한다.

【 字解 】

① 顧: 돌아볼 고

【 문장의 의의 】

▶ 내가 한 말과 행동에 서로 어긋남이 없었는지 항상 돌아보아야 한다는 것이다.

군 자 소 기 위 이 행 불 원 호 기 외

8. 君子는 素其位而行이요 不願乎其外니라

군자는 현재의 처지에 순응할 뿐,그 밖의 것은 원하지 않는다.

【 字解 】

① 素소: = 現在현재

② 願: 원할, 바랄 원

【 문장의 의의 】

▶ 군자는 단지 현재 처해 있는 상황에 따라 마땅히 해야 할 것만 할 뿐, 그 밖의 것은 바라는 마음이 없다.

소 부 귀 행 호 부 귀
8.1. ①素富貴하얀 行乎富貴하며

소 빈 천 행 호 빈 천
②素貧賤하얀 行乎貧賤하며

소 이 적 행 호 이 적
③素夷狄하얀 行乎夷狄하며

소 환 난 행 호 환 난
④素患難하얀 行乎患難이니

군 자 무 입 이 불 자 득 언
君子는 無入而不自得焉이니라

① 현재 부귀하면 부귀한 대로,

② 가난하고 천하면 가난하고 천한대로,

③ 오랑캐나라에 있으면 있는 대로,

④ 근심과 걱정이 있으면 있는 대로 행하니 군자는 어떤 상황에 놓여도 만족하지 않음이 없다.

【 字解 】

① 素소: 현재

② 貧賤빈천: 가난하고 천함

③ 夷狄이적: 오랑캐의 나라

④ 患難환난: 근심과 걱정

⑤ 自得자득: 스스로 만족함

【 문장의 의의 】

▶ 이는 현재의 상황에 따라 행함을 말한 것이다.

【 저자의 멘트 】

• 카멜레온!

재상위 불능하 재하위 불원상
8.2. 在上位하야 不陵下하며 在下位하야 不援上이요

정기이불구어인 즉무원
正己而不求於人이면 則無怨이니

상불원천 하불우인
上不怨天하며 下不尤人이니라

윗자리에 있으면서 아랫사람을 업신여기지 않고,

아랫자리에 있으면 윗사람을 잡아당기지 않고,

자기를 바르게 하고 잘못을 남에게서 찾지 않으면

원망이 없으니, 위로는 하늘을 원망하지 않으며

아래로는 남을 탓하지 않는다.

【 字解 】

① 陵: 업신여길 능능멸하다

② 援: 잡을, 매달릴, 당길, 도울 원

【 문장의 의의 】

▶ 이는 그 밖의 것을 원하지 않는다는 것을 말한 것이다.

8.3. 故로 君子는 居易以俟命하며 (고 군자 거이이사명)

小人은 行險以徼幸이니라 (소인 행험이요행)

그러므로 군자는 평온한 곳에 처하여 명령을 기다리고, 소인은 무모하게 모험을 해서 요행을 바란다.

【字解】

① 居易거이: 현재의 처지에 따라 행함

② 易: 편안할, 평온할 이

③ 俟: 기다릴 사

④ 險: 험할, 위험, 모험 험保險, 보험

⑤ 徼幸요행: 거의 가능성이 없는 어려운 일이 우연히 잘 되어 다행함.

8.4. 子曰, 射有似乎君子하니 失諸正鵠이오 (자왈 사유사호군자 실저정곡)

反求諸其身이니라 (반구저기신)

활쏘기는 군자와 비슷한 점이 있으니, 정곡에서 벗어나면 (그 원인을) 자신에게서 돌이켜 찾는다.

【字解】

① 射: 쏠 사

② 似: 같을 사

중용

③ 鵠: 과녁 곡

【 문장의 의의 】

▶ 正鵠정곡: 삼베에 (표적을)그려 놓은 것을 正정, 가죽을 붙여놓은 것을 鵠곡이라 하며. 과녁의 한가운데 되는 점을 정곡이라 한다. 즉, 핵심이다. 정곡을 찌른다 함은 핵심을 찌르는 것을 말한다.

▶ 이는 남을 탓하지 않는다는 뜻으로, 자사가 공자의 말을 인용한 것이다.

군 자 지 도　비 여 행 원 필 자 이
9. 君子之道는 辟如行遠必自邇하며

비 여 등 고 필 자 비
辟如登高必自卑니라

군자의 도는, 비유하면, 먼 곳을 가려면 반드시 가까운 곳으로부터 시작하고, 높은 곳을 오르려면 반드시 낮은 곳으로부터 시작하는 것과 같다.

【 字解 】

① 辟: 비유할 비

② 自: ~부터

③ 邇: 가까울 이

④ 卑: 낮을 비

⑤ 登: 오를

9.1. 詩曰(시왈), 妻子好合(처자호합)이 如鼓瑟琴(여고슬금)하며 兄弟旣翕(형제기흡)하야
和樂且耽(화락차탐)이라 宜爾室家(의이실가)하며 樂爾妻帑(락이처노)라하야날
子曰(자왈), 父母(부모)는 其順矣乎(기순의호)신저

시경에 이르기를, 아내와 자식이 좋아하고 화합하는 것이 마치 금슬 (거문고와 비파)을 타는 듯하고, 형제가 화합하고 좋아하므로 즐겁구나. 너의 집을 화목하게 하며 너의 처자들을 즐겁게 하라. 고 하였는데, 공자가 말하기를, (이러면) 부모가 편안하실 것이다. 하였다.

【 字解 】

① 如鼓瑟琴여고슬금: 비파와 거문고를 타는 듯 한다는 뜻으로, 부부간에 화목하고 즐거움을 비유한 말이다.

② 旣: 이미 기

③ 翕: 합할, 화합할 흡

④ 且: 또 차

⑤ 耽: 즐길 탐

⑥ 宜: 마땅할 의

⑦ 爾: 너 이

⑧ 室家실가: 집, 가정

⑨ 帑: 처자 노=孥,노

【 문장의 의의 】

▶ 사람이 처자가 화합하고 형제와 화합함이 이와 같으면 부모가 편안

중용

하고 즐거울 것이다 하였는데, 자사가 시와 공자의 말을 인용하여 먼 곳을 가려면 가까운 곳으로부터 시작하고 높은 곳에 오르려면 낮은 곳으로부터 시작한다는 뜻을 밝힌 것이다.

10. 귀신의 덕은 성대하다. 보고자 해도 보이지 않으며 듣고자 해도 들리지 않지만 사물의 몸체가 되므로 버릴 수 없다. 세상 사람들로 하여금 목욕하고 옷을 깨끗이 잘 차려입고 제사를 받들게 하고는 만족스럽게 그 위에 있는 듯, 좌우에 있는 듯하다. 사람들은 신이 오는 것을 예측할 수 없으니 어찌 싫어 할 수 있겠는가.

【字解】

① 鬼神귀신: 귀鬼+신神

– 鬼귀: 陰음의 영혼

– 神신: 陽양의 영혼

천 지 생 물 필 인 기 재 이 독 언
11. 天之生物이 必因其材而篤焉하나니

고 재자 배 지 경 자 부 지
故로 栽者를 培之하고 傾者를 覆之니라

하늘이 사물을 만들어 낼 때 반드시 그 자질의 정도에 따라 보살펴주니, 심은 것은 북돋아주고 기울어진 것은

(생기가 없으므로) 잘 덮어준다.

【 字解 】

① 材: 재능, 자질, 재능 재

② 篤: 살필, 도타울 독

③ 栽: 심을 재

④ 培: 북돋을 배

⑤ 傾: 기울 경

⑥ 覆: 덮을 부

⑦ 북을 돋우다: 식물의 뿌리를 감싼 부분에 흙을 더 덮어주어 잘 자라게 하는 것

부 효 자 선 계 인 지 지
12. 夫孝者는 善繼人之志하며

선 술 인 지 사 자 야
善述人之事者也니라

무릇 孝효라 함은, 조상의 뜻을 잘 계승하며 후손에게 조상이 행했던 일들을 잘 전해주는 것이다.

【 字解 】

① 夫부: 대저대체로, 발어사

② 善: 잘할 선

③ 繼: 이을 계

④ 述: 전술할 술전하여 이어줌

【 문장의 의의 】

조상, 선조 →→→→ ㉯→→→→후손
繼계　　述술

12.1. ①종묘의 예는 昭穆소목으로 순서를 정하고,
② 벼슬의 차례는 지위의 높고 낮음을 분별하기 위함이고,
③ 일의 차례는 현명함을 분별하는 것이고,
④ 여러 무리가 모여 술을 권할 때 아랫사람이 윗사람에게 술잔을 올리는 것은 천한사람 에게도 기회가 골고루 미치도록 하는 것이고,
⑤ 제사를 끝내고 잔치할 때 머리털 색깔대로 앉는 차례를 정하는 것은 나이를 순서대로 하는 것이다.

【 字解 】

① 昭穆소목: 사당에 조상의 신주를 모시는 차례로. 왼쪽 줄을 소, 오른쪽 줄을 목이라 하여, 1세를 가운데에 모시고, 2·4·6세를 왼쪽인 소에, 3·5·7세를 오른쪽인 목에 모신다. 천자天子는 3소 · 3목의 칠묘를, 제후諸侯는 2소·2목의 오묘를, 대부大夫는 1소·1목의 삼묘를 모신다.

【 저자의 멘트 】

- 현재 우리나라 종묘정전, 영령전는 소목제를 적용하지 않고, 서상제서쪽이 높은를 적용하여 좌에서 우로 길게 배치되어 있다. 정전서쪽 1실(태조)~우측19

실(순종) 왕릉도 서쪽을 높은 쪽으로 한다.

종묘 정전

인도 민정 지도 민수
13. 人道는 敏政하고 地道는 敏樹하니

부정야자 포로야
夫政也者는 蒲蘆也니이다

사람의 도는 (효과가)정치에 빠르게 나타나고,
땅의 도는 (효과가) 나무에 빠르게 나타나니
정치는 (쉽게 자라는) 갈대와 같다.

【 字解 】

① 敏: 빠를, 민첩할 민

② 樹: 나무, 심을 수

③ 蒲蘆포로: 갈대

④ 政如蒲蘆정여포로: 정치의 효과가 부들과 갈대가 빨리 자라듯 빨리 나타남을 비유한 말이다.

【 문장의 의의 】

▶ 훌륭한 사람으로 하여금 정치를 하게 하면 시행되는 것이 이처럼 쉽다고 비유한 것이다.

13.1. 故고로 爲政위정이 在人재인하니 取人以身취인이신이요 修身以道수신이도요 修道以仁수도이인이니라

그러므로 정치를 하는 것은 사람에게 있으니 사람을 취하는 것은 몸으로 하고, 몸을 닦는 것은 道도로써 하고, 도를 닦는 것은 仁인으로 하는 것이다.

【 字解 】

① 人인: 賢臣현신, 현명한 신하

② 身신: 여기서는 군주의 몸을 말한다.

【 문장의 의의 】

▶ 임금이 정치를 하는 것은 인재를 얻는데 있고, 사람을 취하는 법칙은 몸을 닦는데 있으니, 몸이 어질면 어진 군주와 현명한 신하가 있어서 정치가 시행되지 못함이 없다.

13.2. 仁者인자는 人也인야니 親親친친이 爲大위대하고

의자 의야 존현 위대
義者는 宜也니 尊賢이 爲大하니

친친지쇄 존현지등 예소생야
親親之殺와 尊賢之等이 禮所生也니이다

고 군자 불가이불수신
故로 君子는 不可以不修身이니라

仁인은 사람이니, 어버이를 비롯한 친족을 친히 하는 것이 큰 것이고, 義의는 마땅함이니 어진 이를 높이는 것이 큰 것으로, 친족을 친히 하는 것의 輕重경중과 어진 이를 높이는데 존경하는 있어서의 등급이 예가 생겨난 이유이다. 그러므로 군자는 몸을 닦지정신수양 않을 수 없다.

【字解】

① 人인: 여기서는 人身인신, 사람의 몸을 가리킨다.

② 義의=宜의

③ 宜: 마땅 의사리를 분별하여 각각 마땅한 바가 있는 것

④ 殺: 덜, 감할 쇄줄어듬

⑤ 禮예= 仁인+義의

13.3. 天下之達道五(천하지달도오)에 所以行之者三(소이행지자삼)이니 曰(왈)
君臣也(군신야)와 父子也(부자야)와 夫婦也(부부야)와
昆弟也(곤제야)와 朋友之交也(붕우지교야) 五者(오자)는
天下之達道也(천하지달도야)요 知仁勇(지인용) 三者(삼자)는
天下之達德也(천하지달덕야)니 所以行之者(소이행지자)는 一也(일야)니이다.

세상에 공통적으로 통하는 도가 다섯이 있는데,
이 다섯 가지를 실천하는 것은 셋이다.
즉, 군신, 부자, 부부, 형제, 친구간의 사귐,
이 다섯 가지는 道도이고,
智仁勇지,인,용 세 가지는 세상에 공통으로 통하는 덕이니,
이것을 전체적으로 아우르는 것은 하나이다. 즉, 誠(성)이다

【 字解 】

① 達道달도: 세상과 고금에 함께 행해야 할 도

② 昆: 형, 맏 곤

③ 昆弟곤제: 형과 동생

13.4. 或生而知之(혹생이지지)하며 或學而知之(혹학이지지)하며

혹 곤 이 지 지　　　급 기 지 지　　　일 야
或困而知之하나니 及其知之하야는 一也니라

혹 안 이 행 지　　　혹 리 이 행 지
或安而行之하며 或利而行之하며

혹 면 강 이 행 지　　　급 기 성 공　　　일 야
或勉强而行之하나니 及其成功하야는 一也니라

(도에 통달하기를) 어떤 사람은 태어나면서부터 알고,
어떤 사람은 배워서 알며, 또 어떤 사람은 괴로움과 고통을
겪으며 알게 되는데, 결국 안다는 것에 이르러서는 똑같다.
어떤 이는 이것을 편안히 여겨 행하고
어떤 이는 이롭게 여겨 행하고,
어떤 이는 억지로 시켜서 할 수 없이 행하기도 하는데
성공공을 이룸 하는 것은 똑같다.

【 字解 】

① 或: 어떤 이, 어떤 경우, 어떤 것 혹

② 困: 괴로울, 곤할 곤

【 문장의 의의 】

▶ 사람의 본성은 비록 선하지 않은 것이 없지만, 개개인의 품성이 같지 않으므로 도를 깨닫는데 늦고 빠름이 있고 실천하는 것에 쉽고 어려움이 있다. 그러나 스스로 힘쓰고 쉬지 않고 노력하면 다다르는 경지는 같다.

자왈 호학 근호지
13.5. 子曰, 好學은 近乎知하고

력행 근호인 지치 근호용
力行은 近乎仁하고 知恥는 近乎勇이니라.

배우기를 좋아하는 것은 知지에 가깝고,

힘써 실천하는 것은 仁인에 가깝고

부끄러움염치을 아는 것은 勇용, 용기에 가깝다.

【 字解 】

① 乎호: ~에

② 恥: 부끄러울 치염치

③ 勇: 용기 용

【 문장의 의의 】

▶ 배우기를 좋아하는 것이 知지는 아니지만 어리석음을 깨트리기에 충분하고, 힘써 행하는 것이 仁인은 아니지만 사사로움을 잊기에 충분하고, 부끄러움을 아는 것이 勇용은 아니지만 족히 나약함을 고치기에 충분하다.

【 저자의 멘트 】

- 力行역행은 도산 안창호 선생의 4대 정신 중 하나이다
  - 4대 정신 : 務實무실, 力行역행, 忠義충의, 勇敢용감

지사삼자즉지소이수신
13.6. 知斯三者則知所以修身이요

지 소 이 수 신 즉 지 소 이 치 인
知所以修身則知所以治人이요

지 소 이 치 인 즉 지 소 이 치 천 하 국 가 의
知所以治人則知所以治天下國家矣리라.

이 세 가지13-5를 알면 몸을 닦는 이유를 알고,
몸을 닦는 이유를 알면 남을 다스리는 이유를 알고,
남을 다스리는 이유를 알면 세상과 나라, 집안을
다스리는 이유를 알 것이다.

【 字解 】

① 斯: 이 사

② 三者 : 好學호학, 力行역행, 知恥지치

③ 人: 남다른 사람

13.7. 凡爲天下國家(범위천하국가) 有九經(유구경)하니 曰(왈)

①修身也(수신야)와 ②尊賢也(존현야)와 ③親親也(친친야)와

④敬大臣也(경대신야)와 ⑤體群臣也(체군신야)와 ⑥子庶民也(자서민야)와

⑦來百工也(내백공야)와 ⑧柔遠人也(유원인야)와 ⑨懷諸侯也(회제후야)니라

무릇 천하와 국가를 다스리는 데에는

九經구경, 아홉 가지의 도리이 있으니,

① 몸을 닦는 것 ② 어진 이를 높이는 것

③ 친척을 친히 하는 것 ④ 대신을 공경하는 것

⑤ 여러 신하들과 일체가 되는 것

⑥ 서민들을 자식처럼 여기는 것

⑦ 기술자들을 오게 하는 것

⑧ 먼 곳에 있는 사람을 편안하게 하는 것

⑨ 제후들을 따뜻하게 품어주는 것 등이다.

【 字解 】

① 經경: 도리, 길, 법

【 문장의 의의 】

▶ 수신을 구경의 근본으로 삼아 ①에서 ⑨까지 차례대로 확대해 나가야 하며, 이중 하나라도 성실하지 못한 것이 있으면 모두 겉만 꾸미는 쓸데없는 글이다.

▶ 이 구경을 실천하는 것은 바로 誠성이다.

13.8. ① 몸을 닦으면 도가 이루어지고,
② 어진 이를 높이면 마음이 흐려서
무엇인가에 홀리지 않고,
③ 어버이와 친척을 친히 하면 백숙부와 형제들이
원망하지 않고,
④ 대신을 공경하면 어둡지 않고,
⑤ 여러 신하들을 내 몸처럼 여기면
선비들이 보답하는 예를 중시하고,
⑥ 서민들을 자식처럼 여기면 백성들이
부지런히 힘쓰고,
⑦ 기술자들을 오게 하면 재물이 풍족해지고,
⑧ 먼 곳에 있는 사람을 편하게 하면
사방 사람들이 돌아오고,
⑨ 제후들을 따뜻하게 품어주면 세상이 두려워한다.

【 문장의 의의 】

▶ 이는 九經구경의 효과를 말한 것이다.

재하위 불획호상 민불가득이치의
13.9. 在下位하여 不獲乎上이면 民不可得而治矣리라

획호상 유도 불신호붕우
①獲乎上이 有道하니 不信乎朋友면

불획호상의 신호붕우 유도
不獲乎上矣리라 ②信乎朋友 有道하니

불순호친 불신호붕우의
不順乎親이면 不信乎朋友矣리라

순호친 유도 반저신불성
③順乎親이 有道하니 反諸身不誠이면

불순호친의 성신 유도
不順乎親矣리라 ④誠身이 有道하니

불명호선 불성호신의
不明乎善이면 不誠乎身矣리라

아래 자리에 있으면서 윗사람의 신임을 얻지 못하면 백성을 다스릴 수 없다.

① 윗사람의 신임을 얻는데 방법이 있으니, 친구의 믿음을 얻지 못하면 윗사람의 신임을 얻지 못한다.

② 친구의 믿음을 얻는 것에 방법이 있으니 어버이의 뜻에 순응하지 못하면 친구의 믿음을 받지 못할 것이다.

③ 어버이의 뜻에 순응하는데 방법이 있으니 몸을 돌이켜 보아 성실하지 못하면 어버이의 뜻에 순응하지 못한다.

④ 몸을 성실하게 하는데 방법이 있으니 선에 밝지 못하면 그 몸도 성실하지 못하다.

【 字解 】

① 獲: 얻을 획

② 乎호: ~에처소격조사

③ 得: 얻을 득

④ 治: 다스릴 치

⑤ 朋友붕우: 친구

⑥ 誠: 성실할, 정성 성

【 문장의 의의 】

▶ 이는 아랫자리에 있는 자가 평소에 미리 정하여야 하는 뜻을 말한 것이다.

중용

성자 천지도야 성지자 인지도야
13.10. 誠者는 天之道也요 誠之者는 人之道也니
성자 불면이중 불사이득
誠者는 不勉而中하며 不思而得하여
종용중도 성인야
從容中道하나니 聖人也요
성지자 택선이고집지자야
誠之者는 擇善而固執之者也니라

誠성이라 함은 하늘이 부여해준 道도이고, 성실히 한다는 것은 사람의 道도이니 성실한 자는 힘쓰지 않고서도 도에 맞으며, 생각하지 않고서도 깨달아 조용히 도에 맞으니 성인이다. 성실히 하고자 하는 사람은 선을 택하여 굳게 잡는 사람이다.

【 字解 】

① 勉: 힘쓸 면

② 從容종용: 조용의 원말이다

③ 擇: 가릴, 선택할 택

④ 固執고집: 굳게 잡음

13.11. 博學之하며 審問之하며 愼思之하며
明變之하며 篤行之니라

(성실히 하고자하면) 폭 넓게 배우고, 자세히 묻고,
신중하게 생각하고, 명확하게 분별하며,
열심히 부지런히 실천하는 것이다.

【 字解 】

① 博: 넓을 박

② 審: 자세할 심

③ 愼: 신중할 신

④ 篤: 두터울 독진심이 깃들어 있다

【 문장의 의의 】

▶ 이는 성실히 하는 것의 항목들로 이 다섯 가지 중에 어느 하나라도 빠지면 학문이라 할 수 없다.

13.12. ① 비록 배우지 못한 것이 있더라도 이왕 배울 거면

능하지 못하다고 중간에 그만두지 말고,

② 묻지 못한 것이 있더라도

이왕 물을 거면 알 때까지 그만두지 말고,

③ 생각하지 못한 것이 있더라도

이왕 한번 생각하면 깨달을 때까지 그만 두지 말고,

④ 분변하지 못하는 한이 있더라도

한번 행하여 독실하지 못하면 그만두지 않는다.

남은 한 번에 되는데 나는 한 번에 안 되면 백번이라도 하고,

남은 열 번을 해서되었는데 나는 안 되면

천 번이라도 하여야 한다. 결과적으로 이러한 방법을 통해서

하는 것이 비록 어리석어 보이지만 반드시 명석해지며

비록 연약하지만 반드시 강해진다.

【 문장의 의의 】

▶ 군자의 배움이, 하지 않으면 그만이지만 한번 시작하면 반드시 그 끝을 보아야 한다. 그러므로 항상 백배로 노력하는 것이니 이는 곤궁하게 해서 알고 힘써서 행하는 자이니 참으로 용기 있는 일이다.

자 성 명　　위 지 성　　　자 명 성　　위 지 교
14. 自誠明을 謂之性이요 自明誠을 謂之敎니

성 즉 명 의　　명 즉 성 의
誠則明矣요 明則誠矣니라

誠성으로 말미암아 밝아지는 것을 性성이라 하고,

밝음으로 말미 암아 성실해짐을 敎교라 하니

성실하면 밝아지고 밝아지면 성실해진다.

【 字解 】

① 自=由말미암을 유

【 문장의 의의 】

▶ 정성을 다하면 밝지 않음이 없고 밝아지면 정성스러워 진다. 이는 자사의 말이다.

유 천 하 지 성　　　위 능 진 기 성
15. 惟天下至誠이야 爲能盡其性이니

능 진 기 성　　　　즉 능 진 인 지 성
①能盡其性이면 則能盡人之性이요

능 진 인 지 성　　　　즉 능 진 물 지 성
②能盡人之性이면 則能盡物之性이요

능 진 물 지 성　　　　즉 가 이 찬 천 지 지 화 육
③能盡物之性이면 則可以贊天地之化育이요

가 이 찬 천 지 지 화 육　　　즉 가 이 여 천 지 참 의
④可以贊天地之化育이면 則可以與天地參矣니라

오직 천하에 지극히 정성스러운 것만이
그 성을 다할 수 있으니,
① 그 性성을 다할 수 있으면 사람의 性도 다할 수 있고,
② 사람의 性을 다할 수 있으면 사물의 性도 다할 수 있고,
③ 사물의 성을 다할 수 있으면 천지의 화육을 도울 수 있고,
④ 천지의 화육을 도울 수 있으면 천지와 더불어 참여할 수 있을 것이다

【 字解 】

① 天下至誠천하지성 : 성인의 덕의 정성스러움이 천하에 더할 나위 없는 것

② 盡其性진기성 : 덕이 성실하지 않음이 없는 것

③ 能盡之능진지 : 아는 것이 분명하지 않은 것이 없으며 처하는 곳이 마땅치 않은 곳이 없는 것

④ 化育화육: 하늘과 땅의 자연스러운 이치로 모든 사물들을 만들어 기르는 것

⑤ 與天地參여천지참: 하늘과 땅과 더불어 셋이 되는 것. 즉, 天地人천지인

【 문장의 의의 】

▶ 사람과 사물의 성이 나의 성인데 다만, 하늘로부터 부여받은 것의 형상과 기운이 같지 않기 때문에 다름이 있을 뿐이다.

▶ 이는 성으로 인해 밝아지는 자의 일이다.

16. 至誠之道(지성지도)는 可以前知(가이선지)니 禍福將至(화복상지)에
善(선)을 必先知之(필선지지)하며 不善(불선)을 必先知之(필선지지)니
故(고)로 至誠(지성)은 如神(여신)이니라

지극히 성스러운 道(도)는 사전에 미리 알 수 있으니,
화와 복이 장차 다다를 때에 좋은 것과 좋지 못한 것을 반드시
먼저 알 수 있다. 그러므로 지극한 성은 神(신)과도 같다.

【 字解 】

① 禍福(화복): 재앙과 복

② 將: 장차 장

③ 神: 귀신 신

17. 誠子(성자)는 自成也(자성야)요 而道(이도)는 自道也(자도야)니라
성은 자연적으로 이루어지는 것이고,
도는 스스로 행하여야 할 것이다.

【 字解 】

① 自道(자도): 스스로 행하다, 스스로 인도하다

【 문장의 의의 】

▶ 성은 사물이 스스로 이루어지는 것이고, 도는 사람이 마땅히 자기

스스로 실천하여야 함을 말한 것이다.

17.1. 誠者는(성자) 物之終始니(물지종시) 不誠이면(불성) 無物이라(무물)
是故로(시고) 君子는(군자) 誠之爲貴니라(성지위귀)

성이란 모든 사물만물의 시작始,시과 끝終,종이니
정성스럽지 않으면 어떤 사물도 없게 되므로
군자는 정성을 다하는 것을 귀하게 여긴다.

중용

【 字解 】

① 終始종시: 끝과 시작

② 物물: 자기를 제외한, 주체의 대상이 되는 모든 것사람 포함

【 문장의 의의 】

▶ 사람이 정성스런성실한 마음이 있어야 스스로 이룰 수 있고 나에게 있는 道도역시 행해질 것이다.

성사 비사성기이이야 소이성물야
17.2. 誠者는 非自成己而已也라 所以成物也니
성기 인야 성물 지 성지덕야
成己는 仁也요 成物은 知니 性之德也라

誠성은 자기를 스스로 완성시켜 줄 뿐만 아니라 남도 완성시켜 주니 자기를 완성시켜 주는 것은 仁인이고, 남을 완성시켜 주는 것은 知지,=智(지)이니
이는 性성의 덕분이다.

【 字解 】

① 物: 사물, 사람, 남 물

【 문장의 의의 】

▶ 성은 비록 자신을 완성시켜 주는 것이지만 이미 스스로 완성됨이 있으면 자연스럽게 남에게도 미쳐 도가 행해진다.

18. ① 하늘은 밝고 밝은 것들이 많이 모여서 이루어진 것으로, 그 무궁함에 이르러서는 해, 달, 별이 매여 있으며 만물로 덮여 있다.
② 땅은 한줌의 흙이 많이 모여 이루어진 것으로, 그 넓고 두터움에 이르러서는 높고 큰 산과 만물이 실려 있다.
③ 산은 한 주먹의 작은 돌들이 많이 모여 이루어진 것으로, 그 넓고 큼에 이르러서는 초목이 생겨나서 자라고 짐승이 살며 보물이 나온다.

④ 물은 한잔 한잔의 물이 많이 모여 이루어진 것으로, 그 헤아릴 수 없는데 이르러서는 자라, 악어, 도롱뇽, 거북이 같은 것들이 자란다.

【 문장의 의의 】

▶ 위 네 가지는 모두 변치 않고 쉬지 않음으로써 성대함을 이루게 된 것이다.

중용

19. 윗자리에 있을 때는 교만하지 않고, 아랫사람이 되어서는 윗사람을 배반하지 않는다. 나라에 도가 행해질 때에는 말을 하면 족히 흥을 불러일으킬 수 있었지만, 도가 행해지지 않으면 오히려 말을 하지 않고 침묵하는 것이 낫다.

⇨ 이는 人道인도를 말한 것이다.

20. 子曰(사왈), 愚而好自用(우이호자용)하며 賤而好自專(전이호자전)이요 生乎今之世(생호금지세)하야 反古之道(반고지도)면 如此者(여차자)는 烖及其身者也(재급기신자야)니라

어리석으면서도 자신이 쓰여 지기를 좋아하며,
천하면서 제멋대로 하기를 좋아하고,
지금의 세상에 태어나서 옛날의 도를 뒤엎으려 한다면
이런 자에게는 재앙이 그 몸에 미친다.

【 字解 】

① 愚: 어리석을 우

② 賤: 천할 천

③ 專: 마음대로 할 전

④ 反: 뒤엎을 반

⑤ 烖: 재앙 재 災(재)의 원래 글자

【 문장의 의의 】

▶ 이는 자사가 공자의 말을 인용한 것이다.

만물 병육이불상해 도병행이불상패
21. 萬物이 竝育而不相害하며 道竝行而不相悖라

소덕 천류 대덕 돈화
小德은 川流요 大德은 敦化니

차천지지소이위대야
此天地之所以爲大也니라

만물이 함께 자라면서도 서로 방해되지 않으며 도가 함께 행해져도 서로 어그러지지 않는다.

작은 덕小德(소덕)은 냇물의 흐름과 같고 큰 덕大德(대덕)은 조화를 돈독하게 하니 이것이 천지가 위대한 이유이다.

⇨ 이는 天道천도를 말한 것이다.

【 字解 】

① 竝: 함께, 나란히 병

② 育: 자랄, 기를 육

③ 悖: 거스를, 어그러질 패

④ 敦: 도타울 돈

⑤ 敦化: 백성을 두텁게 교화시킴 ※ 敦化門돈화문

【 문장의 의의 】

▶ 서로 방해되지 않고 어긋나지 않음은 소덕천류이고 함께 자라고 함께 행해짐은 대덕돈화이다.

부록

附錄

1. 주요 어조사 정리

〈가나다 순〉

1. 可已矣가이의 : 괜찮다
2. 故고로 : 그러므로, 따라서
3. 其기 : 그지시대명사
4. 乃내 : 이에, 그러므로
5. 但단 : 다만, 단지
6. 夫부 : (발어사)저, 3인칭 대명사, 대저대체로 보아 ~도다, ~구나감탄사
7. 不得已부득이 : 마지못하여, 할 수 없이, 어쩔 수 없이
8. 所소 : ~바~한 것
9. 所謂소위 : 이른 바, 말하는 것
10. 所以소이 : 까닭, 원인, 이유
11. 是故시고 : 이런 까닭으로, 그러므로
12. 是以시이 : 이 때문에, 그러므로 이것으로
13. 惡악 : 악할, 미워할, 싫어할 오, 나쁘다
14. 也야 : 어조사, ~이다, ~느냐?, ~도다, ~구나, ~인가?, ~한가?, ~로구나
15. 也已矣야이의 : ~만하다, ~일뿐이다.
16. 若약 : ~같다. 만일, 만약
17. 若夫약부 : ~에 대해, ~로 말하면
18. 於어 : 어조사. ~에, ~에서장소, ~보다비교, 탄식하다오, 아아감탄사 오
19. 抑억 : 그렇지 않으면, 또한, 문득
20. 焉언 : 어찌, 어떻게, 어디, 어디에, ~보다 더, 이에, 그래서, (지시 대명사)이, ~느냐?, ~도다!, 그러하다, ~와 같다.
21. 如여 : ~와 같다.
22. 如之何여지하 : 어떻게, 어찌하오.

23. 如之何잇고 : 어떻습니까?

24. 與여 : 더불어함께, 및, ~보다는, 주다.

25. 與其여기 ~寧녕~ : ~보다는 차라리 ~하다.

26. 然연 : 그러나, 그러면

27. 於우: ~에서, ~부터, ~까지, ~에게, 이, 이것, 아감탄사.

※ 敢昭告於감소고우 : ~에게 감히 밝게 고하다.

28. 矣의 : ~었다, ~리라, ~이다, ~뿐이다, ~도다!, ~느냐? ~여라.

29. 矣夫인저의부인저 : ~일 것이다.

30. 已이 : 이미, 벌써, 너무, 뿐, 따름, 매우, 대단히, 너무, 써, 이, 이것, 그만두다, 끝나다.

31. 以이 : 이것대명사 ~로써, ~때문에

32. ~以이~爲위 : ~으로써 ~을 삼다여기다

33. 而이 : 접속사. 그리고, 및, ~로서, ~에, ~하면서, 그러나, 그런데도

34. 而已矣이이의 : ~뿐이다.

35. 而已乎이이호 : ~뿐입니까?

36. 耳이 : ~뿐

37. 一言以蔽之일언이폐지 : ~한마디로 말해

38. 因인 : ~ 때문에, 그러므로, 만일

39. 哉재 : 어조사. ~다감탄

40. 則즉 : 곧, 만일 ~이라면, ~하면, ~할 때에는

41. 之지 : 어조사. ~가, ~이, ~의, 에, ~에 있어서, ~와, ~과, 이에, 이곳에, 가다, 을, 그리고, 만일, 만약

42. 何하 : 어찌, 왜, 어떻게, 얼마나, 무엇, 누구

43. 何如하여 : 어떻게

44. 兮혜 : 어조사, 감탄사. 주로 시에 쓰인다. ~여

45. 乎 호 : ~느냐?, ~랴!, ~지?, ~겠지?, ~도다, ~에, ~보다=於, 그런가, 아!, 감탄사

2. 주요 인물 정리

〈가나다 순〉

대상	성	이름	자	국적/지위	특징
거백옥(蘧伯玉)	거(蘧)	원(瑗)	백옥(伯玉)	위나라 사람	대부, 공자가 존경한 사람 중의 한사람
계로(季路)			중유(仲有)	노나라 사람	자로, 공자의 제자
계강자(季康子)		비(肥)		노나라 사람	계손 씨, 강(康):시호, 노나라에서 권세를 제일 많이 가지고 있었음
고자(告子)		불해(不害)		제나라 사람	맹자와 동시대의 사람으로 맹자와 성(性)에 대해 논쟁을 벌임
공문자(孔文子)	공(孔)	어(圉)		위나라 대부	문(文):시호
공손추(公孫丑)				제나라 사람	맹자의 제자
公冶長(공야장)	공야(公冶)	장(長)	자장(子長)	노나라 사람	공자의 제자, 공자의 사위
관중(管仲)	관(管)	이오(夷吾)	중(仲)	제나라 대부	환공을 도와서 천하의 패권을 잡게 만들었다.
남용(南容)			자용(子容)	노나라 사람	공자의 형의 사위
등문공(滕文公)				등나라 임금	전국시대 등 나라의 명군. 문(文): 시호. 맹자로부터 가르침을 받았다
만장(萬章)				제나라 사람	맹자의 제자
맹의자(孟懿子)	중손(仲孫)	하기(何忌)	의(懿)	노나라 대부	공자의 제자
맹무백(孟武伯)		체(彘)		노나라 사람	맹의자의 아들. 시호: 무(武)
미생고(微生高)	미생(微生)	고(高)		노나라 사람	당시 정직한 사람으로 유명하였다. 옆집에서 초를 빌려다 주었다
미자(微子)	–	계(啓)	–	송나라 임금	은 왕조의 마지막 왕인 주의 배다른 형
민자건(閔子騫)	민(閔)	손(損)	자건(子騫)	노나라 사람	공자의 제자, 15세 연하, 덕행, 효자

부록

백어(伯魚)	孔(공)	리(鯉)	백어(伯魚)	노나라 사람	공자의 아들, 공자보다 먼저 죽었다.
백이(伯夷)	묵(墨)	윤(允)	공신(公信)	은나라 사람	이(夷):시호 형 / 고죽군의 두 왕자. 고사리를 꺾어 먹고 살다가 죽었다.
숙제(叔齊)		지(智)	공원(公遠)		제(齊):시호 동생
번지(樊遲)	번(樊)	수(須)	자지(子遲)	노나라 사람	공자의 제자, 공자보다 36세 연하, 공자의 수레를 몰았다.
사마우(司馬牛)	사마(司馬)	경(耕)	자우(子牛)	송나라 사람	공자의 제자, 말이 많고 성질이 조급하였다고 한다.
섭공(葉公)	심(沈)	제량(諸梁)	자고(子高)	초나라 사람	명망 있는 사람이었다.
악정자(樂正子)	–	극(克)	–		맹자의 제자, 노나라에서 벼슬하였다.
안연(顔回)	안(顔)	회(回)	자연(子淵)	노나라 사람	공자보다 30세 연하로 공자문하에서 가장 우수한 제자로 평가되었으나 애석하게도 41세로 단명하였다.
안평중(晏平仲)	안(晏)	영(嬰)	중(仲)	제나라 사람	재상. 평(平): 시호. 공자보다 선배
애공(哀公)	희(姬)	장(蔣)	–	노나라 임금	애공은 시호. BC.494년 즉위
양화(陽貨)	양(陽)	호(虎)	화(貨)	노나라 사람	계씨의 가신. 계환자를 가두고 나라의 정치를 전횡하였다.
염구(冉求)	염(冉)	구(求)	자유(子有)	노나라 사람	공자의 제자, 염옹과 친족. 공문 10철 중 한 사람. 공자보다 19세 연하. 정치를 잘했다. 계 씨의 가신
염유(冉有)					
염백우(冉伯牛)	염(冉)	경(耕)	백우(伯牛)	노나라 사람	공자보다 7세 연하
원헌(原憲)	원사(原思)	헌(憲)	자사(子思)	노나라 사람	원사(原思). 공자보다 36세 연하. 청빈한자
유자(有子)	유(有)	약(若)	자유(子有)	노나라 사람	공자의 제자, 공자보다 43세 아래. 용모가 공자와 닮았다고 함
유하혜(柳下惠)	전(展)	획(獲)	자금(子禽)	노나라 사람	대부. 유하(柳下):식읍(食邑), 혜:시호

이루(離婁)	–	–	–	춘추시대사람	눈이 매우 밝아 백보 밖에서도 털끝을 분간할 수 있는 시력을 가졌다고 하는 전설상의 인물
이윤(伊尹)	–	이(伊)	–	하(은)나라사람	윤(尹):벼슬이름. BC.1600년경 탕 임금을 보좌하여 하나라를 멸망시키고, 은나라를 건립하는데 큰 공을 세웠다. 은나라 명 재상
임방(林放)	임(林)	방(放)	자구(子丘)	노나라 대부	공자의 제자. 중국 고대의 충신인 비간의 27세손
자공(子貢)	단목(端木)	사(賜)	자공(子貢)	위나라 사람	공자의 제자, 공자보다 31세 연하. 언어와 문서에 뛰어났음. 이재에도 밝아 재력가로 공문(孔門)의 번영을 도왔다.
자로(子路)	중(仲)	유(由)	자로(子路)	노나라 사람	공자보다 9세 연하. 힘이 세고 용기가 있으며 무술이 뛰어나고 남에게 지기 싫어하는 성격이었다.
자산(子産)	국(國)	교(僑)	자산(子産)	정나라정치가	정치가, 정치혁신, 외교활동에 능했다. 공자의 인물평이 좋다.
자유(子遊)	언(言)	언(偃)	자유(子遊)	노나라 사람	공자보다 35세 연하
자장(子張)	전손(顓孫)	사(師)	자장(子張)	진나라 사람	공자보다 48세 연하.
자하(子夏)	복(蔔)	상(商)	자하(子夏)	위나라 사람	공자보다 44세 연하. 예를 중시. 자하의 학통을 이어받은 사람은 순자
재여(宰予)	재(宰)	여(予)	자아(子我)	노나라 사람	재아(宰我), 공자의 제자, 변론을 잘하였음
제경공(斉景公)	강(薑)	저구(杵臼)	–	제나라 임금	경(景):시호, BC.547~490까지 재위 사치와 학정이 심했다고 한다.
중궁(仲弓)	염(冉)	옹(雍)	중궁(仲弓)	노나라 사람	염옹. 공자보다 29세 연하, 덕망이 높고 어지나 말재주는 없었다.
증자(曾子)	증(曾)	삼(參)	자여(子輿)	노나라 사람	『대학』을 서술. 공자의 학통을 후세에 전한 중요인물
진항(陳亢)	진(陳)	항(亢)	자항(子亢)	진나라 사람	공자의 제자
혁추(奕秋)		추(秋)			奕:바둑 혁, 고대전설에 나오는 바둑의 고수

3. 사자성어 및 어구 정리

〈논어〉

학이
◆ 本立而道生본립이도생: 근본이 확립되면 도가 생겨난다.
◆ 巧言令色교언영색: 교묘한 말과 아첨하는 얼굴 빛
◆ 敬事而信경사이신: 일을 공경히 하고 믿음직스럽게 함
◆ 節用而愛人절용이애인: 재물과 물자를 아껴쓰고 사람을 사랑함
◆ 愼終追遠신종추원: 부모님 상을 당해서는 슬픔을 지극히 하고 먼 조상의 제사에는 공경을 다함
◆ 貧而無諂, 富而無驕빈이무첨, 부이무교: 가난해도 아첨하지 않고, 부유해도 교만하지 않음
◆ 貧而樂, 富而好禮빈이락, 부이호례: 가난해도 즐거워하며, 부유하면서도 예를 즐김
◆ 切磋琢磨절차탁마: 자르고 갈고 쪼고 다시 갈다. 뼈와 뿔을 자른 다음 다시 갈고, 옥과 보석을 쪼고 다시 그것을 가는 것. 즉, 학문이나 인격을 갈고 닦음을 말한다.
위정
◆ 思無邪사무사: 생각함에 사악함이 없음
◆ 溫故而知新온고이지신: 옛것을 듣고 익혀서 새것을 앎
팔일
◆ 絵事後素회사후소: 그림 그리는 일은 흰 바탕이 있은 뒤에 하는 것이다. 이는 마치 사람이 아름다운 자질이 있은 뒤에 꾸밈을 가할 수 있는 것과 같은 것이다.
◆ 亂極當治난극당치: 어지러움이 극에 달하면 마땅히 다스려진다.
공야장
◆ 聞一以知十문일이지십: 하나를 들으면 열 가지를 안다.
◆ 不恥下問불치하문: 아랫사람에게 묻는 것을 부끄러워하지 않음

학이
◆ 一簞食一瓢飮일단사일표음: 한 대그릇의 밥과 한 표주박의 음료 ※ 집안형편이 좋지 않음을 뜻한다.
◆ 引而不發인이불발: 활시위를 당기기만 하고 쏘지 않음 ※ 배우는 자에게 문제제기만 하고 스스로 깊이 생각하여 깨닫게 함.
◆ 博文約禮박문약례: 널리 학문을 닦아 사리를 연구하고 예의로 실천하여 정도에서 벗어나지 않게 함
◆ 先難而後獲선난이후획: 어려운 일을 먼저하고 얻는 것은 뒤에 함
◆ 樂山樂水요산요수: 仁者인자는 산을 좋아하고 知智者지자는 물을 좋아한다.
술이
◆ 述而不作술이부작: 후손에게 전해주기만 하고 창작하지 않음
◆ 暴虎馮河포호빙하: 맨손으로 범을 잡고 맨몸으로 강을 건넘 ※ 자로의 무모함을 비유한 말
◆ 飯疏食飮水, 曲肱而枕之반소사음수, 곡굉이침지: 거친 밥을 먹고 물을 마시며 팔을 굽혀 베더라도 즐거움 ※ 가난함을 이르는 말
◆ 発憤忘食발분망식, 樂以忘憂락이망우: 깨닫지 못하면 분발하여 먹는 것도 잊고, 깨달으면 즐거워서 근심걱정을 잊음 ※ 학문을 좋아함을 이르는 말
◆ 釣而不網조이불망: 낚시질은 하되 그물질은 하지 않는다.욕심내지 않음
◆ 威而不猛위이불맹: 위엄은 있으되 사납지 않다.
태백
◆ 戰戰兢兢전전긍긍: 겁을 먹고 벌벌 떨며 몸을 움츠림,
◆ 臨深淵여림심연: 깊은 연못에 임한 듯이 함,
◆ 如履薄氷여리박빙: 얇은 어름을 밟는 듯이 함 ※ 부모로부터 받은 몸을 온전히 하기를 이와 같이 한다는 말이다.
◆ 篤信好學독신호학: 독실하게 믿으면서 배우기를 좋아함
자한
◆ 自强不息자강불식: 스스로 힘쓰고 쉬지 않음 ※ 학문하는 자세를 말함
◆ 過則勿憚改과즉물탄개: 허물이 있으면 고치기를 꺼리지 말라

향당
◆ 存心不他존심불타: 마음 두기를 다른데 하지 않는다. ※ 오직 그 상황에만 전념한다.
◆ 疏食菜羹소사채갱: 거친밥과 나물국
선진
◆ 過猶不及과유불급: 지나침은 모자람만 못하다. ※ 자장은 지나치고, 자하는 좀 모자람을 비유
◆ 安貧樂道안빈락도 : 가난함을 편히 여기며 도를 즐긴다.
안연
◆ 克己復禮극기복례: 자기의 사욕을 이겨 예로 돌아감 ※ 인을 하기 위해서이다.
◆ 民無信不立민무신불립: 백성의 믿음이 없으면 서지 못한다. ※ 위정자들은 마땅히 백성들에게 솔선수범하여 죽기를 각오하고 믿음을 지켜야 한다는것
◆ 駟不及舌사불급설: 혀에서 내뱉는 말은 사마도 따라가지 못한다 ※ 말은 신중하게 해야 한다.
◆ 先事後得선사후득: 일을 먼저하고 얻는 것은 뒤에 한다.
자로
◆ 斗筲之人두소지인: 한 말이나 한 말 두 되 들이의 사람 ※ 정치에 종사하는 사람들 중에서 비루하고 자잘하거나 도량이 작은 사람을 일컫는다.
◆ 和而不同화이부동↔同而不和동이불화: 군자는 화하되 동하지 않으며 소인은 동하되 화하지 않는다. 군자는 부화뇌동하지 않는다.
◆ 泰而不驕태이불교↔驕而不泰교이불태: (군자는)태연하되 교만하지 않고, (소인은)교만하되 태연하지 못하다. ※ 군자는 천리에 순응하고 소인은 욕심을 부리기 때문이다.
◆ 剛毅木訥강의목눌: 강하고 굳세고 질박하고 어눌함 ※ 이런 것이 인에 가깝다는 말이다.
헌문
◆ 貧而無怨빈이무원 ↔ 富而無驕부이무교: 가난하면서도 원망함이 없고, 부유하면서 교만함이 없다.

◆ 見利思義, 見危授命견리사의, 견위수명: 利리를 보면 의로운지를 생각하고, 위태로움을 당하면 목숨을 바친다.
◆ 正而不譎정이불휼: 바르면서도 속이지 않는다.
◆ 匹夫匹婦필부필부: 평범한 남자와 평범한 여자
◆ 先発後聞선발후문=先斬後啓선참후계: 먼저 토벌하고 뒤에 아뢰는 것 =군율을 어긴 사람을 먼저 처형하고 뒤에 아뢰는 것
◆ 不怨天不尤人불원천불우인: 하늘을 원망하지 않고 남을 탓하지 않는다.
◆ 下學而上達하학이상달: 아래로 인간이 해야할 도리를 배우면 위로는 하늘의 이치를 통달한다. ※下學人事上達天理하학인사상달천리의 줄임말이다
◆ 修己以敬수기이경 修己安人수기안인 修己以安百姓수기이안백성: 공경으로 자기를 수양하는 것, 자기를 수양하여 남을 편안히 하는 것, 자기를 수양하여 백성을 편안히 하는 것 ※ 군자의 태도를 말함
◆ 四靈네 가지 영물: 용, 봉황, 거북이, 기린
위영공
◆ 言忠信, 行篤敬언충신, 행독경: 말은 충성스럽고 믿음직스럽게 하고, 행동은 공경히 함을 돈독하게 여긴다.
◆ 殺身以成仁살신이성인: 몸을 죽여 인을 완성한다.
◆ 貞而不諒정이불량: 곧기는 하지만 신의를 고집하지는 않는다.
양화
◆ 性相近習相遠성상근습상원: 성은 서로 가까우나 습관에 의해 서로 멀어진다.
◆ 道聽而塗説도청이도설: 길에서 들은 말을 길에서 다른 사람에게 말함 ※ 길에서 비록 아무리 좋은 말을 들었더라도 길에서 말하면 스스로 덕을 버린다는 뜻이다.
◆ 見危致命견위치명, 見得思義견득사의: (선비는)위태로움을 보면 목숨을 바치고, 이득을 보면 의를 생각한다.
요왈
◆ 敢昭告于감소고우: 감히 ~에게 밝게 고합니다. ※ 제사지낼 때 축문에 쓰인다.

〈 맹자 〉

양혜왕 상
◆ 寡人과인→ 寡德之人과덕지인: 제후가 자신을 지칭하는 말 ※ 덕이 부족한 사람이라는 뜻
◆ 五十步百步오십보백보: 오십보나 백보나 거기서 거기
◆ 仁者無敵인자무적: 어진자에게는 대적할 적이 없다
◆ 緣木而求魚연목이구어: 나무와 인연이 되어 물고기를 구함 나무에 올라가 물고기를 구함 ※ 목적이나 수단이 일치하지 않아 불가능한 일임을 말한 것이다.
양혜왕 하
◆ 與民同樂여민동락: 백성과 더불어 함께 즐김
◆ 行險而僥幸행험이요행: 모험을 행해서 요행을 바라는 것
◆ 鰥寡孤獨환과고독: 홀아비, 과부, 고아, 무의탁자
◆ 曲學阿世곡학아세: 학설을 왜곡하여 세속에 아첨함
공손추 상
◆ 浩然之気호연지기: 지극히 크고 굳세고 곧은 기운
공손추 하
◆ 採薪之憂채신지우: 병이 들어 땔나무를 할 수 없다는 걱정의 뜻으로, 자기의 병을 남에게 겸손하게 표현하는 말이다.
◆ 彼一時 此一時피일시 차일시: 저 한때 이 한때 그때는 그때, 지금은 지금
등문공 상
◆ 先公而後私선공이후사: 공적인 것을 먼저하고 사적인 것은 뒤에 한다
◆ 推舊而爲新추구이위신: 옛것을 미루어 새롭게 만듬
이루 상
◆ 自暴自棄자포자기: 自暴자포는 스스로 해치는 것으로 예의를 부정하는 것이고, 自棄자기는 스스로 포기하는 것으로 의를 행할 수 없다고 체념하는 것이다.
◆ 易子而教之역자이교지: 자식을 바꾸어서 가르친다. 즉, 자기 자식은 아버지가 직접 가르치지 않는다.
◆ 不虞之譽, 求全之毀불우지예, 구전지훼: 생각치도 못한 칭찬과, 비방을 면하려고 하다가 도리어 비방을 받는 것

이루 하
◆ 不舍晝夜불사주야=不撤晝夜불철주야: 밤낮을 그치지 않는다
만장 하
◆ 集大成집대성: 많은 훌륭한 것을 모아서 하나의 완전한 것으로 만들어 내는 일로 공자를 말한다.
고자 하
◆ 不屑之教誨불설지교회: 그 사람을 달갑게 여기지 않아 거절함으로써, 그가 스스로 반성하도록 하여 가르치는 것
진심 하
◆ 似而非사이비: 같아 보이지만 같지 않은 것

〈 대학·중용 〉

대학
◆ 物有本末물유본말: 모든 사물에는 근본이 되는 것과 지엽적인 것이 있다. 《대학(경)》
◆ 愼獨신독: 군자는 홀로 있을 때에도 몸가짐이나 언행을 조심한다. 《대학 전6장》
◆ 絜矩之道혈구지도: 직역하면, 'ㄱ'자 모양의 자를 가지고 재는 방법이나, 자기의 마음으로 남을 헤아린다는 뜻이다. 《대학 전10장》
◆ 德本財末덕본재말↔外本內末외본내말: 덕은 근본이고 재물은 지엽적인 것이다. ※ 외본내말은 그 반대이다. 《대학 전10장》
◆ 修己治人수기치인: 자기를 수양하여 남을 다스린다. 《대학 전10장》
중용
◆ 和而不流화이불류: 조화를 이루되 휩쓸리지 않는다. ※ 和而不同화이부동과 유사하다. 《중용 10장》
◆ 如鼓瑟琴여고슬금: 거문고와 비파를 타는 것과 같다. 《중용 15장》 ※ 부부간에 화합하고 즐거워함에 비유

4. 예절관련 내용 정리

◆ 『예기』〈곡례〉첫머리에 '毋不敬무불경' 이란 말이 나온다. 즉 모든 예절은 공경하지 않음이 없다는 말로, 예의와 예절은 한마디로 상대방을 공경하는 마음에서 나와야 한다. ※ 요즘 사회적으로 이슈화 되는 문제들은 거의 대부분이 상대방을 공경하지 않는데서 나타나는 현상들이다.

◆ 상대방을 공경하는 마음이 전혀 없기 때문에 말을 함부로 하고 거칠게 하고, 완력을 가하는데 그런 행동이 그 사람의 인격수준을 보여주는 것이다.

◆ 예절은 형식보다 본질! 공수나 배꼽인사 요령, 존댓말보다 그 행동을 하여야하는 유래와 이유를 알게 하고 어른도 그에 맞는 행동을 하는 것이 중요하다. 아랫사람에게 무조건적으로 예의를 강요하지 말아야 한다.

◆ 직장에서 상사에게, 부하에게, 동료에게 대하듯이 집에서도 부모·형제·아내 자식에게 그런 마음으로 대하며, 애완동물에게 쏟는 관심과 보살핌의 10분의 1만 가족에게 쏟아도 효성스럽고 공경하며 현모양처, 인자하다는 소리를 들을 수 있고 사랑 받을 수 있다.

◆ 자녀에 대한 예절교육은 부모가 화합하여 일관성 있게 하여야 효과가 있다.

〈 밥상머리 예절 〉

◆ 부모님이나 어른, 상사보다 먼저 수저를 들지밥이나 국을 먹지 않는다.

◆ 밥은 왼쪽, 국은 오른쪽에 놓는데, 이는 마른음식과 젖은 음식을 구분하기 위한 것으로, 밥은 양이고 국은 음이다. 수저는 국그릇 오른쪽에 놓되 수저가 왼쪽 젓가락은 오른쪽에 놓는다.

◆ 식사를 다 마쳤다고 어른보다 먼저 수저를 식탁에 내려놓거나 자리를

떠나지 않으며 보조를 맞춘다. 너무 빨리 먹은 후 어른이 잡수시는 것을 바라보면 당신도 빨리 먹으라는 뜻이 된다. 만일 어른이나 상사보다 먼저 먹었을 경우에는 식탁에 수저를 내려놓지 않고 밥그릇에 놓아두고 다 드시면 그때 내려놓는다. 나이든 사람과 젊은 사람은 속도 차이가 있을 수밖에 없다. 불가피하게 먼저 자리에서 일어나야 할 경우에는 양해를 구하여야 하지만, 부득이한 경우를 최소화 한다. 그게 싫으면 차라리 혼밥을….

◆ 대화를 하되 음식물이 입속에 있을 때에는 말하지 않는다. 음식물이 튀어 나와 음식에 들어 갈 수 있기 때문이다. 음식물을 다 삼킨 뒤에 한다.

◆ 음식물을 한입 가득 넣고 먹지 않는다. 사레 들 수 있다, 실수하면 큰 일

◆ 밥은 뭉쳐먹지 말고, 입을 크게 벌려 먹지 말며, 줄줄 흘리면서 먹지 않는다.

◆ 어른과 식사할 때에는 한쪽 팔을 식탁에 올려놓지 않는다.

◆ 젓가락으로 반찬을 집을 때에는 이것저것 집었다 놓았다 반복하지 않으며, 가급적 처음 잡은 그대로 가져온다. 상대방이나 다른 사람이 더럽게 생각한다.

◆ 여러 음식 중 특정 음식이 맛있다고 그것만 집중적으로 먹지 않는다. 다른 사람도 먹어야 하므로…. 셋이 함께 먹을 때 다리가 두 개면 어떻게?

◆ 음식을 쩝쩝거리며 먹지 않는다.

◆ 국에 나물이 들어있는 것은 젓가락을 사용하고, 들어있지 않은 것은 젓가락을 사용하지 않는다.

◆ 어릴 때 포크보다 젓가락질을 잘 가르치고 배운다. 처음 배울 때는 포크보다 어려워도 익히고 나면 손가락에 힘도 생기고 다른 사람이 보기에도 좋다. 또한 성인이 돼서 배우고자 하면 더 힘들다.

◆ 밥그릇을 손에 들고 먹지 않는다. 중국, 일본에서는 들고 먹기도 하지만

◆ 식사할 때 한 손으로는 방바닥을 짚고, 한 쪽 무릎은 세워서 무릎위에 팔을 올려놓고 숟가락 젓가락질 하며 먹지 않는다. 신체에도, 미관에도 안 좋다.

◆ 식사할 때 한 손에 수저와 젓가락을 동시에 쥐고 먹지 않는다. 이러면 마치 음식을 탐하는 사람처럼 보인다.

◆ 식사가 끝날 무렵, 그릇에 남은 음식을 수저로 뜰 때는 덜그럭 덜그럭 하는 소리 나지 않게 물을 살짝 넣어 살살 긁는다.

◆ 국수, 라면 등 면으로 만든 음식을 끊지 않고 먹으려고 젓가락질을 빨리 하여 후르륵거리지 않는다. 무척 경박하게 보인다. 잘못된 예절은 대체로 TV의 영향이 크다. 드라마, 예능프로 등

◆ 식사할 때에는 모자를 한쪽에 벗어두고 먹는다.

◆ 자기 입에 들어갔던 수저나 젓가락으로 상대방에게 음식을 전해주지 않는다.

◆ 음식점에서는 출입구가 보이는 쪽이 상석으로, 전망과 상황에 따라 예외적인 경우도 있으나, 출입문을 등지고 앉으면 무난하다.

◆ 밥을 다 먹고 나서는 밥그릇에 물을 살짝 부어 놓는다. 이러면 마르지 않아 설거지가 잘 된다.

〈 일상생활 예절 〉

◆ 길이나 사무실 내에서 걸을 때에는 신발 뒤축을 끌면서 소리 내며 걷지 않는다.

◆ 어른 앞에서는 팔짱을 끼거나, 한쪽 다리에만 힘을 주고 삐딱하게 서지 않으며 다리를 꼬고 앉지 않는다. 면접 볼 때 다리를 꼬지 않는 것처럼….

◆ 문지방을 밟고 다니거나 문턱에 걸터앉지 않는다. 문지방은 어느 한 공간의 경계로서 여기를 밟거나 앉는 것은 그 주인이나 자기 스스로를 업

신여기거나 공경하지 않는 행위이며 문지방을 더럽히는 행동이기 때문이다.

◆ 존댓말을 쓰되, 'ㅅ'이 들어가는 존대 말을 쓴다. 요즘에는 반말도 아니고 존댓말도 아닌 말을 많이 쓴다. 예) 안 가요? → 안 가세요?

◆ 出必告反必面출필고반필면

– 나가는 사람 : 나갈 때는 "다녀오겠습니다." 하고 집에 들어오면 "다녀왔습니다." 라고 한다.

– 배웅하는 사람 : "안녕히 다녀오세요." 돌아오면 "안녕히 다녀오셨어요?"한다.

◆ 돌아오면 안색을 보고 다친 곳은 없는지 기분이 어떤지를 살핀다.

※ 이는 직장에서 출장을 다녀와서 출장보고서를 쓰는 것과 같다.

◆ 미닫이문이 닫힐 때에는 뒷사람이 따라 오는지를 살펴 다치지 않도록 한다.

◆ 길을 가면서는 침을 뱉지 않고, 차타고 가면서 담배꽁초를 슬그머니 버리지 않는다. 다 큰 사람이 길을 가면서 침 탁탁 뱉는 행동은 참으로 몰상식하고 교양 없는 행동이다. 집에서는 안 그럴 텐데….

◆ 부부간에는 가능한 한 존댓말을 쓴다. TV에서는 볼썽사납게 서로 반말로 상대방을 대한다. 또한 여자가 그 엄마에게도 반말로 한다. 듣기가 거북한데, 이것도 드라마의 영향이 크다.

◆ 인사할 때 배꼽부분에 손을 가져다 대고 하는 공수식 인사는 종묘에서 제사지낼 때 홀기를 잡는 위치나 요령과 같다.

※ 왼손으로 오른쪽 손등을 감싸 쥐고 배꼽부분에 갔다 댄다.

※ 굳이 공수가 아니더라도 공손하게 머리 숙여 해도 무방하다.

◆ 서양식 인사인 악수보다 우리나라 인사방법인 공수가 더 위생적이다. 어릴 때는 공수배꼽인사를 가르치는데 커서는 잘 안한다.

부록

- 요즘은 차보다는 커피를 많이 마시므로 다도예절의 비중이 많이 떨어지지만 배워두면 좋을 듯. 동남아에서는 차를 많이 마신다.
- 하품할 때에는 입을 가리고 한다. 안 가리고 하면 미세먼지가 많이 들어간다.
- 윗분을 모실 때에는 왼쪽 한 발짝 뒤에서 모신다. 상황에 따라 위치를 바꾼다 안내할 때에는 한 발짝 앞에서….
- 윗사람보다 먼저 전화를 끊지 않는다.
- 옛날에는 자식이 부모님의 잠자리를 살피는 것이 효자였는데 지금은 부모가 자식의 잠자리를 살펴준다.
- 신을 벗고 안으로 들어가는 곳이면 남의 신발을 함부로 밟지 말아야 하며, 방석은 발로 옮기지 않고 손으로 한다.
- 길을 갈 때나 복도에서는 가운데로 가지 않고 한쪽으로 비켜간다. 다른 사람에게 방해가 되기 때문이다.
- 어른이 내려주면 감히 사양하지 못한다. 동등한 경우에나 사양하는 것이다.
- 공공장소에서는 이기적인 행동보다 다소 손해를 보는 느낌이 들어도 남을 먼저 배려하는 이타적인 마음이 있어야 한다. 특히, 어린이는 식당이나 음식점에서 막 떠들거나 뛰지 않게 주의를 시켜야 한다.

〈조선시대 직관표〉

부서 / 품계	의정부	6부	사헌부	승정원	사간원	홍문관 예문관	성균관	5위도총부	의금부	포도청	한성부	경기도 등	부인 왕실	부인 종친의처	내시부
정1품	**영의정**, 좌의정, 우의정												빈, 공주	군부인, 부부인	
종1품	좌찬성, 우찬성								판의금부사				귀인		
정2품	좌참찬, 우참찬	**판서**				**대제학**		**도총관**	지의금부사		**판윤**		소의		
종2품		참판	**대사헌**			제학		부총관		**대장**	좌우윤	**관찰사**, 부윤, 병마절도사, 수군통어사	숙의		상선
정3품 당상관		참의		**도승지**, 좌승지, 우승지	**대사간**	부제학	**대사성**					목사, 병마절제사, 수군절도사	소용		상온
정3품 당하관						직제학									
종3품			집의	좌부승지, 우부승지, 동부승지	사간							도호부사	숙용		상다
정4품			장령										소원		
종4품												군수, 만호	숙원		
정5품		정랑	지평		헌납	교리									
종5품						부교리						현령			
정6품		좌랑	감찰		정언										
종6품									도사			**현감**			

※ 능참봉 : 종 9품

〈 참고문헌 〉

[도서류]

- 『논어 부언해』(전3책), 학민문화사, 2009년. 7월 15일 발행.
- 『맹자 부언해』(전2책), 학민문화사, 2010년. 10월 5일 발행.
- 『대학 · 중용 부언해』(全), 학민문화사, 2008년. 7월 19일 발행.
- 『논어강설』, 이기동 역해, 성균관대학교출판부, 1994년. 4월 30일 발행.
- 『맹자강설』, 이기동 역해, 성균관대학교출판부, 1994년. 4월 20일 발행.
- 『대학 · 중용강설』, 이기동 역해, 성균관대학교출판부, 1992년. 6월 5일 발행.
- (현토완역)『논어집주』, 성백효 역주, 전통문화연구회, 2015년. 2월28일 발행.
- (현토완역)『맹자집주』, 성백효 역주, 전통문화연구회, 2005년. 6월 25일 발행.
- (현토완역)『대학중용집주』, 성백효 역주, 전통문화연구회, 2005년 7월 5일 발행.
- 『공자의 생애와 사상』, 김학주 저, 명문당, 1988년. 6월 1일 발행.
- 『맹자의 사상』, 정태윤 편저, 문경출판사, 1997년. 9월 30일 발행.
- 『한국인의 자와 호』 강헌규·신명호 공저, 계명문화사, 1993년. 2월 15일 발행
- 『宗廟祭禮 전수교육 교재』, 종묘제례보존회, 2017년. 4월 발행.

[사전류]

- 『한한대자전』, 민중서림, 2016년. 1월 10일 발행.
- 『중국역대인명사전』, 임종욱 편저, 이회문화사, 2010년. 1월 20일 발행.
- 『고문 허사사전』, 이경규 편, 제이앤씨, 2011년. 12월 20일 발행.
- 『구결지침서』, 1996년 해인사 하안거時 발행본
- 『한국고전용어사전』, (사단법인)세종대왕기념사업회, 2001년. 3월 30일 발행.
- 『유교대사전』, 박영사, 1990년. 9월 10일 발행.

[기타]

- (동영상강의) 〈경서성독(논어,맹자,대학,중용)〉 (한국고전번역원)

〈 출간후기 〉

동양 고전의 정수, 사서四書 쉽게 이해되는 대중적 교양서로 탄생

권선복
도서출판 행복에너지 대표이사

종묘대제가 유네스코 문화재로 되었습니다만, 독자 여러분 중 몇 분이나 우리의 종묘대제를 직접 보셨을지 의문이 듭니다. 세상이 많이 변하여 유교사상에 대한 이야기만 나와도 고개를 가로젓거나, 심지어 『공자가 죽어야 나라가 산다』는 책까지 나온 상황입니다. 이런 급변하는 세상 속에서 저자 이영수 선생께서는 종묘대제를 비롯해 환구대제, 사직대제 등의 왕릉 제향 전례를 전수받은 분입니다.

배금주의와 물신주의만이 팽배한 요즘 시대에, 유교적 가치관의 긍정적 측면을 계승해 가시는 분들을 저는 전통을 지켜가는 세상의 소금 같은 분들이라고 감히 불러드리고 싶습니다.

시대에 따른 예법의 변천과 실천방식의 변형은 어느 시기에나 존재했습니다. 그러나 이 책『간추린 사서』를 편찬하는 과정에서 저자가 텍스트 선별의 판단 기준으로 삼은 것은 인간 사회 예절의 형식적 고수가 아니라 정신의 계승과 실천입니다.

이 책『간추린 사서』는 그러한 목적 아래 동양 고전의 정수인 사서 중 중요한 구절을 뽑아 원문과 해석, 그리고 중요 단어의 자해와 기타 참고적 설명을 더하여 알기 쉽게 만들었습니다. 아울러 가정교육의 기본이 될 만한 중요 사항이나, 조선시대 역사와 사회를 이해하는 데 도움이 될 만한 관직 체계 등에 대한 일람표까지 더했습니다. 단순히 유가 경전의 편역서가 아닌, 교양생활서로서의 기능을 두루 갖추었다 할까요?

한자라면 보기도 전에 머리가 아파오는 분들도 이 책을 통해 동양고전의 기초인 사서에 접근할 수 있도록 문턱을 대폭 낮췄습니다. 권위의 시대에서 친근함의 시대로 넘어가고 있는 요즘, 사서의 눈높이도 가급적 대중들의 시선에 맞춰가야 함을 간파한 저자의 유연한 시각이 돋보입니다.

이 책이 출간되는 10월이면 나라 곳곳의 왕릉에서 제례가 행해집니다. 가벼운 마음으로 이 책『간추린 사서』한 권을 옆에 끼고 가족과 함께 가까운 왕릉을 방문하여 붉게 물든 가을의 정취를 느껴보시는 행복을 누리시길 바랍니다.

스마트폰 100배 활용하기

박대영, 양지웅, 박철우, 박서윤 지음 | 값 25,000원

이 책 『스마트폰 100배 활용하기』는 '4차 산업혁명의 첨병'인 스마트폰을 단시간 내에 이해하여 실생활에서 가장 효과적으로 다룰 수 있도록 스마트폰의 기본적인 기능, 사용 방법과 함께 실제 많이 사용되는 스마트폰 앱(App)의 종류와 앱의 사용 방법을 소개하고 있다. 특히 실질적으로 스마트폰이 필요한 분야별로 내용을 나누어 유용한 앱들을 풍부한 사진과 함께 소개함으로써 입문자들의 활용서로도 큰 도움이 될 것이다.

정동진 여정

조규빈 지음 | 값 13,000원

책 『정동진 여정』은 점점 빛바래면서도 멈추지 않고 휘적휘적 가는 세월을 바라보며 그 기억을 글자로 옮기는 여정에 우리를 초대한다. 추억이 되었다고 그저 놔두기만 하면 망각의 너울을 벗지 못한다. 그러기에 희미해지기 전에 기록할 것을 은근히 전한다. "기록은, 그래서 필요하다"라는 저자의 말은 독자들의 마음에 여운을 남기며 삶의 의미와 기억 속 서정을 찾는 길잡이가 되어 줄 것이다.

남북의 황금비율을 찾아서(개정판)

남오연 지음 | 값 15,000원

책 『남북의 황금비율을 찾아서 개정증보판』은 2015년에 출간된 남오연 저자의 『남북의 황금비율을 찾아서』의 개정판으로 통일이란 쟁점을 화폐경제의 관점에서 접근하고 연구한 책이다. 다양한 관련 경제학 논문의 분석과 저자의 견해를 통해 한반도 내에서만이라도 남북한 화폐를 통합하고 이를 통해 남북한 내 새로운 일자리 창출과 실질적 경제통합의 물꼬를 틀 수 있는 방안을 제시하고 있다.

말랑말랑학교

착한재벌샘정(이영미) 지음 | 값 15,000원

중고등학교 과학 교사로 일해 온 저자의 솔직담백한 인생 가꾸기 교과서. 저자는 어린 학생들뿐만이 아니라 어른이 되어서도 삶에 힘겨워하는 모든 사람에게 자존감을 키워주고 싶어 이 책을 쓰게 되었다고 말한다. 누구나 상처가 있지만 그 상처를 극복하고 예쁜 나비가 될 수 있음을, 그러한 '변화'를 통해 삶을 긍정적으로 가꾸어 나가기를 바라며. 저자가 콕콕 짚어주는 인생의 문제와 그것들을 다루는 '말랑말랑'한 방법들을 보다보면 당신의 마음도 어느새 번데기에서 나비로 변화되어 있을 것이다.

심정진리의 숲길

조형국 지음 | 값 15,000원

이 책 『심정진리의 숲길』은 신(神)으로 상징되는 초월적이고 심정적인 영역을 배제하고 물질문명과 이성적 진보만으로 이루어진 서양 중심의 현대 문명은 필연적으로 한계를 드러내며 허무주의라는 함정으로 빠질 수밖에 없다는 점을 역설한다. 또한 허무주의로 가득 찬 현대 문명을 극복하기 위해서는 이성의 존재가 아닌 심정의 존재로서의 하느님을 중심으로 통일사상에서 말하는 '3대 축복의 삶'을 살아야 할 것이라는 점을 강조한다.

기차에서 핀 수채화

박석민 지음 | 값 15,000원

우리가 몰랐던 국내의 다양하고 매력적인 기차역들과 주변 볼거리, 먹거리들을 만난다! 철길 인생 35년째인 저자가 펼치는 기차에 관한 다양한 역사와 흥미로운 이야기들. 기차 여행을 통해 국내의 매혹적인 관광지를 둘러보고 싶은 독자, 각 역에 얽힌 역사가 궁금한 독자가 있다면, 서슴없이 이 책을 강력히 추천한다. 저자의 기차 사랑이 듬뿍 느껴지는 책과 함께 숨겨진 보물들을 방문하다 보면 당신의 마음도 푸근함으로 가득 차게 될 것이다. 저자의 딸이 그린 아름다운 삽화 역시 가슴을 울린다.

알파고 동의보감

박은서 지음 | 값 25,000원

이 책 『알파고 동의보감』은 『동의보감』이 담고 있는 소중한 지식을 변화하는 현대사회의 키워드, 4차 산업혁명과 접목시켜 읽기 편하면서도 흥미진진하게 독자들에게 제시한다. 인체를 이해하는 컨트롤타워 '딥마인드'와도 같은 '정기신' 및 자연의 흐름을 통해 무병장수의 비결을 배워나가는 '인공지능'인 '양생' 등의 파트는 『동의보감』의 본질을 잃지 않으면서도 현대인의 감성에 맞는 눈높이에서 우리 조상들이 남겨 준 지혜를 펼쳐 보여줄 것이다.

펭귄 날다 - 미투에서 평등까지

송문희 지음 | 값 15,000원

전 세계를 휩쓸고 있는 미투 운동. 이제 우리나라도 예외가 아니다. 하루가 멀다 하고 밝혀지는 성추문과 스캔들. 그동안 묵인되어 왔던 성차별이 속속들이 온오프라인을 뒤덮으며 '여성들의 목소리'가 마침내 수면 위로 떠올랐다. 이 책을 통해 저자는 사회 곳곳에 만연했지만 우리가 애써 무시하던 문제를 속속들이 파헤친다. 그리고 미투 운동이 나아가야 할 방향을 제시하며 미투 운동에 긍정의 지지를 보낸다. 날카롭고도 경쾌한 필치의 글을 읽다보면 당신도 페미니즘을 이해하게 될 것이다.

죽기 전에 내 책 쓰기

김도운 지음 | 값 15,000원

언론인 출신의 저자는 수도 없이 많은 글을 쓰던 중 자신의 책을 발행하고 싶다는 생각을 갖고 2008년 어렵사리 첫 책을 낸 후 지금까지 꽤 여러 권의 책을 발행했다. 그러다보니 자연스럽게 축적된 노하우를 대중에게 공유해야겠다는 생각으로 이 책을 집필했다.

이 책 속 실용적인 노하우를 통해 독자들은 책을 써야 하는 이유, 자료를 수집하는 방법, 자료를 정리하는 방법, 집필하는 방법, 출판사와 계약하는 방법, 마케팅하는 방법 등을 알 수 있을 것이다.

공무원 탐구생활

김광우 지음 | 값 15,000원

『공무원 탐구생활』은 '공무원'에 대해 속속들이 들여다본 책으로, 다양한 시각으로 공무원에 대해 분석하고 있다. 특히 '공무원은 결코 좋은 직업이 아니다'라며 기본적으로 비판적인 시각을 가지고 분석한다는 걸 특이점으로 꼽을 수 있다. 이미 공직에 몸담은 공무원뿐만 아니라, 공무원을 준비하고 있는 이들에게도 앞으로의 진로 설정 방향과 공무원에 대한 현실을 세세히 알려준다. 30년이 넘는 시간 동안 공직생활을 통해 쌓아 온 저자의 경험이 밑바탕이 되어 독자들에게 강한 신뢰감을 준다.

힘들어도 괜찮아

김원길 지음 | 값 15,000원

(주)바이네르 김원길 대표의 저서『힘들어도 괜찮아』는 중졸 학력으로 오로지 구두 기술자가 되기 위해 혈혈단신 서울행에 오른 후 인생의 영광과 실패를 끊임없이 경험하며 국내 최고의 컴포트슈즈 명가, (주)바이네르를 일궈낸 그의 인생역정을 담고 있다. 이러한 인생역정을 통해 김원길 대표가 강조하는 그만의 인생철학, 경영철학 역시 많은 사람들에게 귀감이 될 것이며 존경받는 기업인이라는 것이 무엇인지 보여준다고 할 것이다.

맛있는 사찰기행

이경서 지음 | 값 20,000원

이 책은 저자가 불교에 대한 지식을 배우길 원하여 108사찰 순례를 계획한 뒤 실행에 옮긴 결과물이다. 전국의 명찰들을 돌면서 각 절에 대한 자세한 소개와 더불어 중간중간 불교의 교리나 교훈 등도 자연스럽게 소개하고 있다. 절마다 얽힌 사연도 재미있을 뿐 아니라 초보자에게 생소한 불교 용어들도 꼼꼼히 설명되어 있어 불교를 아는 사람, 모르는 사람 모두에게 쉽게 읽힌다. 또한 색색의 아름다운 사진들은 이미 그 장소에 가 있는 것만 같은 즐거움을 줄 것이다.